KB092905

온라인 마케팅 전쟁 최전선의 변화

대한민국 600만
소상공인의 현실

온라인
마케팅 전쟁
최전선의 변화

1판 1쇄 펴낸날 2024년 3월 30일

지은이 이상규

펴낸이 나성원
펴낸곳 나비의활주로

책임편집 유지은
디자인 BIGWAVE

주소 서울시 성북구 아리랑로19길 86
전화 070-7643-7272
팩스 02-6499-0595
전자우편 butterflyrun@naver.com
출판등록 제2010-000138호
상표등록 제40-1362154호
ISBN 979-11-93110-27-0 03320

대한민국 600만 소상공인의 현실

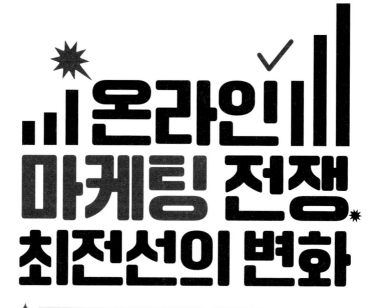

온라인 마케팅 전쟁 최전선의 변화

이상규 지음

나비의 활주로

코로나19 이후의 확 달라진 온라인 마케팅을 속 시원히 알려드립니다

안녕하세요. 리더의 마케팅 이상규입니다. 두 번째 책《Take Off테이크 오프》를 낸 뒤로 2년 만에 다시 뵙습니다. 벌써 10년째 마케터로 일하며 바쁘게 매해를 보내고 있습니다. 매년 국가 창업 기관, 소상공인 기관 등에서 사장님들을 만나 온라인 마케팅에 관한 고민을 함께 나누고, 최근에는 스타트업 기관에서 많은 젊은 대표님들과도 마케팅 관련 의견을 나누고 있습니다.

특히 코로나19 이후로 온라인 마케팅에 대한 수요가 급증하여 근래 몇 년은 평소보다도 바쁜 일정을 보내는 중입니다. 저뿐만 아니라 마케팅 업계의 다른 전문가분들 역시 바쁜 몇 년을 보내셨을 겁니다. 저는 주로 현장에 계시는 사장님들의 고민을 들어보며 급변화하는 환경에서 우리의 마케팅이 어떻게 변화해야 하는지에 관해 연구했습니다.

아시다시피 코로나19로 인해 우리 사회, 문화가 변하면서 마케팅 역시 많은 변화를 겪었습니다. 불과 2년 전과 지금의 마케팅 양상이 다르다는 건 사업하는 여러분이 잘 느끼고 계실 것입니다. 너무나도 달라진 환경에서 지금 가장 유효한 마케팅 전략은 무엇일까요? 여기에 대한 제 나름의 이유, 대답, 해결책, 결론을 이 책에 많이 담기 위해 노력했습니다.

첫 번째 책 《대한민국 리더들이 모르는 온라인 마케팅의 함정》에서는 마케팅을 시작하려는 사장님이 조심해야 할 마케팅의 함정과 리더가 알아야 할 마케팅 전반에 대해 말씀드렸습니다.

두 번째 책 《Take Off 테이크 오프》에서는 본격적인 마케팅, 광고하기 이전에 필히 갖춰야 할 아이템 차별화 전략을 어떻게 기획하고 실천하는지 알려드렸죠. 이번 세 번째 책에서는 어떤 정보를 드려야 하나 고민했는데요. 앞선 두 책을 통해 알게 된 마케팅 이론이 실제 마케팅을 할 때 어떻게 구현되는지 사례를 중점적으로 설명하고자 합니다.

이 책에서 제시하는 다양한 사례를 통해 많은 것을 배우고 적용하여 좋은 결과로 이어지게 되길 바랍니다. 여러분께서 어떤 사업을 하시든 자신의 사업에 적용해 볼 수 있도록 자영업, 서비스업, 전문직, 제조업, 유통업, 인플루언서 마케팅 등 최대한 다양한 스펙트럼의 실전 사례를 포함했습니다. 그 밖에도 여러 기관에서 컨설팅하면서 사장님들이 가장 많이 질문하시는 '온라인 마케팅에 관한 궁금증 FAQ'도 자세히 실었으니 많은 도움이 되시길 바랍니다.

갈수록 경쟁은 점점 치열해지고 마케팅은 어려워지고 있습니다. 그런데도 누군가는 나만의 정확한 고객층을 찾아내고, 차별화된 제품과 서비스를 개발하며, 특별한 메시지를 담아 적확한 채널에 마케팅하면서 큰 수익을 올립니다. 이 책에서 코로나19 이후 어떤 온라인 마케팅 전략이 가장 유효한지, 여러 업종에서 어떤 식으로 비즈니스를 성공시키는지 다양한 사례를 보면서 내 사업에 가장 적합한 마케팅 전략과 실천 계획을 세우시길 바랍니다. 그러면 바로 시작해 볼까요?

리더의 마케팅
대표 이상규

CONTENTS

CHAPTER 1

핵심만 살펴보는 코로나19 이후 온라인 마케팅의 변화 포인트   18

CHAPTER 2

온라인 마케팅 성공을 위한 절대 원칙 레이크 오프(Take Off) 프레임워크   52

CHAPTER 3

주요 채널별 반드시 알아야 할 마케팅 트렌드 2024   72

CHAPTER 4

CHAPTER 5

CHAPTER 6

브랜드 마케팅을 위한
핫 트렌드 온라인 마케팅

CHAPTER 7

전문직 마케팅을 위한
핫 트렌드 온라인 마케팅

핵심만 살펴보는
코로나19 이후
온라인 마케팅의
변화 포인트

'이제는 코로나19 이전으로 돌아갈 수 없다'는 말이 있죠. 그 정도로 코로나19 사태로 우리의 일상과 사회의 많은 부분이 달라졌습니다. 이것은 마케팅 역시 예외가 아닌데요. 사회적 거리 두기가 시작되고 비대면 문화가 도입되면서 마케팅 환경도 크게 달라졌습니다.

온라인에서 사람들을 만나고, 문제를 해결하는 환경이 급속도로 일상화되었고, 마케팅의 디지털화 또한 많은 변화가 있었습니다. 오프라인에서만 이루어지던 시스템과 커뮤니케이션 환경이 모두 온라인으로 전환된 것입니다. 코로나19 이전에는 생소했던 줌Zoom과 같은 툴을 사용한 비대면 회의를, 지금은 모두가 당연하게 사용하듯이 말이죠. 국가의 여러 창업 기관, 소상공인 기관 역시 디지털 전환을 지원했습니다. 그전까지는 온라인 사업은 필수가 아닌 선택이었습니다. 온라인이 대세라고는 했지만 지역 맛집 등 오프라인 사업으로 대박을 내는 케이스는 여전히 많았습니다. 그런데 코로나19 이후부터는 10명이면 10명 모두가 온라인에 뛰어들게 되었지요.

사실 온라인 마케팅의 비중 확대는 이전부터 쭉 이어져 온 하나의 트렌드였습니다. 원래대로라면 천천히, 완만히 디지털 전환이 이루어졌을 텐데, 코로나19가 일종의 도화선이 되어서 급속도로 폭발한 느낌입니다. 이제는 마케팅을 논할 때 코로나19 이전과 이후를 동일시할 수 없게 되었습니다. 구체적으로 어떤 변화가 있을까요? 저는 '채널의 고착화와 광고 피로도 증가, 모든 제품의 상향 평준화, 유통의 한계, D2C 마케팅, 브랜드 마케팅의 대두'라는 5가지를 듭니다. 지금도 이러한 방향으로 마케팅 트렌드는 변하고 있는데요. 지금부터는 각각의 내용을 자세히 살펴보겠습니다.

포인트 ①

채널의 고착화가 이루어지고 광고 피로도가 증가하였습니다

최근 들어 온라인 광고·마케팅 채널이 굳어졌습니다. 원래 그동안의 채널 트렌드를 살펴보면 짧게는 1~2년, 길게는 2~3년 주기로 새로운 마케팅 채널이 나왔는데요. 네이버 블로그·네이버 카페·카카오스토리·페이스북·인스타그램·유튜브로 이어지는 일련의 흐름이 있었습니다.

계속해서 대세 마케팅 채널이 새로 나타나는 이 큰 흐름이 최근 2~3년 들어서는 끊겼습니다. 그나마 들자면 틱톡이 있는데 기존 채널도 인스타그램 릴스, 유튜브 쇼츠를 도입해서 아직 숏폼(짧은 영상) 플랫폼의 최종 승자가 누구인지 확실한 결론은 나지 않았죠. 실제 마케팅 효과가 있는 채널은 네이버, 인스타그램, 유튜브 셋 정도로 3년 전이나 지금이나 크게 달라지지 않았습니다.

어떤 채널이든 초창기에는 신선함이 있습니다. 아직 플랫폼에 익숙해지지 않은 사용자들이 신기하다며 광고를 시청하는데, 시간이 지날수록 뭐가 콘텐츠고 뭐가 광고인지 분별하는 눈이 생깁니다. 회사 역시 처음에는 '이 플랫폼에 모인 사람들은 누구며, 어떤 식으로 광고해야 효과가 좋을까?'를 고민하고 다양한 광고 소재를 실험합니다. 시간이 지날수록 채널과 유저(사용자)가 연구되어서 효율 좋은 포맷, 템플릿이 생기게 되고 이 정보가 공유되면서 어디서 본 것 같은 광고만 보이게 됩니다.

당연히 소비자도 이걸 눈치챕니다. 어떤 식의 광고이고, 클릭하면 무슨 일이 벌어지는지도 다 예상이 되며 굳이 광고를 클릭하지 않고 건너뛰어 버립니다. 자연스럽게 광고 피로도가 증가하고, 광고 효율이 떨어질 수밖에 없습니다. 딱 이 시점에서 새로운 마케팅 채널이 나와 주어야 하는데 먼가 새롭다 할만한 채널 없이 고착화가 되어버리고 있습니다. 그나마 국내에서는 당근마켓의 성장이 굉장히 커지고 있고 이를 이용한 광고가 늘어나고 있습니다. 하지만 다른 채널에 비해 아직 부진합니다.

포인트 ② 모든 제품의 상향 평준화가 이루어졌습니다

광고 효율이 내려가는 것에는 다른 요인도 있습니다. 최근 광고로 본 제품들을 잘 떠올려보세요. 어디서 본 거 같은 광고만 계속 보이는 것처럼, 제품 역시 어디서 본 것 같은 제품만 보입니다. 소위 'SNS 대란 템'이 한 번 뜨면 3개월도 안 되어서 기능이 완전히 동일한 카피 상품이 나옵니다.

한 마디로 카테고리를 불문하고 제품의 상향평준화가 이루어졌는데 요. 여기에는 제조사의 사정이 있습니다. 코로나19 이전에는 제조사가 상품을 만들어 총판 권한을 준 유통사에 독점 공급했습니다. 총판은 다 시 2차 벤더(중간 유통 업자)에게 제품을 팔았고요. 제조사 입장에서는 제 품을 점점 하위 벤더들에게 잘 밀어내는 유통사만 총판 파트너로 만나도 충분한 매출이 나왔습니다.

일부러 MOQ^{Minimum Order Quantity}, 최소 주문 수량를 10000, 5000으로 설정해 서 대량 제조를 부담스러워하는 소규모 거래처는 거절하고 유통계의 큰 손들하고만 거래했습니다. 그런데 코로나19로 인해 총판을 준 유통사도 예전만큼 제품을 판매하지 못하게 되었습니다. 기존의 방식만 고수해서 는 매출이 나지 않는 것입니다.

제품 1000개, 100개를 원하는 소규모 거래처도 취급하기 시작하면서

사진 1 | 생수 브랜드 14개가 수원지 한 곳에서 공급되는 예

https://youtu.be/gP8slswZ2gA

자본이 적은 회사도 좋은 상품을 소싱하기(상품 조달)가 쉬워졌습니다. 실제로 여러 공장에 문의해 보면 과거와 달리 화장품 100개, 건강기능식품 100개도 만들어주는 공장이 제법 많다는 걸 알 수 있습니다.

물을 마실 때 정수기 대신 생수를 사서 드시는 분들이 있으시죠? 우리나라에 생수 브랜드는 200개가 넘는다고 합니다. 그런데 수원지는 일정하다는데요. 심지어 한 수원지에서 14개가 넘는 생수 브랜드가 물을 뽑아내고 있다고 하네요. 수원지가 같으니 물의 맛과 영양 등 본질이 같은데도 라벨이 다르다는 이유만으로 같은 물이 금액이 다 다릅니다.

MOQ라는 제한이 풀리니 온라인에도 소위 '택갈이(상품은 동일한데 상표만 바꿔 다는 것)' 상품이 많아졌습니다. 같은 수원지에서 뽑아낸 똑같은 물을 상표만 바꿔달고 파는 것처럼, 내 업종에서 잘나가는 상품을 카피한 뒤 브랜드를 만들고 소량 소싱을 하여 파는 업체가 많아진 것이죠. 이처럼 브랜드는 우후죽순 늘었는데, 하나하나가 자기만의 철학과 개성을 가진 브랜드가 아니라 상표만 다를 뿐이지 제품 자체는 같은 공장에서 나왔기에 본 제품만 계속 보게 됩니다.

이 말인즉슨, 점점 제품의 기능적 우위만으로는 차별화 포인트를 내세우기 힘들어진다는 의미입니다. 내가 특정 분야에서 유구한 전통과 기술을 가진 기업이거나, 연구 개발에 자본을 투자할 수 있는 상황이 아니라면 기능만 어필하기에는 한계가 있다는 말이죠. 그러나 그림자가 있으면 빛도 있는 법이죠. MOQ가 풀려서 좋은 제품을 손쉽게 소싱할 수 있게 되었기에 결합 상품 세트를 쉽게 만들 수 있게 되었습니다.

예전에 소스를 파는 대표님을 컨설팅하기 위해 시장조사를 하던 도중 달○간장이라는 업체를 알게 되었습니다. 상호만 봐도 알 수 있다시피 수제 간장을 파는 곳입니다. 간장만 구매할 수도 있지만 선물 세트를 구매하면 고급스러운 계량스푼을 같이 주더군요. 실제 주부들이 수제 간장도 좋지만, 같이 주는 4종 계량스푼을 갖고 싶어서 구매하는 일이 많았습니다. 주방에 어울리며 두고두고 쓸 수 있어서 주부들의 구매욕을 불러 일으킨 사례입니다. 선물 용도로도 많이 판매된다고 하네요. 꼭 최소 발주 수량MOQ이 1만 개가 안되어도 소량 발주가 가능해서 이와 같은 결합 상품을 만들 수 있게 된 것입니다. 간장에 계량스푼을 결합하듯이 내 메인 상품과 연계되는 서브 상품을 테스트 삼아 소량 주문하여 새로운 패키지로 타깃 고객의 구매욕을 자극할 수 있습니다. 책 뒷부분에서는 이러한 전략을 활용해서 실제 매출을 끌어올린 컨설팅 사례를 말씀드리겠습니다.

포인트 ③ 기존 유통의 한계를 가져왔습니다

MOQ가 풀린 것과 더불어 또 하나의 큰 변화는 유통업에 뛰어드는 사람이 늘어난 것입니다. 몇몇 유튜버와 마케팅 강사들의 주도로 스마트스토어가 국민 부업처럼 되었습니다. 그만큼 위탁판매를 하는 사람들이 많아졌는데요. 보통 위탁으로 풀린 제품은 누구나 판매하는 제품이라서 차별화를 만들기 어려워 매출을 올리기가 쉽지 않습니다.

누구라도 팔 수 있는 제품은 결국 가격 경쟁으로 가게 됩니다. 그러면 해당 제품을 가장 저렴하게 가져올 수 있는 업체만 살아남게 됩니다. 나

사진 2 │ **사은품 달ㅇ간장 계량스푼** │ https://smartstore.naver.com/dalkongganjang

사진 3 │ **사은품 계량스푼의 디테일 사양**

만의 독자적인 브랜드, 독자적인 상품 없이 기존 브랜드의 상품을 사입하여 판매하는 단순 유통, 대리점이 최근 들어서 한계에 봉착한 이유입니다.

제품이 내 것이 아니니 제품의 성분을 바꾸거나, 디자인을 바꾸거나, 기능을 개선하는 등의 차별화를 만들기가 어렵습니다. 그렇다고 나와 같은 상품을 파는 경쟁자보다 최저가로 판매할 가능성도 희박합니다. 내가 통제할 수 있는 요소가 적으면 차별화를 만들기가 어렵습니다.

더불어 리타깃팅과 CRM 마케팅이 어렵다는 단점도 있습니다. 보통 온라인 유통을 전문으로 하는 분들은 스마트스토어를 만들고, 내가 소싱할 수 있는 상품 가운데 괜찮다 싶은 상품은 업종을 가리지 않고 최대한 많이 가져와서 깔아놓습니다. 다양한 제품을 취급하는 잡화점이 되는 셈이죠. 하지만 상품마다 구매 고객층이 다 달라서 리타깃팅 광고하기도 애매하고, 새로운 제품이 출시되었을 때 채널톡으로 전체 메시지를 보내기도 애매합니다.

그래서일까요? 요즘 유통업을 잘하는 분들은 자기 브랜드와 자사 몰 사이트를 만들고, 타깃 고객이 같은 상품을 골라서 소싱합니다. 소싱도 단순 기성품 유통이 아니라 똑같은 기능성 제품도 자사 상호, 로고를 넣어서 OEM^{Original Equipment Manufacturer, 주문자 상표 부착 생산자} 제조를 합니다.

대표적으로 일○공감, 로○몬스터가 있는데요. 전자는 생활용품 브랜드고 후자는 차량용품 브랜드입니다. 그런데 두 사이트의 인터페이스, 디자인이 놀랍도록 흡사합니다. 사이트 정보를 보면 사업자는 다르지만 대

사진 4 | 생활용품 유통 제시 예 | https://dailygongam.com/

사진 5 | 차량용품 유통 제시 예 | https://roadmonster.co.kr/

표자가 동일한 걸 알 수 있습니다.

　사실 쇼핑몰 하나로 생활용품과 차량용품 둘 다 판매할 수 있는데, 일부러 사이트를 2개로 분리했죠. 왜 그럴까요? 일○공감에서 물건을 사는 사람은 집안에서 살림하는 주부, 혹은 1인 가구 자취생들이 많을 것입니다. 반면 로○몬스터에서 물건을 사는 사람은 자기 차량을 소유한 성인 남성이 많을 것입니다.

　브랜드, 사이트를 분리해 둬야 나중에 리타깃팅 광고를 하거나 신제품 론칭을 알리는 문자 메시지, 채널톡 메시지를 발송할 때 고객이 겹치지 않습니다. 요즘처럼 온라인 광고 경쟁이 심하고, 채널이 굳어져서 전반적인 광고 효율이 안 좋을 때일수록 CRM 마케팅이 중요합니다. 첫 고객에게 제품을 파는 건 힘들지만, 이미 자사 브랜드를 경험한 고객에게 다시 제품을 파는 건 상대적으로 쉽기 때문이죠.

　그런데 자사 브랜드가 아닌 남들도 파는 상품으로 CRM 마케팅을 하기는 어렵겠죠? 그래서 매출을 잘 내는 미디어 커머스 유통사는 이제 동일한 기성품을 사입하지 않습니다. 네이버 GFA(성과형 디스플레이 광고), 인스타그램, 구글 광고를 진행하고 얻은 데이터를 바탕으로, 각 매체에서 소비자 반응이 좋을 아이템을 기획한 다음에 공장에 기획서를 보여주고 이대로 제품을 만들어달라고 요청합니다.

　또한 이 물건 저 물건 가리지 않고 파는 잡화점도 CRM 마케팅으로 신제품 판매는 힘든 상황입니다. 만약 여러 카테고리의 상품을 모두 취급하는 종합유통을 하고 싶다면, 위에서 예로든 회사처럼 브랜드와 사이트를 분리해서 운영하는 것이 하나의 방법입니다. 실제 일○공감, 로○몬스터의 모회사는 타깃을 세분화하고 비슷한 홈페이지 형식으로 여러 사이트를 만들어 브랜드를 각각 운영합니다.

포인트 ④

가장 무서운 제조사 마케팅(D2C 마케팅)이 떠오르고 있습니다

유통의 한계로 인해 점점 D2C 마케팅이 떠오르고 있습니다. D2C는 다이렉트 투 컨슈머Direct To Customer의 줄임말로 제조사가 유통사에게 제품을 팔고, 유통사는 또 다른 유통사에게 제품을 팔며 라인으로 제품을 밀어내는 전통적인 유통 방식이 아니라, 제조사가 직접 소비자에게 물건을 판매하는Direct To Customer 방식의 마케팅을 뜻합니다. 전통적인 방식의 유통이 한계점에서 제조사가 MOQ를 열어주는 한편, 유통에 의존하지 않고 아예 온라인 마케팅 부서를 꾸리고 온라인 몰을 만들어서 직접 물건을 팔아볼 생각을 하기 시작한 것입니다. 사실 대기업에서는 이런 움직임을 이전부터 미리미리 준비하고 있었습니다.

제가 컨설팅해 드렸던 제조사들도 지금 당장은 거래처에 제품 공급을 계속하는 한편, 자체 브랜드를 준비하는 공장이 많았습니다. 우리 공장 제품이 중간 마진이 붙어서 소비자에게 판매되는 것보다 차라리 저렴하게 공장에서 다이렉트로 내보내겠다고 생각하신 것인데요.

예를 들어, 본사가 제품 A를 30,000원에 유통사에 넘기고, 유통사가 유통 마진을 붙여서 50,000원에 제품을 판다면, 아예 제품 A를 본사가 직접

40,000원에 소비자에게 팔자는 것이죠. 소비자 입장에서는 같은 A 제품이라면 당연히 10,000원 더 저렴한 본사를 선택할 것입니다. 이처럼 많은 공장이 D2C 마케팅을 시작하게 되면 단순 유통은 점점 설자리가 없어지게 됩니다.

심지어 농수산물에도 비슷한 일이 일어나고 있습니다. 과거에는 농부들이 열심히 곡식, 과일, 야채를 재배하면 농협 같은 공판장에 납품했습니다. 그런데 최근 저한테 컨설팅 신청하는 분 중에는 직접 재배한 농수산물을, 스마트스토어를 통해 소비자와 직거래하는 젊은 농부들이 많아졌습니다.

사진 6 | 공판장 대신 스마트스토어 직거래를 선택하는 공급업자

https://youtu.be/ZwhNYUHvNEY

자신은 절대 공판장에 납품하지 않는다는 농부들도 있습니다. 공판장은 최저가로 농수산물을 매입한 뒤 마진을 붙여서 소비자에게 파는데 생산자는 항상 최저가로 제품을 넘기니 주머니에 남는 것이 적고, 고객들은 항상 비싼 값에 농수산물을 구매한다는 것입니다. 차라리 중간 유통하는 공판장을 제외하고 공판장이 파는 최종 소비자 가격보다 저렴하게 스마트스토어로 판매하는 편이 '누이 좋고 매부 좋다'는 것이지요.

제조사가 직접 마케팅을 했을 때의 강점은 수수료(마진) 외에도 있습니다. 유통과는 달리 제품을 직접 컨트롤할 수 있기에 시장조사를 통해 경쟁사에는 없는 콘셉트의 신제품을 만들 수 있고, 다양한 마케팅 정책도 주도적으로 이끌 수 있게 됩니다.

다음은 보○글이라는 한 냄비, 프라이팬 전문 제조사의 마케팅 정책 사례입니다. 아시다시피 냄비와 프라이팬은 계속 쓰면 코팅이 벗겨져서 새로운 제품으로 바꿔줘야 합니다. 보○글은 기존에 구매한 제품을 정품 인

사진 7 **제조사라서 가능한 환급 정책**
| https://boohgle.co.kr/

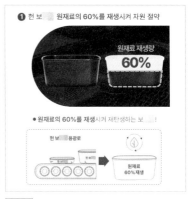

사진 8 **원재료를 재생한 사례**

증만 해두면 원할 때 교환 신청을 할 수 있는데요.

기존에 구매한 제품을 본사로 보내주면 헌 냄비, 프라이팬을 녹여서 새로운 제품으로 만들어서 배송받을 수 있습니다. 가격은 기존 구매가의 40퍼센트만 지불하면 됩니다. 가격도 가격이지만, 냄비와 프라이팬이 버려지지 않고 재활용되니 지구 환경에도 이롭죠. 제품 만족도에 문제만 없다면 사실상 소비자들이 평생 보○글 냄비, 프라이팬만 사용하게 만드는 무서운 전략이 아닐 수 없습니다.

그 외에도 제품을 구매한 사람에게 구글 폼으로 제작한 설문조사지를 발송해서 고객들의 의견을 마케팅에 적극 반영하기도 합니다. 해당 설문지는 제품에 대한 만족도뿐만 아니라 홈페이지 디자인이 눈에 불편하지는 않은지, 출시를 원하는 제품이 있는지 등 매우 세세하게 질문합니다.

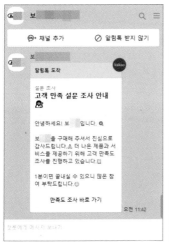

사진 9 보○글 소비자 설문조사

사진 10 보○글 고객 만족도 조사

이런 마케팅 전략을 유통사가 따라할 수 있을까요? 제품과 정책을 주도적으로 컨트롤할 수 있는 제조사이기 때문에 가능한 전략입니다.

실제 보○글의 마케팅 담당자와 우연히 통화한 일이 있습니다. 그때 평생 교환 정책에 숨겨진 스토리를 들을 수 있었는데요. 처음에는 '제품만 잘 만들면 된다'는 생각으로 제품의 수준을 높이고 특허를 확보하는 데 집중하셨다고 합니다. 하지만 로고만 빼고 그대로 카피하는 저가 중국 제품이 시장에 풀리면서 원조인 자사가 오히려 짝퉁의 카피 취급을 당하였다고 합니다. 이 문제를 어떻게 돌파할지 고민이 깊어졌고, 내부 회의 끝에 경쟁사가 하지 못하는, '자사만이 할 수 있는 마케팅을 하자'는 결론이 나왔다고 합니다.

중국 OEM 공장은 하지 못하면서 내 회사만이 할 수 있는 차별화된 서비스를 궁리한 끝에 ESG 경영에서 힌트를 얻어 '정품 인증 교환 서비스를 도입'하게 된 것이죠. 클라이언트가 그때그때 만들어달라는 제품만 만들어주는 중국 공장과 달리 냄비, 프라이팬만 전문적으로 만들기에 A/S로

코팅장인 **김태웅**   실리콘장인 **구정오**   주방장인 **박순희**

또한, 4K 프로젝트에 참여해 주시면 주방 장인들은 제품을 지속적으로 생산하게 되어 장인의 기술을 보존하고 위생적이고 안전한 제품을 안정적으로 공급할 수 있게 됩니다.

사진 11 프라이팬과 관련한 3명의 장인

앞서나갈 수 있다는 것입니다.

중국 저가 제품이 아닌 국내 생산을 강조하기 위해 상세 페이지에 코팅 장인, 실리콘 장인, 주방장인 총 3명의 장인을 보여주며 '메이드 인 코리아 Made In Korea'의 독보적인 제품 수준을 어필하고 있습니다. 이처럼 제품을 생산하는 제조사가 브랜드를 만들고 제대로 마케팅하면, 어설픈 경쟁사는 따라올 수 없는 마케팅 전략이 가능해집니다. '실제 컨설팅 케이스스터디'에서 나만이 할 수 있는 마케팅을 고민하고 적용한 사례도 설명하겠습니다.

포인트 ⑤

퍼포먼스 마케팅에서 브랜드 마케팅으로 변화하고 있습니다

최근 마케터들 사이에서 '퍼포먼스 마케팅이 저물어가고 있다'는 이야기가 나오고 있습니다. 불과 몇 년 전만 하더라도 모든 마케터들이 퍼포먼스 마케팅에 집중했습니다. 효과가 매우 높았기 때문입니다. 신기한 아이디어 제품을 유통한 뒤 호기심, 신기함을 자극하는 동영상을 제작해 광고를 집행하면 SNS 대란 템을 만들 수 있었습니다.

이런 성공 사례가 나오자 많은 회사가 퍼포먼스 마케팅에 집중했고, 일부 비양심적인 업체의 과대광고, 과장광고로 인해 '믿거페(믿고 거르는 페이스북)'라는 신조어까지 등장했습니다. 요즘 들어서는 앞서 말씀드린 채널의 고착화, 유통의 한계 등의 요인이 겹쳐서 광고 효율은 계속해서 하락하는 중이죠.

사진 12 저물어가는 퍼포먼스 마케팅

https://youtu.be/yxLUQ uf64vc

소비자들도 이제는 광고, 상세 페이지, 스토어 리뷰만 믿고 바로 제품을 사지는 않습니다. 여러 채널을 다방면으로 검색하고, 실제 '내돈내산' 사용 후기를 찾아 읽어보면서, 메이커의 인지도와 가성비를 고려해 최종 구매합니다. 예전에는 다양한 광고 소재를 만들어 A/B 테스트(버킷 테스트 또는 분할-실행 테스트)를 거듭하면 좋은 광고를 만들 수 있었는데, 이제는 브랜드, 상품 자체가 탁월하지 않으면 광고 하나만으로 매출을 견인하기는 힘들어졌습니다.

심지어 제조사들이 MOQ 제한을 풀면서 거의 전 영역에서 제품의 상향 평준화가 일어나 퍼포먼스 마케팅이 더욱 힘들어지고 있습니다. 그렇다면 이런 상황에서 마케터는 어떻게 해야 할까요? 앞서 말씀드린 CRM 마케팅이 하나의 대책이고, 또 하나의 돌파구로 브랜드 마케팅도 주목받고 있습니다. 경쟁사들과 기능, 성능이 비슷하다면 회사의 브랜딩을 통해 구매 전환율을 높이겠다는 것입니다.

브랜딩이 잘 되면 기능과 가성비를 넘어서 충성 고객을 확보할 수 있습니다. 많은 분들이 애플의 아이폰을 브랜딩이 잘 된 대표적인 브랜드로 알고 있습니다. 매번 신제품을 출시할 때마다 가격 논란이 따르지만, 아이폰을 쓰는 사람은 아무리 비싸도 아이폰만 사용합니다. 그렇다면 잘 나가는 회사는 어떤 식으로 브랜드 마케팅을 하고 있을까요?

여타 다른 회사와 마찬가지로 제품 광고도 하지만, 브랜드를 알리는데 예산의 일정 부분을 투자하고 있습니다. 특정 주제에 관심을 가지는 고객을 모으는 커뮤니티를 만들고, 이들과 같이 활동하는 캠페인을 만들며 이들이 다른 회사에서는 접해보지 못한 새로운 경험을 시켜줍니다. 다른 회사와 차별화되는 메시지와 슬로건을 내걸고 실천하는 모습을 보여주면서 브랜디드 콘텐츠를 제작합니다.

브랜딩을 잘하는 대표적인 글로벌 기업으로 파타고니아Patagonia가 있습니다. 친환경 의류 브랜드인데, 옷을 팔면서도 '환경을 위해 옷을 사지 말라'는 메시지 광고로 유명하죠. 실제 파타고니아는 환경오염을 줄이고자 친환경 소재를 이용해 튼튼하고 오래 입을 수 있는 슬로 패션 의류만 제작합니다. 그리고 회사의 연 매출 1퍼센트를 환경단체에 기부합니다. 브랜드명인 파타고니아는 자연 보존이 잘 되어 경관이 아름다운 남아메리카의 지역 명에서 따왔습니다.

'브랜드의 철학, 창업 스토리, 행적, 제품, 콘텐츠, 기업 문화', 이 모든 것이 환경 보호라는 콘셉트로 통일되어 있습니다. 자연스럽게 사람들은 '친환경 슬로우 패션=파타고니아'로 인식하게 되고, 이 콘셉트에 공감하는 소비자는 파타고니아의 팬이 됩니다. 사실 파타고니아와 똑같은 슬로우

파타고니아는 매년 매출의 **1%**를
전 세계 지역 사회에서 활동하는
환경 단체들을 지원하는데
사용합니다.

내부적으로 '지구세' 라고도 부르는 <1% for the
Planet> 지원금을 통해
전 세계의 강과 하천, 숲들과 산, 공기를 지키고
되살리기 위해 일하는
비영리 환경 단체들을 지원합니다.

1% for the Planet

더 알아보기

사진 13 **파타고니아의 브랜드 마케팅** | https://www.patagonia.co.kr/

패션 의류를 취급하는 경쟁사 제품이 파타고니아 보다 소재, 성능, 기능이 떨어지진 않을 것입니다. 그런데 '동일한 품질에 가격이 더 저렴하다'고 하더라도 사람들은 더 비싼 파타고니아의 옷을 삽니다. 이미 대중의 인식 속에서 파타고니아는 대체할 수 없는 특별한 브랜드가 되었습니다.

이처럼 브랜드 마케팅에 성공하면 제품의 성능과 가격이라는 무한 경쟁의 굴레에서 벗어나는 특효약이 될 수 있습니다. 브랜딩을 하기 위해서는 우리 회사만의 콘셉트, 메시지를 만들고 팬덤 커뮤니티를 형성해 이들과 특별한 경험을 공유해야 한다고 말씀드렸습니다. 이렇게만 이야기하면 추상적이라서 감이 잘 안 오시죠? 앞으로 구체적으로 제가 어떻게 브랜드 마케팅 컨설팅을 했는지 설명하고, 지금은 이해를 돕기 위해 몇 가지 케이스스터디를 예시로 소개하겠습니다.

사진 14 전 세계 맥도날드보다 많은 우리나라의 치킨집
https://www.yna.co.kr/view/AKR20151003056000009

대한민국은 명실상부 '치킨 공화국' 입니다. 전국의 치킨 매장 개수가 전 세계 맥도날드 매장보다 많다는 소문이 있을 정도로 치킨 관련 메뉴가 발달한 나라입니다. KFC가 프라이드치킨 시장을 연 것을 시작으로, 페리카나의 양념치킨, BBQ의 올리브기름 치킨, 굽네의 오븐치킨, 교촌의 간장 치킨, 네네의 파닭, BHC의 시즈닝 치킨 등 사람이 상상할 수 있는 치킨이란 치킨은 다 나와서 이제는 정말 차별화가 나오려야 나올 수가 없을 것만 같습니다.

그런데 사람의 아이디어는 정말 끝이 없는지 계속해서 새로운 콘셉트의 치킨 프랜차이즈가 등장하고 있습니다. 포장 패키지를 프라다 가방처럼 제작한 푸라닭, 기름통 하나에 닭을 60마리만 튀긴다는 60계 치킨, 지금 사진으로 보여드리는 '순살만 공격'이 그 예입니다.

순살만 공격은 이름만 봐도 알 수 있다시피 오로지 순살 치킨만 취급합니다. 상호는 '순살만 공들여 격식 있게'를 줄여서 순살만 공격이라고 하죠. 대부분 치킨집이 다양한 메뉴를 취급하는데, 순살 치킨으로 카테고리를 좁히고, 패키지도 세로로 여섯 줄을 만들어서 다양한 양념을 얹은 순살 치킨을 담아 마치 순살 치킨 종합 선물 세트를 받는 느낌을 줍니다. 이

사진 15 순살 하나에만 집중한 순살만 공격

는 다른 치킨 브랜드에서는 맛볼 수 없는 특별한 경험이고, 순살 치킨을 좋아하는 사람들은 순살을 먹을 때 순살만 공격에서 재주문을 할 확률이 높아지게 됩니다.

예전에 조향사 한 분을 컨설팅한 적이 있습니다. 상담을 해드리기 위해 향수, 디퓨저 쪽으로 시장조사를 했는데요. 향기 시장은 고객들이 '향뿐만 아니라 브랜드의 가치를 보고 구매한다'는 특징이 있었습니다.

메릴린 먼로는 잠잘 때 '잠옷 대신 샤넬 넘버5를 입는다'는 한마디에 불타나게 향수가 팔린 것처럼, 아무리 좋은 향을 만들어도 소비자가 느끼는 브랜드 파워가 약하면 고객이 쉽게 구매하지 않습니다. 다시 말해 이제 막 시작한 인지도 없는 신규 브랜드가 코○도르, 쿤○, 헤○라스 같은 큰 브랜드 사이를 비집고 들어가기가 사실상 불가능한 시장입니다.

그런데 향기 관련 브랜드를 계속 찾다 보니 그 와중에도 새로운 시장을 개척하는 브랜드가 있었습니다. 바로 향○비책이라는 브랜드입니다. 모든 패키지에 '집중력'이라는 단어가 적혀있죠? 수험생, 공시 생들이 공부하는데, 집중력이 향상되는 기능성 향 콘셉트로 제품을 출시한 것입니다.

실제로 라벤더나 허브로 향을 만들면 정신을 맑게 해주고 심신을 리프레시 해주는 효능이 있다고 합니다. 이런 것들을 잘 조합해서 만든 디퓨저를 개인 공부방에 두면 수험생, 공시생들에게 유용하겠죠. 이 향을 두고 공부했더니 집중이 잘 된다면 수험생, 공시생들은 플라세보 효과를 위해서라도 재구매할 확률이 높아집니다. 부모님들이 자녀에게 선물로 사주기도 유리합니다.

사진 16 수능, 공시 등 수험 시장을 개척한 향기 브랜드

　순살만 공격이 여러 치킨 가운데 순살만 집중 공략했다면, 향○비책은
향수, 디퓨저를 필요로 하는 소비자 가운데 공시생, 수험생이라는 타깃
을 집중 공략했다고 볼 수 있습니다. 이렇게 제품이나 특정 고객층을 선
택하고 집중한다면 브랜드 슬로건, 메시지, 마케팅, 콘텐츠, 제품, A/S, 각
종 정책, 콘셉트를 오로지 해당 제품이나 타깃에 맞춰 통일시킬 수 있기
에 기존 브랜드는 줄 수 없는 새로운 경험, 신선한 가치를 창출할 수 있게
됩니다.

이번에는 제품이 아니라 서비스직의 브랜드 마케팅 사례로 넘어가겠습니다. 우리는 흔히 증명사진, 바디 프로필 사진을 촬영할 때 사진관, 스튜디오를 이용하죠. 포토그래퍼들 역시 특정 서비스만 전문으로 하거나, 특정 타깃만 공략해서 브랜딩을 하고 있습니다.

지금 보어드리는 추○연 스튜디오는 CEO, 정치인, 전문직의 프로필 사진을 전문으로 진행합니다. 홈페이지에 들어가면 각종 대기업, 법무법인,

사진 17 CEO, 정치인, 전문직 전문 스튜디오 제시 예 | http://choosangyeon.com/

사진 18 CEO, 정치인, 전문직 전문 스튜디오 노출 사례

회계법인, 병원, 국회의원들의 프로필 사진이 포트폴리오로 정리되어 있습니다. 개인적으로 '타깃을 참 잘 잡았다'고 여겨지는데요. 해당 타깃의 공통점은 촬영 비용과 상관 없이 본인의 이미지가 고급스럽게 표현되는 사진이 필요하다는 것입니다. 프로필 사진이 대외적으로 보이는 이미지를 좌우하며, 한 번 촬영하면 몇 년을 사용해야 하니까요. 가격은 다소 비싸더라도 홈페이지를 통해 그동안 우리 스튜디오가 유명한 인물들을 촬영해왔다는 포트폴리오를 보여주면 상담하는 고객이 다른 포토그래퍼에게 일을 맡기고 싶을까요?

한편 타깃이 아니라 서비스에 집중한 사진관도 있습니다. 수○ 스튜디오는 사진에 보이는 것과 같이 수중 촬영을 전문으로 합니다. 촬영하기 전 헤어 스타일링, 메이크업, 의상을 대여하고 수조 안에 들어가서 촬영이 진행되는데요. 마치 인어공주, 오필리어 느낌이 나는 프로필 사진을

사진 19 **수중 촬영 전문 스튜디오** | https://soodam.net/

얻어갈 수 있습니다.

'이런 걸 굳이 촬영한다고?' 싶을 수도 있겠지만 모델, 배우, 인플루언서처럼 대외적으로 보이는 미적인 이미지가 중요한 분들이 주로 이용합니다. 평소 인스타그램을 보면서 프로필 사진 촬영을 생각하고 있었던 일반인도 남들과는 다른 이색 프로필 사진 촬영에 도전한다고 합니다. 이처럼 서비스 역시 서비스 자체 혹은 타깃의 선택과 집중을 통해서, 다른 브랜드는 하지 않는 독자적인 가치와 경험을 제공해서 차별화된 브랜드 마케팅을 할 수 있습니다.

마지막으로 커뮤니티를 활용한 브랜드 마케팅 사례를 소개하겠습니다. 한 집안의 가장이신 분 중에는 '언젠가는 꼭 전원주택을 짓고 싶다'는 꿈이 있는 분들이 계십니다. 독자 여러분 중에서도 한적한 시골에 땅을 사고 전원주택을 지어서 은퇴하고 싶다는 꿈을 가진 분들이 계시나요? 저도 업무용 사무실은 강남에 위치하고, 집은 조용하고 한적한 전원주택에서 살고 싶다는 로망이 있습니다.

사진으로 보시는 윤○하우징이 그런 전원주택만 전문으로 시공하는 건설사입니다. 홈페이지와 유튜브를 보면 브랜딩을 참 잘해서 감탄이 나오는데요. 주택을 시공한 고객의 인터뷰 영상을 유튜브에 올리고, 그 영상을 홈페이지에 연동하고 있습니다. 유튜브와 홈페이지가 연계가 안 되고 따로 노는 회사가 많은데, 윤○하우징은 굳이 유튜브에 들어가지 않아도 홈페이지에서 다양한 고객 후기를 잘 볼 수 있습니다.

아시다시피 주택 건설은 최고의 고 관여 상품입니다. 땅값을 제외한 시공비만 따져도 기본 몇 억 원 대이죠. 게다가 '먹튀, 부실공사, 가격 후려치기' 등 안 좋은 관행이 있는 것도 사실입니다. 그만큼 업체를 잘 만나

사진 20 | **건축주 생생 인터뷰** | https://www.yunsunghousing.co.kr/

사진 21 | **건축주 생생 인터뷰 유튜브 제시 예**

는 것이 중요하고, 여러 업체 가운데 소비자의 선택을 받기 위해서는 시공사의 신뢰도가 가장 중요합니다.

이때 대표가 직접 자사의 특장점을 말하며 우리 회사를 믿어달라는 영상을 보여준다면 소비자들이 100퍼센트 믿을까요? 고객은 당연히 회사 관계자의 말보다는 나보다 앞서 이 회사를 통해 집을 지어본 사람들의 후기, 실제 인터뷰를 더 신뢰할 것입니다. 내가 전원주택을 건축할 계획이라면 전원주택 커뮤니티에 가입하고 후기를 읽고, 질문하며 알게 된 다양한 정보를 더 신뢰할 것입니다. 윤○하우징은 별도의 커뮤니티 사이트나 온라인 카페를 개설한 건 아니지만, 건축주 인터뷰를 꾸준히 만들어서 신뢰를 얻고 있죠.

고관여 상품일수록 생생한 고객의 인터뷰 후기 영상이 중요합니다. 동영상은 글, 사진과 달리 꾸미고 속이기 어렵습니다. 유튜브 공식 계정에 들어가면 인터뷰 영상 조회 수가 약 2,000~4,000 사이로 나오는데요. 아마도 저 영상을 본 사람들 대부분은 전원주택 건설에 관심이 있는 분들일 것입니다. 여기서 더 응용해 고객 커뮤니티를 만들고, 그 고객과 함께 새로운 경험을 선물하는 브랜드 마케팅을 할 수도 있을 것입니다.

좀 더 자세히 말씀드리자면, 간혹 '브랜딩이라는 것이 일종의 종교를 만드는 것과 비슷하다'는 생각이 들곤 합니다. 여러분은 모든 종교가 반드시 갖춰야 할 요소로 무엇이 있다고 생각하시나요? 먼저 신도들끼리 공유하고 공감할 교리와 해당 교리를 문서로 정리한 성서, 경전(바이블)이 있어야겠죠. 이 바이블을 설파할 종교 지도자(리더, 메신저)가 있어야 할 것입니다. 신도들끼리 단합하기 위한 각종 행사나 찬송가 같은 이벤트도 있고요. 마지막으로 기독교의 십자가나 불교의 연꽃, 불상 같은 상징(심벌)이 필요합니다.

실제 우리 주변의 종교에 관해 곰곰이 생각해 보면 바이블, 메신저, 이벤트, 심벌 4가지를 축으로 신도들을 모으고, 응집시키며, 유대를 탄탄히 다져나가 그 힘을 확장하는 것을 볼 수 있습니다. 이제는 기업도 종교를 벤치마킹해서 브랜드 팬덤을 구축하는 트렌드로 점점 넘어가고 있는 느낌입니다. SM, JYP, YG, HYBE 같은 대형 엔터테인먼트 기획사나 애플 같은 회사를 보면 거의 종교를 방불케 하는 팬덤과 응집력을 보입니다. 기업이 아니더라도 상위 1퍼센트의 유튜버, 인스타그램 인플루언서 역시 팬덤 응집력이 막강하죠. 인플루언서의 힘이 막강해지는 것도 이 브랜드 마케팅과 접점이 있다고 생각하는데요.

일전에 환경 관련된 업체 광고를 위해 인플루언서 활동을 활발하게 하고 계시는 아나운서와 미팅한 적이 있습니다. 아나운서로 일하며 자신의 계정에 운동, 환경, 건강, 러닝 관련 콘텐츠를 많이 올리는 인스타그램 인플루언서입니다. 제가 책을 쓰는 시점에서 팔로워가 14만 명이 넘었죠. '월간 ○껑'이라는 콘텐츠를 통해 대형 인플루언서로 성장하셨습니다.

이분은 주기적으로 팬들과 모여서 뛰면서 쓰레기를 줍습니다. 플로깅 Plogging이라는 단어 들어보셨나요? 스웨덴어로 '줍다'를 뜻하는 플로카 우프Plocka Upp와 영단어 조깅Jogging이 합쳐져 플로깅Plogging이라고 하는데요. 말 그대로 조깅하면서 검사검사 쓰레기도 줍는 것을 뜻합니다. '내 몸

사진 22 | 월간 ○껑 쓰○대장정

의 건강과 지구의 환경을 둘 다 챙긴다'는 취지로 많은 사람의 지지를 받고 있습니다.

한 아나운서는 이렇게 모은 쓰레기 중 병뚜껑을 따로 모아서 팔찌, 옷걸이, 메달, 키 링 등으로 만드는 업사이클링 굿즈를 만들기도 합니다. 내 몸의 건강과 지구의 환경 보호 두 마리 토끼를 잡자는 바이블을 설파하는 메신저가 된 것입니다. 팔로워들과 함께 주기적으로 플로깅을 하는 이벤트를 하고 있으며, 플라스틱 뚜껑을 통해 만들어지는 굿즈는 심벌로 볼 수 있습니다.

미팅 때 여러 기업이 아나운서에게 다양한 컬래버레이션Collaboration 을 제안하고 있다는 걸 듣게 되었습니다. 'ESG 경영Environmental, Social and Corporate Governance(환경, 사회, 기업 지배구조)' 열풍이 한참 불면서 여러 회사가 파타고니아처럼 환경을 생각하는 브랜드라는 이미지를 주려는 움직임을 보입니다.

그런데 바이블, 이벤트, 심벌까지는 회사에서 자체적으로 만들 수 있지만 메신저는 어떨까요? 임직원 중 회사가 나아갈 길과 콘셉트가 딱 맞아떨어지는 인플루언서가 있을 확률은 매우 낮겠지요.

그러므로 어쩔 수 없이 정말 이 사람만 소화해 낼 수 있는 독특한 캐릭터, 콘셉트가 있는 연예인이나 인플루언서를 섭외할 수밖에 없습니다. 만약 지금 예로든 아나운서가 업의 이미지 모델이 되어준다면 아나운서를 팔로잉하는 친환경을 선호하는 팬 덤을 기업의 고객으로 흡수할 수 있기에, 비용이 다소 비싸더라도 이 기업 저 기업에서 종교 지도자(리더, 메신저)처럼 모셔가려고 하는 것입니다.

앞으로 브랜드 마케팅 케이스스터디를 집중적으로 소개할 예정입니다. 이때 플로깅을 실전에서 응용해 브랜드 마케팅에 접목한 사례를 같이 살펴보겠습니다.

이제는 기업도 종교를 벤치마킹해서 브랜드 팬
덤을 구축하는 트렌드로 점점 넘어가고 있는 느
낌입니다. SM, JYP, YG, HYBE 같은 대형 엔터
테인먼트 기획사나 애플 같은 회사를 보면 거의
종교를 방불케 하는 팬덤과 응집력을 보입니다.
기업이 아니더라도 상위 1퍼센트의 유튜버, 인
스타그램 인플루언서 역시 팬덤 응집력이 막강
하죠. 인플루언서의 힘이 막강해지는 것도 이 브
랜드 마케팅과 접점이 있다고 생각합니다.

CHAPTER 2

온라인 마케팅
성공을 위한 절대 원칙
테이크 오프 Take Off
프레임워크

바로 앞장에서 코로나19 이후 변화한 마케팅의 큰 흐름에 대해 알아봤습니다. 이것과 연계해서 네이버, 인스타그램, 유튜브 최신 트렌드도 살펴볼 필요가 있는데요. 그전에 코로나19로 변화한 사업 환경에서 가장 유효한 마케팅 전략에 대해 말씀드리겠습니다. 저의 첫 책에서는 리더가 조심해야 할 마케팅의 함정, 두 번째 책에서는 리더가 되기 위한 차별화 전략을 다뤘습니다. 현 상황에서 효과를 볼 수 있는 최적의 마케팅 전략도 이 2가지 내용을 바탕으로 하기 때문에 빠르게 복습해 보겠습니다.

먼저 마케팅의 함정으로 4가지를 말씀드렸습니다. 먼저 블로그 상위 노출로 인한 포스팅 조회 수나 SNS 광고로 유입과 도달 수치만 높이는 '유입의 함정'을 경계하라고 했습니다. 어떤 타깃에게 어떤 내용으로 메시지가 전달되고 있는지, 그로 인해 댓글 공유 구매 등의 전환 요소를 함께 살펴봐야 한다고 했습니다.

다음으로 앞에서도 이야기한 '차별화의 함정'입니다. 요즘 들어서 이 문제가 더욱 대두되고 있는데요. 유튜브를 통해 창업 콘텐츠가 공유되고 공장 MOQ도 풀리면서 제품을 소싱해 창업하기는 쉬워졌지만 정작 기존 경쟁사 대비 차별화 포인트가 없는 상품이 많습니다.

사람과 만날 때 첫인상이 50퍼센트라는 말이 있듯이, 브랜드도 비슷합니다. 앞서 제시한 케이스스터디의 사례처럼 명확한 차별화가 있으면 광고 효율도 높습니다. 구매 전환율도 좋고요. 반면 차별화가 없으면 홈페이지나 상세 페이지를 잘 만들려고 해도 어필할 내용이 없어서 광고를 진행하면 광고비는 소진되는데, 구매가 잘 안 일어나고, 구매가 없으니 후기와 리뷰가 모이지 않는 악순환이 일어납니다.

남들과 똑같은 상품을 팔더라도 제가 브랜딩 사례로 보여드린 업체처럼 특정 카테고리 혹은 특정 고객층에 집중하거나, 커뮤니티를 만들어 새로운 경험을 선물하는 등의 차별화된 가치를 만들어야 하는데요. 차별화를 만드는 요령도 잠시 후 알려드리겠습니다. 세 번째는 채널의 함정입니다. 제가 마케팅 대행사를 운영하면서 가장 많이 받는 질문이 채널에 관한 것입니다.

"대표님 요즘 인스타그램이 가장 핫하다고 해서 저도 따라 했는데 효과가 없었습니다."

"대표님 요즘 유튜브가 대박이라고 해서 저도 따라 했는데 유튜브 보고 구매하는 사람이 없습니다."

사람의 심리가 가장 유행하고, 남들이 효과 좋다는 마케팅 채널을 따라가려는 건 당연합니다. 그런데 사전에 충분한 작전을 세우지 않으면 채널의 함정에 빠질 수 있습니다. 지금 가장 효과가 좋은 채널 3가지는 '네이버, 인스타그램, 유튜브'인데요. 아시다시피 플랫폼마다 주력 이용자가 다 다릅니다. 게다가 채널마다 마케팅 하는 방법도 여러 가지입니다. 인스타그램 하나만 놓고 봐도 개인 계정 운영, 브랜드 계정 운영이 나뉘고 콘텐츠 발행 관련해서는 카드뉴스, 인스타그램툰 등이 있습니다. 스토리나 릴스를 활용할 수도 있으며, 스폰서 광고를 돌릴 수도 있고 인스타그램 체험단을 하거나 인플루언서와 협력 광고를 할 수도 있습니다. 특정 채널에 마케팅을 시작하기 전에 내 브랜드의 타깃과 주요 이용 고객은 누구인지, 그들은 어떤 채널에 모여 있는지, 어떤 콘텐츠를 좋아할지, 이에 맞춰 해당 채널에서 어떤 유형의 마케팅으로 접근해야 할 것인지를 조사해야 합니다.

마지막으로 대행사의 함정입니다. 제가 마케팅 외부 강의를 시작한 지 10년 정도가 되어갑니다. 항상 교육이 끝나면 몇몇 대표님들이 최근 애로사항을 말씀해 주시곤 하는데요. 그때마다 대행사에 사기를 당했다며 대처법을 여쭤보시곤 합니다.

여러분이 사업자를 신고하면 대행사의 영업 전화를 많이 받게 됩니다. 전화로 하는 말만 듣고 덜컥 계약하는 일이 없도록 주의해야 하는데요. 주로 할인 프로모션을 한다면서 굉장히 좋은 조건을 제시하고, 그 대신 반년 계약, 1년 계약을 유도하는 편입니다. 그런데 광고라는 것은 한 달 단위로 성과를 측정해서 계속할지, 중간에 멈출지를 고민해야 합니다. 장기 계약을 피하고 가급적 네이버 공식 광고 대행사를 이용하시는 걸 추천합니다. 관련해서 자세한 내용은 마지막 챕터에 있는 QnA 편에서 말씀드리겠습니다.

우리가 돈을 모을 때 수입을 늘리는 것도 중요하지만, 헛된 지출을 없애는 것도 수익을 내는 것 못지않게 중요하죠. 어찌 보면 '4가지 마케팅의 함정은 헛된 지출을 없애는 것에 해당한다'고 볼 수 있습니다. 왜 많은 사장님이 온라인 마케팅을 시작하면서 이런 4가지 장벽에 부딪히나 생각해 봤는데요. 제가 내린 결론은 작은 회사일수록 기획과 마케팅이 맞물려 돌아가기 힘들다는 것이었습니다. 원래 체계를 갖춘 대기업 마케팅은 기획실에서 마케팅 캠페인을 기획하고, 기획한 내용을 마케팅 부서에서 실행합니다.

말하자면 기획팀은 두뇌Brain에 해당하고, 브레인이 짜낸 계획대로 광고를 집행하는 마케팅 부서는 손발Hand and Foot이 되는 구조입니다. 기획자가 소비자 조사, 경쟁사 조사를 하고 차별화 포인트를 갖춘 상품을 기획합니다. 제품이 생산되면 마케팅 부서와 함께 어느 마케팅 채널에 광고할지 정하고 예산을 배분합니다.

그 후 제품의 콘셉트를 충분히 보여주면서도 네이버, 인스타그램, 유튜브, TV 광고 등 각 매체에 알맞은 콘텐츠를 기획하고 스토리보드를 제작합니다. 이때 TV처럼 자사에서 내부적으로 실행하기 어려운 광고는 입찰공고를 내서 외부 대행사를 모집합니다.

대행사와 소통하면서 기존의 초안을 좀 더 다듬어서 최종안이 만들어지고 우리가 흔히 보는 대기업의 광고가 송출됩니다. 광고 송출 이후부터는 대행사 직원과 내부 마케팅 부서 직원이 광고 데이터를 모니터링하면서 성과를 측정하고 앞으로의 방향을 정하게 됩니다.

이처럼 원래 마케팅은 충분한 시장조사, 매체 선정, 콘텐츠 기획, 광고 집행, 결과 모니터링이 맞물려서 돌아가야 합니다. 그런데 소상공인은 대기업만큼 자본이 충분하지 않아서 회사에 기획부서와 마케팅 부서 둘 다 없는 상황이 많습니다.

대표가 기획과 마케팅을 둘 다 잘한다면 문제가 되지 않지만, 현실적으로 사업을 시작할 때부터 둘 모두를 잘하기란 힘들죠. 전문가 없이 일을 진행하니 차별화를 못 만들어 함정에 빠지거나, 내실이 갖춰지지 않은 상태에서 대행사에만 마케팅을 의존하다 함정에 빠지거나, 잘못된 채널과 접근 방법을 선택해 함정에 빠지거나, 노출량만 늘리는데 매출은 안 나오는 함정에 빠집니다.

다행인 점은 앞서 말한 마케팅의 함정은 공부를 통해서 충분히 극복할 수 있습니다. 방금 체계를 갖춘 대기업이 어떤 식으로 마케팅하는지 말씀드렸죠. 우리 역시 할 수 있는 범위에서 마케팅 프로세스를 갖춘다면 함정을 미리 예방할 수 있습니다. 제가 실제 현업에서 대행, 컨설팅할 때 사용하는 가장 유효한 전략 프레임워크를 공개하겠습니다.

스텝 1. 시장조사를 통한 현황 파악

스텝 2. 차별화된 상품 기획 & 제조

스텝 3. 차별화된 메시지를 담은 홈페이지, 상세 페이지 제작 (+스크립트 설치)

스텝 4. 소액 광고로 효과 테스트

스텝 5. 리뷰, 후기 확보를 위한 체험단 마케팅

스텝 6. 내 상품에 맞는 채널 선정

스텝 7. 차별화된 메시지를 광고·콘텐츠로 가공해서 유통

스텝 8. 발생한 매출은 일부는 마케팅에 재투자, 일부는 R&D에 투자

이렇게 총 8단계의 프로세스입니다. 이것을 '테이크 오프Take Off 프레임워크'로 부르고 있습니다. 테이크 오프의 사전적 의미는 비행기가 이륙하는 걸 말합니다. 비행기는 엔진의 힘이 날개를 통해 양력으로 전환해서 날아오르는데요. 이를 사업으로 치환하면 엔진은 내 상품, 내 브랜드의 차별화 포인트고, 날개는 적합한 마케팅 채널에 광고·콘텐츠를 배포하는 것입니다. 관련한 자세한 내용은 《테이크 오프Take Off》를 참고해주시길 바랍니다.

즉, 스텝 1부터 3까지는 차별화된 엔진을 만드는 과정이고, 스텝 4는 본격적으로 비행기를 운행하기 전에 비행 테스트를 하는 과정입니다. 스텝 4를 통해 확신을 얻으면 스텝 5~7은 엔진의 힘을 날개를 통해 양력으로 바꿔 매출을 터뜨리는 단계입니다. 마지막으로 스텝 8에서 결과를 피드백하여 다음 도약을 준비합니다.

자기 브랜드만의 차별화 전략을 만들기 위해서는 먼저 시장조사가 우선시되어야 합니다. 저는 컨설팅 신청이 들어오면 어떤 업종인지 카테고리를 파악하고 관련 키워드로 네이버, 구글, 유튜브, 뉴스 등을 검색합니다. 키워드 광고도 모두 클릭해서 어떤 경쟁사가 있나 살펴보고, 온라인

카페나 커뮤니티 사이트에도 들어가서 사람들이 많이 사용하는 브랜드에는 무엇이 있는지, 어떤 상황에서 무슨 이유로 해당 상품을 소비하며, 소비 후 어떤 생각을 하는지 관찰합니다. 이것만으로도 주로 어떤 성별, 어떤 연령대의 사람이 무엇을 위해 상품을 사용하는지 소비자 조사가 가능합니다. 이들이 주로 어떤 브랜드를 사용하고 해당 브랜드에 어떤 특장점이 있어서 사용하는지 충분한 정보를 얻을 수 있습니다.

이후 사장님과 회의하면서 제가 조사한 정보를 공유하고 사장님으로부터 해당 업계의 생태계에 대해 듣습니다. 온라인으로 조사한 것과 달리 현업 종사자의 생생한 이야기를 들을 수 있기에 차별화 전략 기획에 많은 도움이 됩니다. 차별화 포인트를 만들 때는 앞서 케이스스터디로 보여드린 바와 같이 상품의 집중, 고객의 집중을 사용하거나 마케팅을 잘하는 경쟁사를 벤치마킹하기도 하지만, 저만의 독자적인 발상법을 사용합니다.

비유하자면 일종의 요리 레시피를 만드는 방법과 유사한데요. 예를 들어, 제가 돈가스를 만든다고 한다면 돈가스를 만들기 위해 필요한 구성요소를 낱낱이 분석해 봅니다. 아시다시피 돈가스는 다진 돼지고기를 밑간하고 튀김옷을 입혀서 기름에 튀긴 다음 소스를 얹어서 먹는 음식이지요.

그렇다면 '돈가스=돼지고기+밑간+튀김옷+기름+소스'로 구성되었다고 공식화를 할 수 있겠죠? 다음은 돈가스를 구성하는 이 5개 요소에 어떤 재료가 들어가는지 쭉 적어봅니다. 돈가스용 돼지고기는 주로 등심, 안심을 사용하고 밑간에는 소금, 후추로 간을 하며 생강, 마늘, 맛술로 돼지 비린내를 잡고 우유에 재워서 고기를 부드럽게 만듭니다. 튀김옷은 계란

사진 23 차별화를 만드는 공식 1

물, 밀가루, 빵가루로 만들고 여러 종류의 기름에 튀기겠죠. 위에 얹는 소스는 다양한 것을 생각해 볼 수 있습니다.

만약 우리에게 익숙한 돈가스를 제대로 맛있게 만들고 싶으면 이 정도 재료 범위에서 최적의 조합과 계량을 찾으면 됩니다. 그런데 만약 다른 식당에서는 판매하지 않는 자기 가게만의 특별한 돈가스를 만들고 싶다면, 일반적인 돈가스 레시피에 사용되는 재료가 아니라 색다른 재료를 추가해 다시 조합을 찾아보는 것입니다.

예를 들어, 등심과 안심 외의 다른 부위를 튀겨보면 어떨까요? 연육 작용을 위해 우유를 넣는 데 비슷한 효과를 내는 키위, 파인애플을 이용해 밑간을 해보면 어떨까요? 밀가루 대신 고구마 전분 가루를 사용해 튀김옷을 만들어보면 어떨까요? 파 기름, 마늘 기름을 내어서 돈가스를 튀기면 무슨 맛이 날까요? 다진 마늘, 청양고추, 쌈장을 베이스로 알싸하고 매콤

사진 24 차별화된 메뉴 개발에 열심인 돈가스집 | https://naver.me/xorKtVu0

하면서도 짭짤한 맛이 나는 소스를 만들어 얹으면 어떨까요?

제가 요리에 대해 잘 알지 못해서 터무니없는 소리를 하고 있는데요. 요리에 대한 지식이 있는 분이라면 저보다 더 현실적이면서 궁합이 좋은 재료를 연결해 유효한 가설을 세울 수 있을 것입니다. 이 가설을 여러 개 만든 후 직접 돈가스를 튀겨보고 시식을 거듭하면 맛있으면서도 다른 식당 그 어디에서도 볼 수 없는 새로운 돈가스가 나오지 않을까요? 아마 치즈 돈가스, 고구마 돈가스 같은 메뉴도 이런 연구 과정을 통해 만들어지지 않았을까요?

실제로 고객을 생각하며 다양한 돈가스를 테스트하는 식당이 있습니다. 옆 페이지의 사진을 보시면 이 식당은 사장님이 여태까지 시도해 본 돈가스 메뉴를 다 기록해 둡니다. 무려 60가지가 넘는 돈가스를 만들어 보셨는데요. 이 가운데 맛있고 손님의 반응이 좋은 돈가스만 정식 판매를 하십니다. 사장님은 기존의 정형화된 돈가스에 안주하지 않고 지금도 계속해서 새로운 돈가스를 연구하고 계십니다. 그 덕분에 〈백종원의 3대 천왕〉 프로그램에서 돈가스 맛집으로 소개되기도 했습니다.

사업의 차별화 전략도 이 돈가스 만들기와 비슷합니다. 요리 레시피라면 해당 요리가 만들어지기 위한 구성요소를 나열하지요. 사업이라면 내 상품을 놓고 상품과 연관된 요소를 나열합니다. 저는 컨설팅이 들어오는 사업 아이템으로 이 연습을 자주 하는데, 어떤 사업 아이템이 되었든 제품Product, 서비스Service, 사람Human 3가지 요소는 무조건 넣습니다. 그다음에 할 일은 돈가스의 각 구성요소에 들어갈 재료를 나열하고 조합을 해

	제품 Product	서비스 Service	사람 Human
추가 +			
제외 -			
결합 ×			
분할 ÷			

표 25 차별화를 만드는 공식 프로세스(차별화 공식의 상세한 내용은 책《테이크 오프》참고요망)

봤던 것처럼 내가 통제할 수 있는 제품, 서비스, 사람 3요소에 사칙연산을 대입하는 것입니다. 기존의 상품에 다른 PSH 3요소(제품, 서비스, 사람)를 더하거나, 빼보거나, 결합하거나, 분할해 보는 것이죠.

예를 들어, 제품에 다른 제품을 결합해서 패키지 상품을 구성해 본다 거나, 기능이 여러 가지인 제품에 특정 기능을 분할시켜서 새로운 제품을 만들거나, 경쟁사는 안 하는 서비스를 도입하거나, 대표인 내가 인플루언서가 되거나, 사람들을 결합해 커뮤니티를 만드는 등 12개의 칸을 놓고 다양한 아이디어를 도출해 봅니다. 이 프레임워크를 제품, 서비스, 사람이라는 3요소에 사칙연산이라는 4개의 차별화Different를 더했다고 하여

'PSH-4D'라고 부릅니다. 사전에 충분한 시장조사를 해뒀다면 PSH-4D 프레임워크가 금방 채워질 것입니다.

차별화 전략이 완성되었다면 이를 보여줄 차례입니다. 최근에는 가능하다면 홈페이지를 초기에 구축할 것을 추천합니다. 스마트스토어, 블로그를 쓰는 방법도 있지만 페이스북 픽셀, 구글 애즈 스크립트를 설치할 수 없어서 상세한 분석과 최근 좋은 효율의 리타깃팅 광고를 할 수 없다는 마케팅적 한계가 있습니다.

홈페이지는 마케팅 스크립트 설치가 가능하며 디자인도 자유로워서 소비자에게 어필해야 하는 차별화 포인트와 고객 후기 등을 전면에 내세워서 보여줄 수 있습니다. 홈페이지와 상세 페이지 제작이 끝났다면 내가 정한 차별화된 콘셉트가 실전에서 먹히는지 테스트해야 합니다. 시험 비행의 단계죠. 적은 금액으로 광고해서 문의 상담, 상품 구매가 일어나는지 실험해 봅니다. 구매 의사가 있는 사람의 반응을 즉각적으로 테스트 체크해 볼 수 있는 키워드 광고를 추천합니다.

여기서 유의미한 반응이 없다면, 1.아이템 자체가 광고의존성이 약하거나 2.맨처음 채택한 차별화 포인트의 잘못일 가능성 3.상세페이지 후킹의 부족일 3가지의 가능성이 큽니다. 다른 차별화 포인트로 홈페이지, 상세 페이지 내용을 교체한 뒤 다시 소액 테스트를 해야 합니다. 유의미한 반응이 있다면 본격적으로 시간과 돈을 투자했을 때 테이크 오프에 성공할 확률이 매우 높습니다. 이런 상황이라면 엔진이 다 만들어졌다고 판단하고 이륙 준비에 착수합니다.

가장 먼저 리뷰 후기가 필요한데요. 홈페이지 내부의 후기도 필요하고, 네이버 블로그나 유튜브 등 내 고객이 검색해서 정보를 찾는 플랫폼에도 후기성 콘텐츠도 들어가 있어야 합니다. 고객은 광고를 보고 홈페이지로 들어와 상세 페이지, 자사 몰 후기만 보고 구매하지 않습니다. 네이버 유튜브 등에서 상호, 브랜드명을 검색하여 실사용 후기를 점검하고, 2차적 경쟁사와 비슷한 제품을 또 비교한 뒤 최종 결제합니다. 후기를 확보하기 위한 가장 좋은 방법은 '체험단 마케팅'입니다. 블로그, 인스타그램, 유튜브 콘텐츠 크리에이터들에게 제품이나 서비스를 무상 협찬해 주는 대신 후기를 남겨달라고 하는 것이죠. 내 고객이 자주 검색하는 채널에 많은 후기를 넣어두시기 바랍니다.

후기를 남기기 위해 체험단에 들어가는 비용 조차 아까워 하시는분들이 계십니다. 절대 좋은 후기를 만들기 위해 체험단에 비용을 아끼지 마실 것을 강조하고 싶습니다. 비용면에서 마케팅 비용 중에서 어찌보면 가장 적게 들어가는 비용이 체험단입니다. 더욱더 공격적인 마케팅이라면 비용이 더 많이 들어가는 경우가 많습니다. 광고를 하기 위해서 체험단 조차 비용이 부담된다면 마케팅 자체의 예산이 정말 적은 예산으로 체험단 이후의 마케팅을 진행하는데 많은 어려움이 있을 수 있습니다. 체험단과 후기의 마케팅을 진행만으로도 성과가 나오는 업종도 물론 있습니다.

그럼 후기 확보가 되었다면 본격적으로 마케팅을 할 차례입니다. 사전에 시장조사를 해두었기 때문에 내 고객이 어떤 채널이 모여있는지, 해당 채널에서 어떻게 콘텐츠를 만들어 올리고, 어떤 소재로 광고를 돌리면 좋을지 계산이 다 되어있을 것입니다. 콘텐츠와 광고 소재를 만들 때는 내 브랜드의 차별화 포인트를 자연스럽게 구사해야 합니다. 홈페이지에 스크립트 설치를 해뒀으니 리타깃팅 광고도 활용하시길 바랍니다.

소량의 판매가 이루어진다면 부지런하게 다음 테이크 오프를 준비해야 합니다. 앞서 말씀드린 대로 요즘은 아이템의 카피가 쉬운 세상입니다. 속도가 점점 빨라져서 최근에는 거의 6개월 이내에 경쟁사 또는 카피 제품들이 등장합니다. 따라잡히지 않으려면 한 번의 성공에 안주할 것이 아니라 그 성공을 디딤돌 삼아 두 번째, 세 번째 성공을 향해 달려야 합니다.

일단 총매출의 20퍼센트 정도는 다음 마케팅 예산을 위해 쓰는 것이 좋습니다. 남은 금액에서 고정 지출과 대표 월급을 제외하고 남은 돈은 R&D에 투자하는 걸 추천합니다. 연구 개발을 통해 기존에 평가가 좋았던 상품의 업그레이드 버전을 출시하고, 신상품 기획도 해야 합니다.

이상 차별화 전략부터 광고 집행까지 대행사 사장이 사용하는 마케팅 프로세스 전 과정에 대해 말씀드렸습니다. 뭐든지 첫 단추가 중요하기 때문에 차별화된 엔진을 만들지 않으면 아무리 마케팅을 잘해도 비즈니스 성공(테이크 오프Take Off)은 힘듭니다. 요즘처럼 마케팅 채널의 고착화로 광고 효율이 떨어지는 시기에는 더욱 그렇습니다.

제가 유독 차별화에 대해 강조하다 보니 부담감을 느끼는 대표님들도 계십니다. 차별화라고 해서 스티브 잡스가 아이폰을 만들어낸 것 같은 거창한 무언가를 생각할 필요는 없습니다. 정말 남들이 안 하는 사소한 몇

사진 26 박스 테이프도 10년을 연구하면 차별화가 나온다

https://www.wadiz.kr/web/campaign/detail/155326

가지만 추가해도 고객은 새롭게 받아들입니다. 예를 들어, 대부분 식당은 스테인리스 수저와 젓가락을 사용하죠? 어떤 식당은 식기가 전부 금 수저, 금 젓가락을 사용합니다. 더 나아가 식기 통에 식기를 언제 세척했는지 표기를 해놓습니다. 어떻게 보면 사소할 수 있는 일인데 식당을 찾은 손님의 입장에서는 '여기는 식기도 고급스럽고 위생도 철저하네?'라는 긍정적인 이미지를 심어줄 수 있습니다.

챕터 2를 마무리하면서 여러분이 좀 더 차별화를 가볍게 받아들이고 용기를 낼 수 있는 케이스스터디 하나를 소개하겠습니다. 마케팅에 고민이 있어 컨설팅 받으신 대표님 사례입니다. 이분은 이미 좋은 차별화 제품을 갖고 계셨습니다.

여러분 집에 박스 테이프 하나쯤은 다 갖고 계시죠? 평소 택배처럼 큰 상자를 포장할 일이 있다면 대형 박스 테이프가 필요하고, 간단한 사무 작업을 하신다면 작은 스카치테이프Scotch Tape, **접착용 셀로판테이프**가 필요합니다. 제가 지금 쿠팡에 박스 테이프를 검색해 보니 1개당 1,300원 정도입니다. 스카치테이프를 검색해 보니 1개당 2,500원이네요.

스카치테이프가 박스테이프보다 크기도 더 작고, 용량도 작은데도 1,200원이 더 비쌉니다. 그런데 텐○ 다분할 디스펜서를 이용하면 박스 테이프를 스카치테이프 사이즈로 분할할 수 있습니다. 스카치테이프가 매일 필요한 사람에게는 가성비가 대폭 상승하게 됩니다. 이 놀라운 유용성, 가성비가 이목을 끌었는지 지금까지 총 4번의 와디즈 펀딩을 하셨고, 총 펀딩 금액은 2억 원에 달합니다. 세계 3대 발명대회의 일각인 스위스 제네바 국제 발명대회에서 은상을 수상하셨고요. 대표님을 만나 뵈었을 때 본인 제품에 대한 자부심이 대단하셨습니다. 박스 테이프만 한평생을 생각하며 끝없는 고민 끝에 나온 제품이라고 합니다. 저는 '박스 테이프도 한평생 연구하면 이런 아이디어 상품이 나오는구나!' 하고 감탄을 금치 못했습니다.

만약 제가 박스 테이프 같은 공산품을 팔았다면 다분할 디스펜서를 만들 생각을 할 수 있었을까요? '박스 테이프는 이미 완성된 제품이야. 어떻게 더 차별화할 여지는 없어!'라고 섣불리 결론을 내리고 그 이상 생각하기를 포기했을 것입니다. 그런데 아니었습니다. 테이프라는 카테고리에 대해 연구하고, 테이프를 사용하는 이들에 대해 생각하며, 이들이 무엇을 불편해하는지, 어떻게 더 도움을 줄 수 있을지 고민하다 보면 '다분할 디

'스펜서'라는 차별화된 아이템이 충분히 나올 수 있었습니다.

아마도 저처럼 '내 사업 아이템은 이미 나올만한 것들이 다 나와서 더 이상 차별화는 불가능하다'고 생각하는 분이 계실 수 있습니다. 그런데 이젠 나올만한 건 다 나온 것 같은 치킨 업계에서도 계속 새로운 콘셉트의 브랜드가 생겨나고, 심지어 공산품인 박스 테이프조차 차별화된 아이디어 상품이 출시되는 게 신기하지 않으신가요?

'우리는 차별성이 없어! 더 이상 아이디어가 없어!'라는 마음으로 너무 섣불리 포기하지 마시고, 제가 이번 챕터에서 알려드린 PSH-4D 프레임워크를 한 번 채워보시기 바랍니다. 상품을 구성하는 요소를 분해하고, 시장조사를 통해 내 상품을 누가 이용하며 이들이 무엇을 원하는지 분석하며, 상품에 다른 PSH제품, 서비스, 사람을 사칙연산으로 더해보고, 빼보며, 결합해 보고, 분할해 보며 궁리하면 분명 유의미한 결과가 나올 것입니다.

누구나 첫술부터 배부를 수는 없습니다. 앞서 말씀드린 자기 가게만의 특별한 돈가스 만드는 방법처럼 계속 가설을 세우고, 검증하는 과정을 통해 맨 처음 나왔던 투박한 아이디어를 고도화하고, 또 고도화시키면 이텐○ 다분할 디스펜서처럼 사람들을 놀라게 할 여러분만의 차별화된 엔진을 만들 수 있습니다.

차별화 전략은 제 두 번째 책 《Take Off테이크 오프》의 다양한 사례를 통해 자세하게 설명해두었습니다. 좀 더 차별화 전략을 알고 싶다면 참고하시면 좋을듯 합니다.

두 번째 책에 있는 내용에 일부를 이번 책에서 다시 언급하는 이유는

10년째 마케팅을 하고 있지만 뻔한 제품을 마케팅으로만 좋은 판매를 할 수 있는 시대가 점점 끝나고 있는점을 몸으로 느끼고 있기 때문입니다. 좋은 제품과 좋은 서비스가 뒷받침되어야만 정말 좋은 매출을 낼 수 있다는 걸 해가 지날수록 더욱더 느끼고 있습니다.

물론 당장 좋은 차별화가 떠오를 수 없습니다. 하지만 이러한 과정을 절대 멈추면 안됩니다. 차별화는 무수한 테스트로 나옵니다. 현재 광고주 분들의 광고를 진행하면서 의도하지 않았던 다른 부분에서 좋은 성과와 생각지 못한 포인트에서 성과가 나온 사례가 많습니다. 우리는 끊임없이 다양한 시도와 테스트를 통해 연결고리를 만들어야 합니다.

CHAPTER 3

주요 채널별
반드시 알아야 할
마케팅 트렌드 2024

앞장에서 마케팅의 함정에 대해 말씀드리면서 내 타깃 고객이 모인 채널을 잘 선정하고, 그 채널도 여러 가지 접근 방법 가운데 어떤 방법으로 마케팅할 것인지 고르는 것이 중요하다고 말씀드렸습니다. 차별화된 엔진을 만들고, 관련 내용을 홈페이지와 상세 페이지에 충분히 표현해 놓더라도 결국 마케팅 채널에 콘텐츠를 올리고 광고를 진행해야 사람들이 내 홈페이지로 유입되어 살펴보고 결제하게 됩니다.

이때 어떤 채널에 어떤 사람이 모여 있는지 채널별 특징을 알아야 최소한의 인풋으로 최대의 아웃풋을 얻을 수 있습니다. 그래서 사업과 마케팅을 진행하려면 사람들이 자주 사용하는 채널의 특징은 필수적으로 숙지하고 있어야 하는데요. 이번 장에서 이를 간단히 살펴보겠습니다.

2024년 현재, 정말 다양한 마케팅 채널이 있습니다. 그러나 매출 관련해서 실제 효과를 볼 수 있는 채널은 네이버, 인스타그램, 유튜브 크게 3가지로 요약됩니다. 이전부터 꾸준히 새로운 채널이 등장했지만 코로나19 이후로는 채널의 고착화가 계속되고 있습니다. 따라서 이 3가지

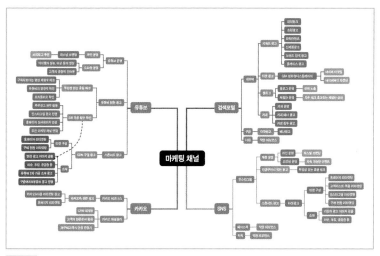

사진 27 마케팅 채널 마인드맵

채널을 중점적으로 살펴보겠습니다.

대표 채널 ①

여전히 막강 파워 검색포털(네이버) 채널 트렌드의 변화

제일 먼저 검색포털입니다. 네이버가 가장 대표적이죠. 최근 구글의 검색 비중이 상당히 높아졌다고는 하지만, 우리나라 검색 점유율 1위는 여전히 네이버입니다. 네이버 이상의 정보를 얻기 위해 구글도 같이 검색하지만, 결국 제품 구매 단계에서는 네이버의 후기를 참고해 결제합니다. 그래서 네이버는 여전히 중요한 마케팅 채널입니다.

마케팅 테스트 단계에서는 네이버로 시작하시면 됩니다. 최소한 네이버 체험단 마케팅으로 제품, 서비스 후기를 먼저 달리게 하길 권장합니다. 최근 소비자들은 제품을 구매하기 전에 네이버에서 제품 리뷰, 후기를 반드시 점검하고 구매 여부를 결정하기 때문입니다. 사람들은 언제나 특정 제품, 서비스를 구매하려는 목적으로 검색포털에 특정 키워드를 검색합니다.

여러분이 네이버에서 가장 먼저 해야 할 일은 자사 상품을 소비자가 어떤 키워드로 검색하는지 찾아내는 일입니다. 해당 키워드로 검색했을 때 자사 상품에 대한 긍정적인 칭찬이 검색 결과에 노출되도록 하는 일입니다. 네이버에서 제공하는 여러 가지 광고 상품을 이용하거나 블로그 콘텐츠를 발행하면 어렵지 않게 검색 결과 노출이 가능합니다.

파워링크

네이버 마케팅에도 여러 종류가 있는데요. 가장 우선 추천하는 마케팅 방법은 앞에서도 소개한 파워링크 광고입니다. 여러분이 검색했을 때 최상단에 뜨는 키워드 광고를 말하죠. 최근 파워링크의 전환율이 예전만큼 높지 않습니다. 그래서 '파워링크를 통해 제품을 많이 판매하겠다'는 생각보다는 내 홈페이지, 아이템의 차별화된 콘셉트와 상세 페이지가 사람들에게 효과적인지 테스트하는 용도로 사용하면 좋습니다.

파워링크 광고는 구매 의사를 가진 사람을 즉각적으로 홈페이지로 불러들일 수 있습니다. 광고를 보고 100명이 들어온다면 몇 명이 구매하거나 문의 전화를 하는지 소비자 반응을 점검하기 좋습니다. 만약 전화 문의도 안 오고, 구매도 없다면 홈페이지에 문제가 있거나, 상품 매력도에 문제가 있다는 말이겠죠? 그때는 차별화 포인트를 다시 잡아서 상품을 개선하고 홈페이지도 리뉴얼해서 다시 파워링크 광고로 점검하면 됩니다. 구매율이 낮더라도 저렴한 가격에 유입이 많은 키워드를 찾아냈다면 파워링크 광고를 지속하길 바랍니다. 홈페이지 방문자가 픽셀, 스크립트에 저장되어서 리타깃팅 광고를 할 수 있습니다.

파워링크 하나만 가지고 큰 매출을 만들려는 건 욕심이지만, 파워링크 광고만으로 큰 효율이 나는 업종도 있습니다. 제 수강생 한 분의 아이템은 파워링크 클릭률이 무려 29퍼센트가 나옵니다. 그분의 사업 아이템은 대중적이지는 않고 마니아층에게 판매되는 제품으로 파워링크 외의 외부 채널에서 정보를 찾기가 힘들어 파워링크 클릭률이 높은 것이죠.

최근 마케팅 대행사를 운영하는 지인 대표님들과 이야기를 나눠보면 파워링크 광고의 평균 클릭률은 약 3퍼센트 정도가 평균이라고 합니다. 즉, 우리 상품의 광고 클릭률이 3퍼센트보다 낮다면 키워드 광고 의존성이 높지 않은 아이템이라는 뜻입니다.

클릭률	키워드	입찰가	예상 노출수	예상 클릭수	예상 평균클릭비용	예상 비용
1.267032463	공기청정기	100,000	311,831	3,951	8,631	34,103,034
4.440383285	화과자	100,000	20,246	899	679	610,563
5.537617527	대출	100,000	168,791	9,347	17,172	160,510,370
12.853913230	소액대출	100,000	46,445	5,970	16,423	98,043,969

사진 28 클릭률로 확인하는 아이템별 파워링크 광고 의존도

앞 페이지의 이미지를 보시면 공기청정기, 화과자, 대출, 소액대출 4개 키워드의 클릭률이 각자 다른 걸 볼 수 있습니다. 공기청정기는 클릭률이 1.2퍼센트로 파워링크 광고 의존성이 낮은 사업 아이템입니다. 화과자와 대출은 클릭률이 4~5퍼센트로 딱 평균이라고 볼 수 있죠. 반면 소액 대출은 12.8퍼센트로 키워드 광고 의존성이 매우 높은 상품이라고 볼 수 있습니다.

제가 4년째 광고를 진행해드리고 있는 공기청정기 업체는 키워드의 1등 클릭률이 3퍼센트보다 낮아 파워링크 광고를 진행하여도 큰 효과가 없기에 파워링크는 제외하고 다른 광고를 진행하고 있습니다. 클릭률이 4~5퍼센트 평균값이 나오는 화과자, 대출은 파워링크 광고로 큰 매출을 내기보다는 리타깃팅과 연계할 목적으로 사용해야 합니다. 반면 소액대출처럼 클릭률이 높게 나온다면 키워드 광고 예산을 늘려서 최대한 많은 키워드를 높은 순위로 잡아두는 전략이 좋습니다. 평균 노출 순위는 최소 마지노선으로 3등을 추천합니다. 그보다 아래에 위치하면 많은 클릭이 일어나지 않습니다. 또 1등과 3등도 클릭률 차이가 크니 입찰가가 저렴한 세부 키워드는 1등을 잡으시길 바랍니다.

쇼핑 검색 광고

만약 실물 제품을 판매한다면 파워링크보다 쇼핑 검색 광고를 추천합니다. 네이버 쇼핑 최상단에 뜨는 광고인데요. 스마트스토어, 자사 몰 둘 다 랜딩페이지로 지정할 수 있습니다. 스토어에 리뷰가 많고 전환율이 높다면 스마트스토어로 연결해도 되고, 홈페이지의 상세 페이지가 후킹성이 높다면 리타깃팅 광고까지 고려하여 홈페이지로 연결하는 것이 좋습니다.

몇 년간 다양한 광고주 분들의 상품을 봐온 결과, 제품이 차별성과 경쟁력이 있으면서 클릭당 입찰가도 과열되지 않은 카테고리라면 쇼핑 검색 광고만 잘 세팅해도 대개 손해 없는 흑자 광고를 진행할 수 있었습니다.

쇼핑 검색 광고는 파워링크와 달리 내가 원하는 키워드가 아닌 카테고리에 연결된 광고를 할 수 있습니다. 스토어나 홈페이지에 등록한 키워드를 분석해서 네이버가 알아서 여러 키워드에 광고를 내보냅니다. 이때 내가 노출하고 싶지 않은 키워드를 제외 키워드로 등록할 수 있습니다.

파워콘텐츠 광고

많은 분이 네이버에서 블로그 광고를 많이 진행하고 있습니다. 대부분 블로그 광고라고 하면 체험단과 상위노출을 많이 생각하시는데, 파워콘텐츠 광고를 사용한다면 매일 블로그에 글을 쓰지 않더라도 블로그 포스팅 1개를 꾸준히 키워드 상위노출 할 수 있는 광고 상품입니다. 쇼핑 검색 광고가 네이버 쇼핑 탭에서 상위노출을 한다면, 파워콘텐츠 광고는 블로그를 보는 VIEW 탭에서 상위노출이 되는데요. 광고 집행 전에 내 블로그에 포스팅을 미리 해놓고 해당 포스팅을 랜딩페이지로 사용할 수 있습니다.

사진 29 파워콘텐츠 광고 노출위치

위의 이미지처럼 '당뇨 식단'이라는 키워드로 검색하면 VIEW탭에 노

출되는 포스팅 3개가 전부 파워 콘텐츠 광고임을 알 수 있습니다. 우측 상

단에 광고ⓘ 표기가 되어 있죠? 예전에는 초록색 글자로 광고 표기가 되

었지만 이제는 회색으로 바뀌어서 최대한 광고 티가 덜 나게 되었습니다. 그래서 소비자도 파워콘텐츠 광고가 실제 광고가 아닌 블로그 글이라고 인식을 하는 일이 많습니다. 파워콘텐츠 광고는 파워링크 광고와 다르게 내가 원하는 키워드를 전부 광고로 사용할 수는 없습니다. 네이버가 사전에 허용한 키워드로만 광고할 수 있는데요.

사진 30 │ 파워콘텐츠 광고 키워드 리스트 다운로드

https://saedu.naver.com/adbiz/searchad/powerContents.naver

위의 사이트에 들어가서 '파워콘텐츠 키워드 리스트 다운로드'를 클릭하면 키워드 리스트 엑셀 파일을 다운로드할 수 있습니다. 자신의 비즈니스에 적용할 수 있는 키워드를 찾아야 합니다. 엑셀 리스트에 그런 키워드가 없다면 차선책으로 간접적으로 사용할 수 있는 키워드를 찾습니다.

예를 들어, 내가 식단관리 도시락을 판매한다면 '식단관리 도시락 키워드'를 사용해야겠죠? 그런데 파워콘텐츠 키워드 중에 식단관리 도시락 키워드는 없습니다. 그래서 연관성 있는 다이어트 음식, 다이어트 식단, 당뇨 식단 같은 키워드를 찾아야 합니다. 키워드를 다양하게 찾았다면 비슷한 것끼리 그룹으로 묶습니다. 만약 3개의 그룹이 만들어졌다면 내 블로그에 각 그룹에 대응하는 포스팅을 올린 다음 광고를 연결하면 됩니다.

큰 공식 대행사일수록 파워링크와 쇼핑 검색 광고를 세팅하는 것이 더 효율적이라서 파워콘텐츠 광고는 잘하지 않으려는 경향이 있습니다. 1시간 만에 금방 설정할 수 있는 다른 광고에 비해 파워콘텐츠 광고는 블로그에 직접 게시 글을 써야 하는 번거로움이 있어서 기피합니다.

많은 판매자가 광고를 안 한다는 말은 그만큼 입찰 경쟁도 느슨하다는 말이 됩니다. 실제 파워링크로 광고하면 클릭당 몇 천 원이 나가는 키워드도 파워콘텐츠로는 입찰가가 70~700원 사이가 많습니다. 이걸 이용해 성과를 올린 사례도 앞으로 설명하겠습니다.

플레이스 광고

오프라인 가게를 하는 분들은 네이버 플레이스 광고를 필수적으로 해야 합니다. 매장 마케팅은 소비자들이 'ㅇㅇ역 맛집' 같은 지역명 키워드로 검색을 많이 하는데요. 대부분 지역명 키워드는 네이버 플레이스 정보가 가장 먼저 노출됩니다. 이 플레이스 1페이지에 내 매장 정보가 뜨는 것이 가장 중요합니다. 되도록 광고 없이 자연스럽게 1등을 하는 것이 가장 좋은 마케팅인데요. 플레이스 순위를 올리기 위해서는 다양한 스마트폰 기종으로 다양한 IP에서 방문자 리뷰, 블로그 리뷰가 꾸준히 쌓여야 합니다.

처음에는 플레이스 광고를 통해 상위노출을 하면서, 광고 없이도 자연스럽게 순위를 끌어올릴 준비를 하는 것이 가장 좋습니다. 이를 위해 가장 중요한 것은 '내 가게만의 리뷰 이벤트를 만드는 것'입니다. 클릭을 받을 섬네일 제작도 중요합니다. 뒤에 나오는 챕터에서 네이버 플레이스를 이용해 오프라인 가게를 성공시킨 사례에 관해 설명하겠습니다.

신제품 광고

사진 31 | 신제품 광고 노출위치

2022년까지만 하더라도 신제품 검색 광고는 공식 광고 대행사를 통해서만 할 수 있었습니다. 하지만 2023년도부터는 광고주가 직접 신제품 광고를 할 수 있게 되었는데요. 모바일 환경에서 특정 제품, 서비스 관련 키워드를 검색하면 통합 검색 최상단에 노출되기 때문에 주목도가 매우 높습니다. 최근에 광고주의 상품을 신제품 광고를 해본 결과, 파워링크와 쇼핑검색 광고로는 2~3퍼센트의 구매 전환 성과가 나왔던 아이템이 신제품 광고로는 10퍼센트 이상이 나오는 걸 확인했습니다.

신제품 광고는 말처럼 제품 출시 6개월 이내의 신제품만 광고할 수 있는데요. 쇼핑 검색 광고처럼 랜딩 페이지는 스마트스토어, 홈페이지 둘 다 가능합니다. 특히 제조사는 지속해서 기존 상품의 업그레이드 상품이 나오고, 새로운 제품 개발을 할 수 있어 신제품 광고를 주기적으로 사용할 수 있어서 매우 유용합니다.

성과형 디스플레이 광고(GFA)

사진 32 | 성과형 디스플레이 광고 노출위치

요 몇 년간 타깃팅을 할 수 있는 디스플레이 광고가 포털사이트의 키워드 광고보다 효율이 더 높다고 하죠. 대표적으로 인스타그램, 유튜브, 카카오 등의 광고가 전부 타깃 디스플레이 광고인데요. 네이버도 2020년 7월부터 본격적으로 타깃 광고 상품인 성과형 디스플레이 광고(구 GFA 광고)를 출시했습니다. 성과형 디스플레이 광고는 주로 모바일로 네이버 앱 중간중간 배너가 노출됩니다. 성과형 디스플레이 광고의 장점은 네이버 사용자 기반의 데이터를 수집하여 타깃 광고를 할 수 있고, 심지어 네이버만의 독보적인 장점인 네이버 페이의 쇼핑 데이터를 이용한 타깃 광고가 가능하다는 것입니다.

사진 33 │ 네이버 페이 타깃팅 기능

타깃팅을 설정할 때 특정 제품군을 구매하거나 관심을 보인 네이버 유저를 타깃으로 배너를 내보내는 기능이 있는데요. 이 말은 스마트스토어의 구매 정보를 반영해서 타깃 광고 송출이 가능하다는 말입니다. 아시다시피 요즘은 웬만한 자사 몰도 간편 결제 기능의 편리함 때문에 네이버페이는 무조건 연동하고 있습니다. 스마트스토어 뿐만 아니라 일반 자사몰의 결제 이력까지 타깃팅을 할 수 있다는 것은 무시하기 힘든 성과형 디스플레이 광고만의 장점입니다. 성과형 디스플레이 광고로 좋은 성과를 내는 아이템이 따로 있습니다. 10만 원 아래의 생활용품이면서 재구매가 높은 상품이 특히 좋은 효율을 보였습니다.

네이버 블로그

네이버 블로그는 계속해서 개편되고 있지만, 최근 2년간 큰 변화는 없습니다. 여전히 C 랭크와 DIA 로직 위주로 운영되고 있으며, 과거에 비해 C 랭크의 중요성이 많이 줄어든 느낌이 있습니다. 상위 노출과 관련해서는 각 키워드의 특징이 중요해졌습니다. 예를 들어, 'ㅇㅇ역 맛집', 'ㅇㅇ역 카페' 같은 키워드는 실제 역에서 가게까지 걸어가는 사진과 소요 시간 등이 포스팅에 명시되어 있어야 상위 노출을 시켜주고, 미용실이나 필라테스 같은 서비스 키워드는 실제 매장 서비스에 관한 텍스트 설명과 서비스를 받는 사진이 포함되어야 상위노출이 잘 되는 식입니다.

또 한 가지 큰 변화는 원래 모든 키워드가 다 'VIEW 탭'으로 노출되었는데 점점 검색량이 많은 대표 키워드를 중심으로 스마트 블록이 도입되고 있습니다. 모든 이들에게 동일한 검색 결과물이 떴었는데, 이제는 접속 기기의 네이버 정보를 읽어서 기기마다 다른 검색 결과를 노출하려는 방향으로 변화 중입니다.

이제는 예전과 달리 스마트 블록에 포스팅을 노출해야 하는데요. 스마트 블록의 다양한 주제로 계속 글을 써야 조금이라도 노출 확률이 올라가기 때문에 여러 명이 내 상품에 관해 리뷰를 쓰는 체험단의 중요성이 더 높아졌습니다. 과거에는 잘 관리한 블로그 하나만 있으면 내 비즈니스 관련해서는 대부분 키워드에 상위 노출할 수 있었는데, 이제는 체험단까지 같이 운영해야 검색량 많은 대표 키워드에 노출 확률을 높일 수 있게 된 것입니다.

체험단은 매달 꾸준히 운영하는 것을 추천합니다. 스마트 블록의 다양한 주제에 대해 글이 나와야 하고, 사람들이 내 상호를 검색했을 때 가급적 최신 리뷰가 있어야 고객에게 신뢰를 줄 수 있고 방문을 유도할 수 있습니다.

체험단 블로거들을 모집할 때는 일차적으로 일일 방문자, 전체 게시글 수량을 체크한 뒤 내가 홍보를 맡길 분야로 꾸준히 게시글을 발행했는지 점검합니다. 그다음 방문자가 진짜 방문자인지 허수 방문자인지 가려내기 위해 최근에 올린 포스팅의 키워드를 검색해 상위 노출 여부를 점검합니다. 이 기준을 다 통과한 블로거만이 실제 체험단을 진행했을 때 효과가 크고 매출을 대폭 올릴 수 있습니다.

사진 34 | 2024년 도입된 네이버 큐(cue)관련 내용

VIEW탭이 블로그와 카페로 나누어졌습니다. 이 부분을 큰일났다며 로직이 크게 바뀌었다고 걱정하시는 분들이 많이 계시는데요, 크게 염려 하지 않으셔도 됩니다. 오히려 6년전인 2018년도 전까지는 원래 VIEW탭이 나오기 전에 블로그와 카페가 나뉘어 있었습니다. 예전으로 돌아간 셈이죠.

오히려 우리가 앞으로 살펴봐야할 부분은 블로그와 카페가 나뉘고 좀더 세부적인 인공지능 검색 cue 도입으로 검색이 시작되었다는 것입니다. 이제 도입된지 얼마 되지 않아 아직까지 검색의 결과는 복잡하고 생각보다 스마트하지는 않습니다.

결국 검색이라는 영역은 내가 쓴글의 본문의 내용을 분석할 수밖에 없기에 고객이 원하는 내용을 본문에 빠르게 적용해 주는 것이 cue를 빠르게 적용해 볼 수 있는 방법이라고 봅니다.

네이버 카페

요즘은 밴드, 당근마켓, 카카오 오픈채팅방 등 커뮤니티 성격을 가진 채널을 쉽게 찾아볼 수 있습니다. 이에 따라 과거 효과가 높았던 카페 마케팅이 점점 예전과 같은 퍼포먼스가 나고 있지 않습니다. 과거에는 내가 원하는 공통 주제, 관심사 커뮤니티로 카페를 먼저 가입했지만, 지금은 대체할 수 있는 플랫폼이 많아져서 효과가 분산된 것이죠. 그래서 여러 카페 마케팅 가운데 카페를 직접 운영하는 것은 크게 추천하지 않습니다. 직접 운영으로 따지면 카페 보다는 유튜브를 운영하는 것이 매출에 직접적인 도움이 된다고 생각합니다.

그런데 유튜브를 운영하면서 카페가 필요하기도 합니다. 아시다시피 유튜브는 정보를 찾는 채널의 성향과 SNS 성향을 동시에 지니고 있습니다. 하지만 아쉬운 단점이 있는데요. 시청자와 나와의 소통은 가능하지만, 시청자끼리의 소통에는 한계가 있다는 점입니다. 이 부분을 보완하기 위해 네이버 카페를 활용해 볼 수 있습니다. 실제 많은 구독자를 보유하고 있는 유튜버들은 현명하게 내 구독자들을 카페에 모아두고 있습니다. 카페에서 팬들끼리 소통하면서 더욱더 팬덤을 응집시키는 것이죠.

네이버 카페를 잘 활용하는 유튜브 인플루언서의 사례로 'ㅇ 더 사이즈'

사진 35 유튜버의 네이버 카페 활용 제시 예1 | https://cafe.naver.com/fitthesize

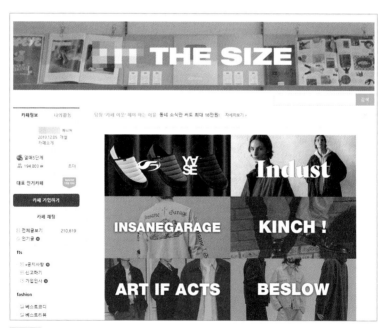

사진 36 유튜버의 네이버 카페 활용 제시 예2

가 있습니다. 이 책을 쓰는 시점에서 구독자가 74만 명인데요. ○ 더 사이즈 카페에 회원 수가 약 19만 명이 모여 있습니다. 순수하게 ○ 더 사이즈 채널을 애청하는 구독자들만 모인 것입니다. 이 안에서 유튜버의 구독자들끼리 서로 패션을 주제로 소통하며 활발하게 교류합니다. ○ 더 사이즈도 기업 협찬 광고 진행 시 유튜브 콘텐츠에 더해 카페 회원들에게 쪽지, 이메일을 통해 알릴 수 있는 장점이 있습니다. 또한 카페 회원들과 함께 콘텐츠를 만들어 나가는 구독자 이벤트도 활발하게 진행합니다. 인플루언서가 아닌 기업 역시 브랜드 마케팅을 할 때 네이버 카페를 활용할 수 있습니다. 앞에서 브랜드 마케팅의 중요성이 높아지기에 고객 커뮤니티를 만들고, 커뮤니티 안에서 소통하는 것이 점점 중요해지고 있다고 말씀 드렸는데요.

홈페이지로 커뮤니티를 만들 수도 있겠지만 아무래도 홈페이지에 커뮤니티 기능을 적용한다면 트래픽 서버 비용이 부담됩니다. 그래서 무료로 쓸 수 있는 네이버 카페를 선호하는 분들이 많습니다. 저도 컨설팅을 할 때 커뮤니티를 만들어 사람을 모으고 이들과 함께할 이벤트를 기획한 적이 있는데요. 어떻게 카페를 이용했는지 실전 사례에서 알아보겠습니다.

직접 카페를 운영하고 관리하는 것 외에도 마케팅 채널로서 카페를 활용할 수도 있습니다. 배너 광고, 카테고리 광고가 대표적이죠. 내 아이템을 사용할 타깃 고객이 많이 모인 카페가 있으면 운영자와 컨택해 배너 광고를 시험 삼아 몇 달 진행할 수 있습니다. 이때 카페를 잘 가려내는 것이 중요한데요. 단순히 카페 등급이 높고 회원 수가 많다고 마케팅 효과가 높은 카페는 아닙니다.

가장 먼저 카페 전체 글을 보면서 실제 유저가 활동하는지 체크해야 합니다. 글과 댓글을 읽어보면 진짜인지 가짜인지 금방 구분하실 수 있을 겁니다. 온라인 카페는 예전부터 사고팔며 거래하는 시장이 발달했습니다. 그러므로 반드시 카페 히스토리를 체크해서 카페명이 자주 바뀌지 않고 꾸준하게 운영되었는지 봐야 합니다. 최초에는 연예인 카페에서 몇 년지나 맘카페가 되는 등 카페는 수시로 다른 카페로 탈바꿈된 것일 수 있습니다. 최초 주제와 지금의 주제가 다르다면 사실상 내가 원하는 고객이 많은 카페라고 기대하긴 힘들겠죠. 반드시 최초의 카페가 무엇이었나, 카페가 몇 번이나 업종 전환이 되었는가 등을 확인하시길 바랍니다.

배너 광고, 카테고리 광고 외에도 유효한 카페 마케팅 방법으로 바이럴 침투 마케팅이 있습니다. 많은 광고 대행사가 현재도 많이 활용하고 있는데요. 자사의 제품을 고객에게 요청하여 사용 후기를 우리가 원하는 카페에 올려 달라고 부탁하는 것입니다. 이 사례도 앞으로 자세히 알려드리겠습니다.

카페는 특정 주제를 놓고 관심이 있는 사람이 모여 있는 공간이라 시장 조사를 할 때도 매우 유용합니다. 내가 팔려는 카테고리 키워드를 넣어서 카페 글을 정독하면 이 카테고리 상품을 이용할 때 소비자들이 어떤 생각을 가졌는지, 어떤 점을 불편해하는지 알 수 있습니다. 이런 점을 파악해야 나만의 차별화된 상품을 만들 수 있기에 아직도 참고할 가치가 큰 채널이라 할 수 있겠습니다.

대표 채널 ②

압도적 1위, SNS(인스타그램) 채널 트렌드의 변화

SNS는 여전히 페이스북, 인스타그램이 대세이며 특히 인스타그램이 압도적인 1등을 달리고 있습니다. 다만 인스타그램 광고를 제대로 하려면 결국 메타 광고 관리자에 들어가서 광고를 설정해야 하기에 결국 둘을 같이 이용해야 합니다. 많은 분이 이미 알고 계시겠지만 계정 운영과 관련해서는 페이스북보다 인스타그램이 더 운영할 가치가 있습니다. 크게 개인 계정, 브랜드 계정 둘로 나뉘는데요. 사실 회사 브랜드 계정은 팔로워를 많이 모으기가 쉽지 않습니다. 이건 SNS의 특성 때문인데 SNS는 기본적으로 사람을 보러 오는 곳이지 회사나 제품을 보러 오는 곳이 아니기 때문입니다.

회사 브랜드나 제품을 내세운 브랜드 계정은 만들되 좀 더 인스타그램으로 효과를 보기 위해서는 개인 계정을 통해 회사 대표인 나의 삶을 보여주고 제품과 브랜드는 간접적으로 홍보하는 방법이 좋을 수 있습니다. 여러분이 알고 계시는 인플루언서분들이 제품 홍보를 위해서 본인의 경험을 인스타그램 피드에 주기적으로 올리는 것을 생각하시면 됩니다. 브랜드 계정은 제품 위주의 사진만 보여주는 것보다 잠재 고객에게 이득을 주기 위해 지속적인 이벤트를 기획하시는 것이 더 좋은 방향입니다.

물론 브랜드 계정이라고 해서 무조건 반응이 안 좋은 건 아닙니다. 인스타그램은 젊은 여성들이 많이 모여 있기에 이들이 좋아하면서 사진 비주얼이 중요한 사업 아이템은 브랜드 계정도 효과가 있는 편입니다. 맛집, 카페, 펜션, 호텔, 여행 관광지 등이 대표적입니다. 다만 정보를 얻으러 와서 꼼꼼하게 읽는 네이버와 다르게 인스타그램은 비주얼 중심의 채널이라 사진 위주로 빨리빨리 본다는 차이점은 있습니다.

만약 우리의 아이템이 비주얼로 경쟁하는 카테고리가 아니라면 이왕이면 홍보라는 느낌이 안 들도록 사람이 나와야 합니다. 만약 내가 유리컵 같은 공산품을 판다면 어떻게 해야 할까요? 맛집처럼 맛있어 보이는 음식을 보여줄 수도 없고, 카페나 관광지처럼 대단한 뷰View를 보여줄 수도 없습니다. 그렇다면 내가 컵을 만들기 위해 하는 모든 생산 과정, 노력, 제품의 신뢰성을 보여줄 수밖에 없습니다. 예를 들어, 좋은 컵을 만들기 위해 외국에서 시장조사를 하는 모습, 사무실에서 제품 설계 디자인을 하는 모습, 컵 원료를 수입하기 위해 거래처 사장님과 미팅하는 모습, 공장에서 컵을 만들어내는 모습, 내가 만든 컵으로 커피를 타 마시는 모습, 소비자들이 컵을 사용하고 만족하는 모습 등을 계속해서 보여줘야 합니다.

인스타그램은 소셜 네트워크 서비스입니다. 그러므로 제품을 위주로 보여주지 마시고 나의 스토리를 통해 제품을 부가적으로 연계해서 판매해야 하는 채널입니다. 나의 이야기를 통해 제품(컵)은 간접 홍보가 됩니다. 개인 계정을 운영하면서 브랜드 계정은 소비자들이 좋아할 정보성 콘텐츠와 할인 프로모션을 올리는 계정으로 따로 운영하면 됩니다. 유명 브랜드의 팔로워가 높다고 해서 그 팔로워가 꼭 실제 구매를 하는 것은 아닙니다. 사람은 팬덤을 만들기가 비교적 쉬운데, 브랜드는 팬을 만들기가 상대적으로 어렵습니다. 만약 개인 계정과 브랜드 계정을 동시에 운영한다면 어떻게 비중 배분을 해야 할까요? 리소스(자원)를 100이라고 한다면, 개인 계정에 80을 쓰고 브랜드 계정에 20의 에너지를 쓰는 식으로 비중 조절을 해주세요.

인터넷에서 인스타그램 팔로워 구매에 관한 정보를 쉽게 접할 수 있습니다. 빠르게 성과를 내고 싶은 분들이 쉽게 현혹될 수 있는데요. 팔로워 구매, 팔로워 조작은 추천드리지 않습니다. 그 이유는 인스타그램 알고리즘은 기존 팔로워들의 공통점을 찾아 새로운 팔로워들에게 내 피드를 보여줍니다. 그런데 유령 계정 팔로워를 구매하면 내가 올린 콘텐츠가 진정 필요로 하는 고객에게는 도달하지 못하고 비슷한 유령 계정에 도달하게 됩니다.

그래서 팔로워 구매, 팔로워 조작 없이 0부터 콘텐츠를 통해 고객을 한 분 두 분 쌓아 올리는 과정이 필요합니다. 만약 즉흥적으로 마케팅 효과를 빨리 보고 싶다면 2가지 방법이 있습니다. 나보다 좀 더 유명한 인플루언서와 공동구매 이벤트를 하거나 스폰서 광고를 진행하는 것입니다.

먼저 공동구매는 과거에 비해 효과가 다소 떨어진 것은 사실입니다. 인플루언서들이 돈을 엄청나게 번다는 사실이 알려지자 많은 사람이 인스타그램을 키워서 팔로워들에게 검증도 없이 아무 제품이나 판매하고 책임감 없는 태도로 일관하는 사건이 있었죠. 한때 페이스북에서 '믿거페(믿고 거르는 페이스북)'라는 신조어가 생겼듯이, 인스타그램에서는 '팔이피플'이라는 단어가 유행했습니다. 그래서 요즘은 협력할 인플루언서를 잘 선택해야 합니다. 단순히 뛰어난 외모, 몸매, 언변, 많은 팔로워 위주의 인플루언서와 협업하기보다는, 인플루언서가 내 사업 아이템 관련해서 전문성이 있는지, 이 사람이 하는 말을 진심으로 믿고 따르는 구독자가 많은지, 구독자와 소통을 진정성 있게 하는지 등을 체크해야 합니다.

협력 광고 콘텐츠도 단순 공동구매 안내보다는 협업 콘텐츠가 낫습니다. 예를 들어, 인플루언서가 평소 팬과 소통하면서 '본인의 니즈가 반영된 아이템이 하나 있었으면 좋겠다'는 아이디어를 내서 함께 제품을 공동개발하는 것입니다. 제품 출시 이전부터 같이 미팅하고, 공장 견학하는 과정을 피드에 올리며 세상에 없는 나만의 제품을 출시하는 것이죠. 혹시나 모를 불량품 교환 등도 구매자가 인플루언서에게 말하면 인플루언서가 브랜드 담당자에게 알려주어서 즉각 A/S를 해주고요.

이렇게 신경 써서 브랜디드 콘텐츠를 발행한 뒤 진행하는 인스타그램 공동구매 이벤트는 여전히 효과가 좋으며, 브랜드 입장에서도 정성스럽고 긍정적인 후기와 2차 광고로 활용할 사진, 영상 콘텐츠를 확보할 수 있어서 제가 매우 추천하는 방법입니다.

마지막으로 스폰서 광고는 SNS 광고의 대명사 격인 광고죠. 페이스북, 인스타그램 이용자들이 피드를 넘기는 중간중간 뜨는 이미지, 동영상 광고를 말합니다. 현재 스폰서 광고는 SNS 전반을 통틀어 가장 효과가 좋은 마케팅 방법입니다. 큰 예산을 들이지 않아도 수만 명의 사람에게 광고를 노출할 수 있습니다.

다만 광고 수익률ROAS을 따져야 하는데 코로나19 이후로 너도나도 스폰서 광고를 하다 보니 후킹성이 약한 소재는 예전처럼 효과를 보기 힘듭니다. 스폰서 광고를 하기 전에 전환율을 최대한 끌어올리기 위해 먼저 '홈페이지, 상세 페이지, 후기'를 제대로 갖춰야 하고요. 체험단을 통해 네이버나 유튜브에도 자사 상품 후기가 필요합니다. 픽셀까지 설치했다면 스폰서 광고를 할 준비가 끝납니다.

스폰서 광고의 핵심은 클릭당 비용CPC을 낮춰서 광고 효율을 최대한 높이는 것입니다. 사람들이 자주 클릭하는 광고를 만들면 비용은 자연스럽게 내려갑니다. 처음에는 한 광고 소재에 약 50,000원 정도를 사용하는 걸 추천합니다. 광고 소재 수치들이 어떻게 나오는지 확인한 다음, 가장 효율이 좋은 최적의 소재가 나오면 해당 소재에 광고비를 증액하는 식으로 마케팅을 진행하시면 됩니다.

경험상 단일 이미지 소재보다는 슬라이드 소재, 동영상 소재가 클릭 당 비용이 적은 경우가 많았습니다. 그래서 먼저 이미지로 다양한 소구점을 어필해 보고, 가장 반응이 좋은 소구점을 찾아내면 해당 소구점으로 슬라이드 광고나 동영상 광고를 만들면 효과적입니다.

스폰서 광고 관련해서 여러분과 공유하고 싶은 에피소드가 하나 있습니다. 예전에 대한민국에서 가장 유명한 교육 회사의 광고 대행을 맡았었습니다. 유아 교육 상품 할인 프로모션을 함께 기획하고 이를 광고로 널리 알리기로 했는데요. 담당자님이 주된 타깃 고객인 어머님들을 대상으로 특가 할인을 알리는 이미지 소재를 현존하는 모든 배너 광고 채널(인스타그램, 네이버 GFA, 구글 디스플레이 배너, 카카오톡 비즈보드 등)에 동시 송출하기를 원하셨습니다.

개인적으로 타깃 광고는 인스타그램이 가장 클릭률CTR이 높다고 생각해서 광고주에게 모든 예산을 인스타그램에 투입하는 것이 좋을 것 같다고 했습니다. 하지만 담당 광고주는 다양한 채널에 테스트해 보기를 원하셔서 모든 매체에 동시에 같은 이미지로 광고를 송출하였습니다. 역시나 네이버 GFA, 구글 디스플레이 배너, 카카오톡 비즈보드 광고는 클릭률이 1~2퍼센트 사이로 나왔는데, 오직 인스타그램만 클릭률이 7퍼센트 정도가 나왔습니다. 같은 이미지를 같은 타깃에게 노출했는데 왜 유독 인스타그램만 효율이 높은 걸까요? 이 질문을 드리면 많은 분이 다른 매체보다 인스타그램 매체에 광고 타깃인 어머니들이 더 많아서 클릭률이 더 높았을 거라고 생각하십니다.

그런데 과연 이것이 이유의 전부일까요? 몇 년 전부터 이 문제에 대해 각 매체의 광고 지면을 유심히 보면서 계속 생각을 거듭한 끝에 나름 납득할 만한 결론에 도달할 수 있었는데요. 바로 각 매체의 특징과 UIUser Interface의 차이점이 있었던 것입니다. 여러분, 카카오톡은 매일 접속하실 겁니다. 친구 목록 창과 채팅목록 창에 배너 광고가 뜨죠. 이 광고를 유심히 보시나요? 빨리 내 지인과 채팅하기 위해 제대로 보지도 않고 지나치는 일이 비일비재할 것입니다. 카카오톡 배너 광고는 실제 많은 고객의 시야에 잘 들어오지 않습니다.

구글 배너 광고로 넘어가 볼까요? 아시다시피 구글로 웹서핑하거나 인터넷 뉴스 기사를 보면 사이트 왼쪽 오른쪽에 구글 배너 광고를 많이 접할 수 있습니다. 이걸 유심히 보는 분 계시나요? 대부분 지금 당장 정보성 게시글과 뉴스 읽기에 집중하기 때문에 배너가 시선에 잘 들어오지 않을 것입니다.

네이버 GFA 광고도 마찬가지입니다. 우리가 스마트폰으로 네이버 앱을 켜는 이유는 대체로 무언가를 검색하기 위한 지금 당장의 목적성이 분명 있습니다. 검색해서 뜨는 콘텐츠는 집중해서 읽을지언정, 그 전에 뜨는 GFA 광고에 한 눈 팔려서 배너를 클릭하고 광고주의 쇼핑몰에 갔다 온 다음에 다시 원래 하려던 검색을 이어서 하는 사람은 드물 것입니다. 광고의 1차 목적은 우리를 보게끔 소비자를 이탈시키는 것입니다. 온라인이든 오프라인이든 모든 광고는 사람들이 많이 몰리는 곳에 있습니다. 기본적으로 사람은 매 순간 무언가에 집중하고 있는데 효과가 좋은 광고란 지금 사람이 몰두하고 있는 것으로부터 이탈시켜서 관심을 나와 내 사업체로 돌리는 광고입니다.

지하철 전광판에 동영상을 한 편 틀던, 사람들이 많이 다니는 길목에 현수막을 걸던, 사람이 많이 모이는 온라인 사이트나 앱에 배너 광고를 송출하던 갈 길을 가든 사람이 내 광고를 보고 잠깐 멈춰서 내 홈페이지에 들어오게 만들거나, 무언가를 신청하게 만들거나, 전화를 걸게 끔 만들어야 합니다. 그런 측면에서 현존하는 온라인 광고 매체 가운데 소비자를 이탈시키기 가장 어려운 것은 개인적으로 유튜브 인스트림 광고라고 생각합니다. 내가 재미있는 유튜브 동영상을 보려는 가장 확실한 목적이 있는데 그 앞에 뜨는 광고를 보고 클릭해서 다른 웹사이트로 이탈시키는 것이 쉬울까요? 실제 인스트림 광고를 해보면 클릭해서 내 사이트로 들어오는 고객이 극도로 적습니다.

그에 비해 인스타그램 스폰서 광고는 카카오톡, 네이버, 구글, 유튜브와 UI가 다릅니다. 물론 인스타그램도 광고를 보러 들어오는 사람은 없습니다. 친구들과 소통하거나 내가 좋아하는 연예인, 인플루언서의 소식을 알고 싶어서 접속하죠. 다른 매체는 광고가 왼쪽, 오른쪽에 뜨거나 크기가 매우 작은데, 유독 페이스북, 인스타그램은 위아래로만 스크롤을 합니다. 내가 집중해서 읽는 콘텐츠의 바로 위아래에 뜨면서 지면 크기도 넓기 때문에 주목도가 매우 높습니다. 광고를 보기 싫어도 강제적으로 한 번 훑고 넘어가게 되어서 다른 매체에 비해 노출량에 대한 신뢰성이 높고, 그로 인해 클릭률도 덩달아 높을 수밖에 없죠.

결론적으로 인스타그램을 제외한 다른 배너 광고는 노출량에 어느 정도 허수가 있다는 것이 제 생각입니다. 앞서 예를 든 네이버, 카카오톡, 구글, 유튜브 광고에 노출 수가 100이라고 카운트되어 있어도 과연 그 노출 100이 인스타그램 스폰서 광고처럼 확실히 사람들이 한 번이라도 눈으로 훑고 지나간 노출 100번일까요? 실제 사용자는 채팅하느라, 뉴스 기사를 읽느라, 검색하느라, 빨리 동영상을 보느라 본체만체 지나갔지만 광고 관리자에는 노출 100으로 카운트된 것이 아닐까요? 도달이 100으로 표시되어 있어도 정말 100명의 사람이 집중해서 광고를 봤느냐는 알 길이 없습니다. 유튜브를 ASMR 용으로 틀어놓고 다른 작업에 열중하는 사람처럼 안 봤을 확률도 간과할 수 없다는 것입니다.

그런 의미에서 제가 말씀드리고 싶은 점은 2가지입니다. 소비자를 이탈시키기 위해서는 강력한 후킹을 만들어야 하고, 그 후킹은 차별화 전략에서 나옵니다. 배너 광고를 생각하고 계신다면, 많은 매체 가운데에서 2024년 현재, 인스타그램 스폰서 광고가 UI 구조상 주목도가 가장 높으므로, 광고 효율로 찍히는 숫자가 허수가 아닐 가능성이 그나마 가장 높다는 것입니다.

대표 채널 ③

2024년 현재, 1등 마케팅 채널 유튜브의 변화

2024년 현재, 유튜브는 누구나 인정하는 1등 마케팅 채널입니다. 영상 기획, 촬영, 편집이 쉽지 않고 채널 구독자를 모으는 데 다소 시간이 걸리지만, 어느 정도 채널이 자리 잡으면 마케팅 효과는 확실합니다. 저희가 진행했던 마케팅 대행 사례 중에서도 유튜브를 통해 성공한 사례가 많습니다. 만약에 누군가 "대표님, 제가 시간의 한계가 있어서 채널을 딱 하나밖에 못 합니다. 어떤 걸 해야 할까요?"라고 물으면 가장 추천하는 마케팅 채널은 바로 '유튜브 운영'입니다. 물론 일반적으로 그렇다는 말로 업종에 따라 유튜브보다 다른 채널이 더 효과적인 경우도 있기에 모든 사장님이 반드시 유튜브 채널을 만들어야만 한다는 이야기는 아닙니다.

만약 내가 학원 사업, 교육 사업, 전문직, 기술직 등 나만의 전문성을 어필하고 퍼스널 브랜딩을 해야 매출이 나는 분야 종사자라면 유튜브를 무조건 해야 한다고 말씀드립니다. 채널 개설 후 가장 먼저 만들어야 할 영상은 내 홈페이지에 들어갈 것입니다.

앞서 윤○하우징처럼 유튜브 영상을 홈페이지에 적극적으로 활용한 사례를 공부했죠? 요즘은 어떤 사업의 아이템이든 우리 자사의 제품과 서비스의 영상이 홈페이지에 회사 브랜드 영상, 고객 후기는 무조건 필수로 제작해야 합니다. 특히 고 관여 상품일수록 글보다는 사진으로, 사진보다는 영상으로 증명하는 편이 신뢰도가 높기에 자사 유튜브 채널에 고객 인터뷰 영상을 올리고 이를 홈페이지로 연동시키는 것이 중요합니다.

사진 37 │ 유튜브 체험단을 진행 후 상세 페이지에 적용한 좋은 예시
│ https://smartstore.naver.com/cozymohae

홈페이지뿐만 아니라 스마트스토어로 물건을 팔 때도 마찬가지입니다. 앞 페이지의 이미지는 한 코○○해라는 캠핑 침낭 브랜드의 상세 페이지 사례입니다. 캠핑하는 분들 침낭 많이 구매하시죠. 보통 저가 침낭은 보온성이 떨어지는 중국산 솜 침낭이 많습니다. 그런데 코○○해는 거위털이 들어간 고급 구스 침낭을 파는 브랜드인데요. 상세 페이지에 필수로 들어가야 하는 요소가 잘 포함되어 있습니다. 주목해야 할 부분은 캠핑 유튜버와 협찬하여 확보한 리뷰 콘텐츠를 상세 페이지에 녹여낸 점입니다. 온라인 쇼핑은 오프라인과 달리 소비자가 직접 물건을 눈으로 보고, 손으로 만지면서 재질을 느낄 수 없기에, 소비자는 '상세 페이지에서 말하는 내용과 제품의 품질이 일치하지 않으면 어떡하지?'라며 우려합니다.

이 걱정을 덜어줄 수 있는 것이 '생생한 영상 기반의 유튜브 리뷰'입니다. 제품 언박싱부터 시작해서 실제 사용하는 과정, 사용 소감까지 적나라하게 보여주니까요. 특히 해당 제품 관련 주제로 꾸준히 영상을 업로드한 공신력 있는 유튜버의 동영상 리뷰는 구매를 망설이는 소비자의 불안을 해소하기 딱 좋습니다.

이렇게 상세 페이지에 보여줄 동영상 후기를 위해서라도 내 사업 아이템 분야에서 구독자가 많고, 인지도가 높은 유튜버 협력 광고는 필수라고 생각하는데요. 물론 누구나 아는 대기업 메가 인플루언서는 가격이 만만치 않습니다. 예산이 부담된다면 광고비가 더 저렴한 마이크로 인플루언서를 섭외하면 됩니다. 협력 광고의 이점은 여러 가지가 있습니다. 상세 페이지에 보여줄 공신력 있는 후기를 얻을 수 있고, 해당 영상을 재가공해서 광고 소재로 사용할 수 있으며, 해당 인플루언서가 모아온 팬덤에게 내 상품을 보여주므로써 매출 상승도 기대할 수 있습니다.

예전에 수제 그래놀라 업계를 선도한 모○○루라는 회사의 광고 대행을 진행한 적이 있습니다. 홈페이지 전환율을 높이기 위해 유튜버들을 섭

사진 38 그래놀라 협력 광고 사례 | https://www.modernguru.co.kr/

외했는데요. 인플루언서와 함께 그래놀라가 만들어지는 현장을 견학하고, 같이 그래놀라를 직접 만들어보며, 시식까지 하는 후기 영상을 만들었습니다. 이 후기 영상을 토대로 상세 페이지를 제작하자 구매 전환율이 많이 올랐던 기억이 있습니다. 또한 영상 일부를 편집하여 SNS 광고도 송출했습니다. 이에 따라 매출 증진, 회원 증가의 효과까지 얻을 수 있었습니다.

물론 이 같은 효과를 누리기 위해서는 협업할 대상을 잘 선택해야 합니다. 앞서 온라인 카페 이야기를 했을 때 계속해서 '주제가 변한 허수 카페를 걸러야 한다'고 말했듯이, 단순히 영상 주제와 구독자 수만 봐서는 안 됩니다. 유튜버와 구독자가 얼마나 잘 소통하는지, 팔로워들의 충성도는 어떤지, 유튜버가 추천하는 상품에 관심을 보일 것인지 등을 따져봐야 합니다.

유튜브와 함께 광고를 진행시 매출이 굉장히 높이 올라간 적도 많이 있지만, 생각보다 판매가 많지 않았던 대형 유튜버도 있었습니다. 5년전 높은 구독자를 보유하고있던 유튜버였고, 많은 구독자를 보유하고 있기에 이분과 광고를 하면 상품이 많이 팔릴 줄 알았는데 이상하게도 효과가 거의 없습니다. 원인을 분석해 보니 실제 외모가 아름다운 유튜버였지만 구독자들은 예쁜 유튜버를 보고 싶어서 채널을 구독했을 뿐으로, 해당 유튜버가 사용하고 소개하는 제품에는 관심이 거의 없었습니다.

반면 구독자 수가 다소 적더라도 특정 카테고리에서 전문성을 인정받고, 해당 유튜버의 조언을 팔로워들이 귀담아듣는 유튜버와 협력 광고를 하면 어김없이 효과가 좋았습니다. 구독자 수, 재생 수, 댓글 등을 살펴서

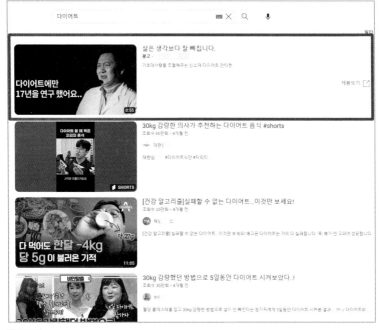

사진 39 | 유튜브 디스커버리 광고 노출위치

찐 팬이 많은 인플루언서와 협업하시길 바랍니다.

홈페이지, 상세 페이지와 연동할 리뷰 후기 콘텐츠 다음으로는 구독자를 늘리는 데 유리한 '유튜브 디스커버리 광고' 진행을 추천합니다. 디스커버리 광고를 하기 위해서는 내 사업과 결이 맞는 키워드를 수집하고 그룹화하여, 각 그룹에 어울리는 정보성 동영상을 제작하는 것이 좋습니다.

사실 유튜브 초창기만 하더라도 정보성 영상 콘텐츠만 올려도 구독자가 많이 늘었습니다. 각 분야의 소위 '대기업 인플루언서'가 적었던 시절이라 영상 조회 수가 잘 나왔거든요. 그런데 지금은 의사, 변호사 같은 전문직부터 시작해서 다양한 분야의 전문가, 리뷰어까지 합세해 온갖 정보성 영상을 올리고 있습니다.

유튜브에 정보가 풍족한 지금으로서는 내가 정보를 하나 더 올린다고 해서 큰 마케팅 효과를 기대하긴 어려워졌습니다. 그래도 이런 정보성 영상을 만들어서 디스커버리 광고와 연계한다면 광고를 통해 내 채널 구독자를 늘리는데 유용합니다. 유튜브는 검색을 통해 정보를 찾는 네이버의 특징과 내가 좋아하는 인플루언서를 구독하는 SNS의 특징이 합쳐진 마케팅 채널입니다. 흔히 말하는 '채널 떡상'을 위해서는 사람들이 '알고리즘의 인도'라고 부르는 대박 영상을 터뜨릴 필요가 있지만, 네이버 블로그처럼 어떤 정보가 필요해서 키워드를 검색해 영상을 소비하는 유저도 많습니다. 다시 말해 유튜브를 이용하는 유저는 추천 영상을 소비하는 사람과 키워드 검색으로 나에게 필요한 정보를 찾는 사람으로 양분됩니다. 유튜브 마케팅을 한다면 당연히 이 두 유저를 모두 공략해야 하는데요. 일단 정보성 영상과 디스커버리 광고를 통해 정보를 찾는 유저부터 공략하시기를 바랍니다.

유튜브 광고라고 하면 대부분 영상을 보기 전에 뜨는 5초 스킵 광고를 생각하시는데요. 옆 페이지의 이미지처럼 키워드를 검색했을 때 마치 네이버 파워링크처럼 맨 상단에 노출되는 광고가 있습니다. 영상 앞에 붙는 광고는 인스트림 광고, 검색 결과에 노출되는 광고는 디스커버리 광고라고 부릅니다.

네이버 블로그를 키울 때 내 사업과 관계된 키워드를 찾아서 포스팅을 작성하는 것처럼, 유튜브도 내 분야 관련해서 사람들이 검색하는 정보성 키워드가 있습니다. 이것들을 수집한 뒤 분류해서 그룹을 만들고, 만들어진 그룹에 대응하는 영상을 제작해 디스커버리 광고로 노출하면 검색자의 니즈에 딱 맞는 영상을 보여주므로 구독자를 늘릴 수 있습니다.

이렇게 정보를 찾는 유저를 확보한 다음에는 추천 영상을 소비하는 사람을 끌어들여야 합니다. 그러기 위해서는 사람들이 흥미를 느끼는 영상을 올려야 합니다. 요 몇 년 사이에 유튜브도 많은 연구가 이루어져서 유튜브 유저들이 좋아하는 정형화된 콘텐츠 포맷이 밝혀졌습니다.

① 특정 주제를 정하고 관련 전문가를 섭외해 전문성 있는 정보를 전하거나, 일반인을 섭외해 인터뷰하는 콘텐츠

② 특정 이슈나 최신 뉴스에 대해 대중들이 어떻게 생각하는지 알기 쉽게 요약정리하고 자신의 견해를 밝히는 콘텐츠

③ 특정 분야, 주제에 대해 빠르게 알아야 할 할인 정보, 최근 유행하는 트렌드를 빨리 알려주거나 대중의 평판이 좋은 크리에이터나 콘텐츠를 큐레이션해서 소개하고 리뷰하는 콘텐츠

④ 특정 분야, 주제에 대해 돈을 내야 알 수 있는 고급 정보나 유료 강의를 무료로 강의하는 콘텐츠. 혹은 유명한 강사, 교수, 명사의 강연 콘텐츠

⑤ 갓생러(신을 뜻하는 God과 삶의 생生을 합친 신조어), 파이어족 등이 좋아할 동기부여,
  자기 계발, 재테크 관련 콘텐츠

⑥ 남들이 선망하는 셀럽이나 직업을 가진 사람의 일상을 공개하는 브이로그 콘텐츠

⑦ 여러 명을 모아서 진행하는 예능 게임 콘텐츠

취미로 유튜브를 운영할 생각이라면 내가 찍고 싶은 영상을 만들어도 되지만, 매출을 위해 마케팅적으로 유튜브를 운영한다면 철저하게 유튜브 유저들이 좋아할 영상을 만들어야 합니다. 제가 제시한 7가지 외에도 유튜브에서 인기 있는 레퍼런스 영상을 계속 찾고, 댓글 반응을 체크하면 사람들이 어떤 영상을 선호하는지 큰 흐름이 보이실 겁니다.

'사람들이 좋아할 영상 포맷을 내 사업 아이템, 내 브랜드에 맞춰서 영상화한다면 어떻게 할 수 있을까?'를 계속 고민해야 합니다. 일차적으로는 내 사업 아이템, 내 브랜드 관련 주제에서 인기 있는 포맷을 찾아보고 다음으로 다른 주제에서는 어떤 식의 영상이 인기 있는지 찾아보세요.

사람들이 가장 많이 이용하는 채널이 되었기에 최근 유튜브 운영 전략에 관한 문의가 많습니다. 기업의 유튜브 운영은 물론, 개인이 인플루언서가 되기 위한 유튜브 운영에 관해서도 컨설팅 요청이 자주 들어오는데요. 관련 사례 역시 앞으로 계속 설명드리겠습니다.

CHAPTER 4

오프라인 숍을 위한
핫 트렌드
온라인 마케팅

식당, 카페, PC방, 학원, 미용실, 사진관, 헬스장 등 오프라인 매장

이번 챕터부터는 지금까지 설명한 차별화 전략, 마케팅 채널을 각 사업 아이템마다 어떻게 적용하고 응용해서 매출을 높이는지 실전 광고 사례를 통해 알려드리겠습니다. 가장 먼저 오프라인 가게 마케팅부터 설명드리겠습니다. 말 그대로 식당, 카페, PC방, 학원, 미용실, 사진관, 헬스장 등 오프라인 매장을 마케팅하는 방법을 살펴보겠습니다.

다행히 최근 들어 코로나19가 끝나면서 오프라인 마케팅이 좋은 성과를 내고 있습니다. 지금까지 여러 매장을 마케팅하면서 느낀 점은 분야를 가리지 않고 매장의 수준이 갈수록 상향 평준화 되어가고 있다는 것입니다. 상향 평준화된 수준을 따라가지 못하는 상태에서 마케팅한다면 일시적으로는 손님이 방문할 수 있어도, 결국 낮은 수준으로 고객 만족을 못 시키면 단골손님을 확보하지 못하면서 매출이 점점 떨어지는 모습을 많이 봐왔습니다.

반면 내가 해당 지역에서 상위권에 드는 수준과 차별성이 있다면 간단한 마케팅만으로도 매출이 크게 오르는 사례 또한 많습니다. 오프라인 매장은 대부분 사람이 네이버 플레이스, 블로그, 인스타그램, 유튜브 등을 보고 방문을 결정하기 때문에 실력에 자신 있고, 종업원들의 서비스만 친절하다면 네이버의 리뷰를 첫번째로 공략하는 것이 오프라인 마케팅의 정석입니다.

매장은 'ㅇㅇ역 맛집' 같은 지역명 키워드로 찾는 사람이 많기에 플레이스 상위 노출이 특히 중요합니다. 플레이스 순위를 높이려면 다양한 스마트폰 기종, 다양한 IP에서 진정성 있는 방문자 리뷰가 주기적으로 올라와야 하는데요. 가장 좋은 방법이 리뷰 이벤트를 만드는 것입니다.

배달의 민족에서 배달 음식을 시킬 때 리뷰를 남겨주면 음료수나 사이드 메뉴를 같이 보내드린다는 이벤트가 많죠? 이걸 응용해서 손님이 매장을 나가기 전에 방문자 리뷰를 적어주면 제품을 더 드리거나, 서비스를 더 해주거나, 가격을 더 깎아준다고 알려줍니다.

이때 점원의 역할이 중요합니다. 손님이 많이 오면 사장이 홀의 모든 손님에게 일일이 리뷰 이벤트를 알려줄 수 없습니다. 결국 직원과 분담해서 리뷰 이벤트를 알려야 하는데, 직원은 이걸 한다고 수당을 더 받는 것도 아니므로 일이 많아져서 적극적으로 매장의 리뷰 이벤트를 알리지 않는 일이 많습니다. 그런데 매장에 오는 모든 손님에게 직원이 리뷰 이벤트를 안내하면 어떨까요? 혜택만 좋으면 방문자 리뷰를 받을 확률이 훨씬 높아질 것입니다.

한편 경쟁이 치열한 핫플레이스라면 충실한 기본기는 물론 +@까지 갖춰야 경쟁에서 밀리지 않습니다. 블로그 리뷰, 인스타그램 이미지, 유튜브 리뷰를 보여줬을 때 '우와!' 하고 감탄사가 나올 요소와 도파민을 불러 일으키는 요소가 필요합니다. 신기하고 재미있어서 나도 모르게 휴대폰을 들고 사진을 찍게 만들어야 합니다. 최근 오프라인 매장을 컨설팅해 드리면서 가장 주요하게 보는 부분은 '고객이 왔을 때 이 매장에서 사진을 찍을 요소가 있는지 없는지'입니다. 가게 인테리어가 예쁘거나 창밖의 뷰가 좋거나 어디서도 볼 수 없는 메뉴가 있거나 플레이팅이 신기하거나 챌린지 프로그램이 있거나 차별화된 서비스가 있는 등 이걸 보자마자 '와! 여기 내 친구랑 한번 가봐야겠다!'라고 생각하게 할 그 가게만의 필살기가 하나는 있어야 합니다.

이데일리 PiCK · A15면 TOP · 2023.07.10. 네이버뉴스

[르포]체질별 맞춤형 식단...7코스 요리·5만8000원 "개 호강"
특이체질이나 기저질환이 있는 강아지의 특성을 반영해 1대1 맞춤 식단을 제공하는 것이다. 2층 오마카세 방에 들어가자　　총괄 셰프가 손님과 반려견을 직접 맞이했다. 낯선 공간에 다소 불안해하는 강아지에게...

사진 40 도파민을 자극하는 강아지를 위한 오마카세
https://www.edaily.co.kr/news/read?newsId=01184086635673208&mediaCodeNo=257&OutLnkChk=Y

예를 들어, 요즘은 평범한 애견 카페를 넘어서 '강아지를 위한 오마카세'를 파는 가게도 있더군요. 가격도 비싼데 의외로 많은 사람이 내가 기르는 강아지의 생일날 오마카세를 먹이기 위해 예약합니다. 이런 차별화된 콘셉트가 있는 가게는 사람들이 알아서 블로그에 후기를 쓰고, 사진을 찍어서 인스타그램에 올리기 때문에 바이럴이 잘됩니다. 맛, 서비스에 이

어서 고객 스스로 매장에 대한 콘텐츠를 재생산하게 만드는 구조까지 갖추는 것이 동종 업종이 많은 핫플레이스에서 살아남을 수 있는 가장 좋은 바이럴 마케팅입니다. 최근 핫플레이스는 네이버보다 인스타그램을 통해 더 빨리 알려집니다. 사진 위주의 채널이 바이럴이 잘 되기에 보이는 요소가 그만큼 중요합니다. 고객 입장이 되어서 생각해 봤을 때, 내 가게에서 신기해서 사진을 찍을 만한 요소가 있는지 고민해야 합니다.

오프라인 가게 마케팅 실전 사례 ①

인스타그램 오피셜 계정의 성과, 강아지 수제 케이크 투○일스

투○일스 사장님은 강아지 수제 케이크 매장을 운영하는데요. 과거 대기업에서 식품 개발 업무를 하면서 다양한 디저트를 만든 경력이 있었습니다. 강아지를 키우셔서 항상 반려견한테 맛있는 걸 먹이고 싶은 마음에 수제 케이크나 간식을 만들기 시작했고, 이것이 창업 아이템으로도 연결이 된 것이었죠. 원래 디저트를 만드셔서 그런지 제가 봐도 정말 예쁜 강아지 케이크를 만드셨습니다. 비주얼이 훌륭했기에 인스타그램에서 무조건 효과가 있을 거라 생각하여 인스타그램 오피셜 계정 운영법, 스폰서 광고, 리뷰 이벤트 등을 컨설팅해 드렸습니다.

또한 매장 마케팅은 플레이스를 보고 찾아오는 손님이 무조건 있기에 플레이스 상위 노출을 위한 리뷰 이벤트를 설계해 드렸는데요. 보통 강아지 수제 케이크는 주인이 강아지의 생일 등 특별한 날에 사주기에 대부분 예약 구매를 합니다. 케이크를 구매한 분에게 네이버 플레이스 방문자 리뷰를 남겨주거나, 인스타그램 인증 후기를 올리면 수제 쿠키를 서비스로 드러 리뷰를 확보했습니다.

이것만으로도 매출이 제법 상승했는데요. 투○일스 사장님이 대단한 건 한 번의 성공에 안주하지 않고 사업을 확장해 나간 점입니다. 강아지 수제 케이크 반응이 좋다 보니 간혹 손님 가운데 수제 케이크 만드는 법을 가르쳐 주는 클래스를 열면 안 되겠냐는 문의가 있었고, 여기에 힌트를 얻어 강아지 수제 케이크와 수제 간식을 만드는 방법을 가르쳐 주는 교육 사업도 시작했습니다.

기왕 교육 사업을 시작하는 김에 제대로 된 격식을 갖추기 위해 '대한펫푸드협회'를 만들고 펫푸드 자격증까지 등록하셨습니다. 강아지는 사람

사진 41 **다양한 스타일의 강아지용 케이크** | http://www.k-petfood.com/

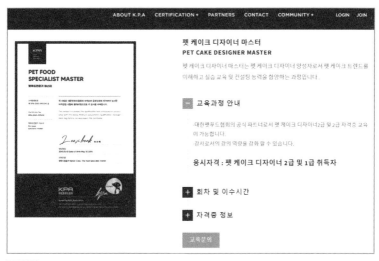

사진 42 다양한 관련 사업군으로의 확장 사례 | http://www.k-petfood.com/

과 다르게 아무거나 먹으면 안 되기에 수제 간식을 만들기 전 충분한 이론 교육이 필요합니다. 이론과 실습을 다 마친 수강생에게만 민간 자격증을 발급함으로 수강생에게 좀 더 만족할 만한 교육과정이 탄생했습니다.

마지막으로 컨설팅해 드렸을 때 투○일스가 나아갈 넥스트 스텝에 대해 아이디어를 드렸습니다. 대행을 맡으면서 비슷한 애견 서비스 레퍼런스를 많이 찾아봤는데요. 애견 관련된 사업 중 강아지 생일상 렌털 서비스를 하는 분이 계셨습니다. 강아지가 생일날 예쁜 사진을 찍을 수 있도록 다양한 옵션의 모자, 옷, 배경 소품 등을 30,000원 정도의 비용으로 렌털해주는 서비스입니다. 견주 입장에서도 이런 촬영용 소품은 생일날 하루만 필요하므로 구매하는 것보다 하루 렌트하는 것이 더 편한 것이죠. 이 아이디어를 수제 케이크에 접목하면 시너지가 폭발하겠다는 예감이

들었습니다. 그래서 생일날 강아지와 견주들이 좋아할 아이템을 결합해서 강아지 생일상 패키지, 강아지 돌잔치 패키지, 강아지 호캉스 패키지 등을 만들어보라고 제안했습니다. 예쁜 케이크와 맛있는 간식뿐만 아니라 재밌는 장난감, 강아지 입욕제, 강아지 안마기 등 강아지들이 좋아할 것들을 전부 합처서 그날 하루만큼은 '우리 강아지 제대로 즐겁게 대접해주는 콘셉트'로 세트 상품을 기획해 보았습니다. 현재 투○일스는 케이크뿐만 아니라 애견에 관련된 다양한 카테고리는 물론이고 국외로도 사업 확장 중입니다.

오프라인 가게 마케팅 실전 사례 ②
플레이스 상위노출로 대박이 난 청주 미용실 킹○바버숍

청주 지역에서 미용사로 일하고 있는 사장님이 계셨습니다. 곧 본인의 매장을 개점할 예정인데 마케팅을 도와달라고 하시더군요. 남자 미용을 전문으로 하는 분이셔서 몇 달 후 일반 미용실이 아닌 바버숍을 창업하셨습니다. 청주 지역에 개업하셔서 인터넷 검색으로 주변 환경을 조사했는데요. 지방이라 그런지 핫플레이스 만큼 경쟁이 치열하지 않아 플레이스 상위 노출만 잘 잡으면 충분히 승산이 있겠다고 판단하였습니다. 바로 리뷰 이벤트 설계부터 들어갔습니다. 방문자 리뷰를 남기면 키트 1회를 무료로 해준다는 파격 조건을 걸었습니다.

다행인 점은 원장님이 머리도 잘 자르고, 외모도 댄디해서 바버숍 원장이라 하면 누구나 납득할 정도로 잘 생기셨습니다. 게다가 말까지 청산유

사진 43 | 원장님 모습이 들어간 청주 바버숍 섬네일

수로 잘하셔서 단골 만드는 능력도 있으셨고 손님들에게 거리낌 없이 리뷰 이벤트를 해달라고 요청하셨습니다. 리뷰가 점점 쌓이자 플레이스 상위노출이 되기 시작했고 '청주 바버숍'을 검색한 분들이 가게에 방문하기 시작했습니다.

이때 중요한 포인트가 하나 있는데요. 앞 페이지에서 보여드린 사진은 네이버에 청주 바버숍(검색 시 바버샵)으로 검색했을 때 뜨는 플레이스 정보입니다. 킹○바버숍은 예전에 일러스트를 섬네일(대표 이미지)로 사용했습니다. 다른 바버숍도 일러스트를 쓰거나 건물 사진을 섬네일로 사용했죠.

저는 원장님에게 이 섬네일을 원장님의 사진으로 교체하라고 요청했습니다. 이유는 간단합니다. 바버숍을 찾는 손님이 가게 인테리어를 보고 바버숍을 고를까요? 당연히 내 머리를 시술해 줄 디자이너를 보고 매장을 선택할 것입니다. 일러스트나 매장 인테리어 사진보다 헤어 디자이너를 부각한 섬네일이 더 좋을 수밖에 없습니다.

반대로 만약 제가 오프라인 카페를 마케팅했다면 바리스타를 보여주는 대신 내부 인테리어를 대표 이미지로 사용했을 것입니다. 커피 자체에 초점을 맞춘 카페가 아닌 이상, 카페를 방문하는 대부분 손님은 바리스타보다는 인테리어를 보고 카페를 선택하기 때문입니다.

실제 원장님의 얼굴 사진을 섬네일로 쓰자 바버숍을 방문한 손님들로부터 이런 이야기를 많이 들었다고 합니다. '청주 바버숍'이라고 검색했더니 다른 가게와 달리 이 가게만 원장님 얼굴이 딱 뜨는데 단정한 포마드에 깔끔하게 정돈된 수염을 보고 실력을 믿을 수 있겠다 싶어서 찾아왔다고요. 이처럼 리뷰 이벤트를 통해 플레이스 상위 노출을 하는 것도 중요하지만 내가 하는 매장의 본질이 무엇인가를 생각해서 어떤 대표 이미지를 보여주느냐도 꼭 한 번 고민해 보시길 바랍니다.

오프라인 가게 마케팅 실전 사례 ③
플레이스 상위 노출과 리뷰 이벤트의 시너지, 부천 네일 시○니초 네일

시○니초 네일은 킹○ 바버숍과 마찬가지로 플레이스 상위 노출을 통해 큰 매출 상승을 이뤘습니다. 2022년 9월에 오픈하고 리뷰이벤트 중요성에 대해 원장님께 말씀드렸고, 다른 경쟁 네일샵보다 빠르게 진짜 리뷰를 올리기 위해서 모든 손님들에게 좋은 리뷰 이벤트를 해택을 드리자라고 조언했습니다. 원장님께서 바로 도매꾹, 쿠팡 등에 들어가서서 리뷰 이벤트를 할 선물 3가지(헤어핀, 손톱영양제, 손거울 등) 정도를 준비하셨고, 매일 방문자 10명 중 7명 이상이 리뷰를 빠르게 남기기 시작하셨습니다.

지금 제가 네이버에 '부천 네일'이라고 검색하면 경쟁사는 방문자 리뷰가 많아야 100~1000개인데 시○니초 네일은 5000개가 넘습니다. 조작 없이 찐 후기가 5000개 넘게 쌓이자 인근 지역명 키워드로 검색하면 1페이지에서 내려가는 일이 없습니다. 진정성 있는 후기가 하루에 거의 10개 이상 달리니 네이버 로직이 어떻게 바뀌더라도 계속 상위 노출이 되는 겁니다.

다음으로 포토존을 만들었습니다. 네일처럼 비주얼이 중요한 업종은 사람들이 자발적으로 사진을 찍어서 네이버, 인스타그램 등에 바이럴되게 만들어야 합니다. 숍 한쪽에 전신 거울을 두고 예쁘게 꾸며놓자 고객들이 네일 아트를 해준 디자이너 선생님과 사진을 찍어서 인스타그램에

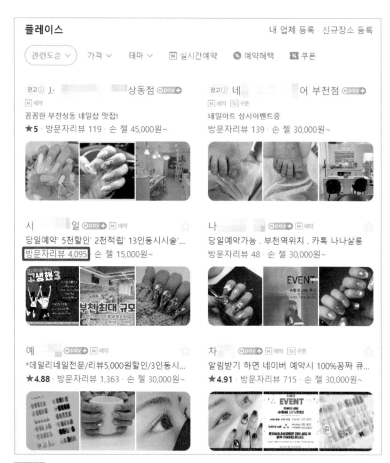

사진 44 4,095개의 플레이스 리뷰

사진 45 | 네일숍 포토존 사례　　사진 46 | 네일숍 포토존에서 고객들이 즐기는 모습

올릴 수 있도록 유도하였습니다.

　단순 상위 노출만으로 큰 효과를 볼 수 있었던 이유는 기본적으로 원장님이 실력이 좋았고, 가격도 저렴하게 받았습니다. 손님들이 불편하지 않게끔 10회 해주는 대신 비용을 더 저렴하게 해주겠다는 멤버십 영업도 하지 않았고요. 만약 인근 경쟁사에 특출난 디자인에 가성비도 뛰어난 매장만 있었다면 단순 노출이 큰 성과를 보기는 어려웠을 것입니다. 색다른 서비스를 만들거나, 최소한 비슷한 가격과 수준으로 따라가야 효과를 봤겠죠. 보통 네일숍은 이달의 디자인, 이달의 아트 같은 신상 네일 디자인을 기획해서 인스타그램 공식 계정에 사진을 찍어 업로드하고 프로모션 이벤트를 많이 하는데요. '여러 네일숍에서 하지 않는 다른 이벤트

를 해보자'라는 취지로 부모님 동반 이벤트를 기획했습니다. 딸이 엄마
와 같이 네일숍에 오면 딸과 짝이 맞는 효도 네일아트를 해주고, 아버지
와 같이 오면 손톱 정리를 해드렸습니다. 해당 이벤트를 인스타그램 스
폰서 광고를 통해 알리자, 보통 혼자서 오던 손님들이 부모님과 함께 방
문했습니다.

사진 47 네일관련 인스타그램 이벤트

오프라인 가게 마케팅 실전 사례 ④

인스타그램을 통한 비포 앤드 애프터(Before & After) 이벤트 성공, 인천 미용실 그○터기 헤어

인천에서 미용실을 운영하는 원장님 사례입니다. 최근 매출이 감소하여 의기소침하셨는데 이야기를 들어보니 자기만의 경력과 복구 매직 기술이 확실한 분이셨습니다. 차별화된 엔진을 갖고 계셨기에 날개만 달아드리면 금방 매출을 만들 수 있겠다 싶었습니다. 여성들은 남성과 달리 펌, 고데기를 자주 사용해서 모발에 열 손상이 많이 간다고 합니다. 흔히 '개털머리가 된다'고 말하는데, 이것을 해결하기 위해 복구 매직 시술을 받으면 머리가 쫙 펴지면서 윤기가 흘러 머릿결이 놀라울 정도로 보기 좋아집니다. 효과가 확실한 만큼 일반 커트나 펌에 비해 객 단가가 높습니다. 시술비가 1회에 약 40만 원부터 시작한다고 하더군요. 큰 비용이지만 머릿결이 고민인 분들은 충분히 투자하는 고객이 있는 시장이었습니다.

앞에서 말씀드렸다시피 40만 원이나 하는 고 관여 상품을 판매하기 위해서는 원장의 노하우, 실력, 신뢰성을 보여줘야 합니다. 그래서 원장님에게 제일 먼저 홈페이지 제작을 권했습니다. 그다음 여성들이 많이 모인 인스타그램을 통해 비포 앤드 애프터Before & After 이벤트를 알렸습니다.

먼저 머릿결이 안 좋은 분들의 사연을 접수했는데요. 사연에 참가한 분들 가운데 선정된 분은 40만 원 상당의 복구 매직을 무료로 받을 수 있지만, 그 대신 시술받기 전과 후가 얼마나 달라졌는지 인터뷰 동영상을 남겨야 합니다. 홈페이지에 원장님의 전문성, 경력, 시술 후기 영상 셋이

인천복구매직

복치네 곳간 · 2023.03.28.

인천미용실 복구매직이 필요하다면 1:1 맞춤으로

그래서 **인천미용실 복구매직**으로 더 유명하신게 아닐까 싶었어요. 이렇게 탄산통이 있어요. 말로만 탄산수가 아닌 100%리얼 탄산인걸 직접 두 눈으로 확인가능하죠. 머리띠같이...

다정한 매일매일 · 2023.11.12.

인천 숭의동 미용실 만족스러운 복구 매직 후 모습!

#인천숭의동미용실 #숭의동미용실 #**인천복구매직** 안녕하세요~ 저는 평소 머리에 변화를 주는 걸 좋아해서 펌도 하고, 염색도 하고 할 수 있는 건 다하는 것 같아요. ㅎㅎ 그런데 ...

미니 해그리드의 단순한 일상 · 2022.11.30.

| 사진 48 | 복구 매직 시술 무료 지원 이벤트 |

들어가자 제가 여성이라도 '이 원장님에게 복구 매직을 받고 싶다'는 생각이 들 정도로 설득력이 높아졌습니다.

다음으로 블로그 체험단 마케팅을 진행해 원장님 성함과 미용실 상호로 검색해도 '여기 원장님이 복구 매직을 정말 잘한다'는 내용의 리뷰를 확보했습니다. 그 후 블로그 마케팅, 인스타그램 계정 운영 및 스폰서 광고를 통해 홈페이지를 노출하자 복구 매직 시술관련 문의가 꾸준히 들어오기 시작했습니다. 지금 그○터기 헤어 원장님은 복구 매직만 전문적으로 시술하십니다. 다른 커트와 펌 없이 복구 매직 하나에만 집중해도 시간이 부족하다고 하십니다. 원장님의 인스타그램, 블로그, 홈페이지를 보고 일부러 먼 지역에서 복구 매직 시술을 받으러 오는 손님도 있고, 심지어 외국에 사는데 한국 관광을 마치고 귀국하기 전에 시술받는 고객도 있었습니다.

대표님은 결국 미용협회에서 연락을 받았습니다. 협회 디자이너 분들에게 복구 매직 수업을 해달라고 말이죠. 원장님이 전문적으로 교육 커리큘럼을 만들어본 경험이 없으셔서 교육 시간, 비용, 커리큘럼 등을 어떻게 잡아야 할지 설계를 도와드렸습니다. 이를 통해 현재는 '복구 매직 양성 과정 교육'을 높은 금액을 받고 운영하고 계십니다.

오프라인 가게 마케팅 실전 사례 ⑤

네이버 블로그 상위 노출과 리뷰의 성공, 양평 한옥 펜션 하○ 펜션

보통 펜션은 특별한 날 친구 여럿이서 예약을 잡고 가거나, 직원이 많은 회사에서 워크숍이나 단합대회 등을 할 때 많이 가죠. 그런데 한옥 펜션은 일반 펜션과 다른 점이 있었습니다. 가족 중에 자녀분들이 부모님

사진 49 양평 가족 펜션관련 블로그 노출(위, 아래)

을 모시고 가는 일이 많습니다. 그래서 인스타그램이나 플레이스보다도 네이버 블로그 상위 노출과 리뷰가 가장 중요하다고 판단했습니다. 친구들과 간다면 인스타그램을 통해 사진이 예쁜 펜션을 둘러보면서 '여기 가자!' 하고 정할 수 있겠지만, 부모님과 같이 간다면 이야기가 다릅니다. 부모님이 불편하시지 않게 여기 한옥은 시설이 어떤지, 가족과 함께 즐길거리가 무엇이 있는지, 식사는 어떤지 등을 꼼꼼하게 점검할 수밖에 없습니다.

실제 사장님에게 여쭤보니 조부모, 부모, 손자 3대가 다 함께 오는 일이 많다고 하더군요. 그래서 블로그 체험단 마케팅을 통해 양평 한옥 펜션, 양평 가족 펜션 키워드에 하○ 펜션 관련 글로 여러 건 상위 노출을 했습니다.

펜션이 뷰도 훌륭하고 시설도 좋아서 많은 체험단을 통해 상위 노출이 되자 반응이 어마어마했습니다. 대행 시작 1개월 만에 사장님에게 예약이 폭주하고 있어서 감당이 안 되니 광고를 중단해달라고 연락이 왔습니다. 거의 3개월 치 예약이 한 번에 다 차서 손님을 더 받지 못한다고 하더군요. 만약 사업이 잘 되는 것이 알려져서 주변에 다른 한옥 펜션 경쟁사

사진 50 한옥 펜션에서 진행하는 가족사진 촬영 이벤트
https://www.getnews.co.kr/news/articleView.html?idxno=58858

가 생긴다면 어떻게 해야 할까요? 사실 대부분 펜션이 바비큐, 사우나, 찜질방, 무선 인터넷, 아름다운 경치, 맛있는 음식 등은 똑같이 다 하기에 새로운 서비스로 차별화해야 합니다.

예를 들어, 예약비를 조금 올리고 가족사진 촬영이라는 우리 펜션만의 차별화된 서비스를 넣어준다면 어떨까요? 대부분 부모님은 큰 액자로 가족 단체 사진 하나 정도는 집에 장식하기를 원합니다. 한옥 펜션에는 명절이나 생일날 가족 3대가 다 같이 오는 경우가 많으므로 기념을 만들어주는 것입니다.

가족 3대가 멋진 한옥 앞에서 기념사진을 찍고 손님이 원하는 큰 사이즈의 액자로 만들어주면 싫어할 고객은 없을 것입니다. 가족사진을 온라인으로도 보내드리면 개인 인스타그램이나 블로그에 올려서 자체로 입소문이 날 확률도 높아질 것이고요. 만약 멋진 가족사진을 부모님이 받는다면 당장 카카오톡 프로필 사진부터 바꾸지 않을까요? 부모님의 만족도가 높아지니 내년, 내후년에 재예약 확률도 높아지겠죠. 홈페이지에 가족이 화목하게 모여서 방긋 웃는 사진을 보여주면서 해당 서비스를 자연스럽게 알리면 고객들에게 더욱 신뢰감을 줄 수 있을 것입니다.

CHAPTER 5

서비스 마케팅을 위한
핫 트렌드
온라인 마케팅

영어 학원, 필라테스 레슨, 스튜디오 등의 서비스 마케팅

서비스 마케팅은 영어 학원, 필라테스 레슨, 스튜디오 등 서비스를 제공하는 사업의 마케팅을 의미합니다. 앞에서 말한 오프라인 가게하고 겹치는 부분도 있는데요. 학원을 예로 들면 매장이 있어서 학생을 모집하는 원장님도 있지만, 학원 없이 과외 식으로 하거나 온라인으로 서비스하는 일도 있어서 서비스 마케팅으로 따로 분류했습니다.

오프라인 매장 마케팅에서 플레이스가 핵심이었다면 서비스 마케팅은 유튜브가 가장 핵심입니다. 더 정확하게 말하자면 유튜브를 통한 퍼스널 브랜딩이 중요한데요. 특정 서비스를 구매하려는 잠재 고객이 가장 중요하게 보는 점이 무엇일까요? 당연히 서비스를 제공하는 사람의 전문성을 제일 눈여겨볼 것입니다.

아시다시피 요즘은 전문가가 다 유튜브에 모여 있습니다. 그냥 서비스 사업을 하는 사람과 서비스 사업을 하는데 유튜브 채널을 개설해서 꾸준히 전문성 있는 영상을 찍어서 올리고 구독자 수도 많으며 영상을 통해 구독자와 질의응답하고 소통하는 사람이 있다면, 아무래도 고객은 후자를 선택할 확률이 높습니다.

서비스 마케팅 실전 사례 ①

파워콘텐츠 광고를 통해 대박이 난 보건 안전 교육

먼저 파워콘텐츠 광고를 통해 대박이 난 사례를 소개해 드리겠습니다. 모든 사업장이 주기적으로 필수로 들어야 할 국가의 의무 교육이 있죠. 그 보건 안전교육으로 수익 활동을 하는 대표님의 마케팅을 도와드린 적이 있습니다. 저에게는 다소 생소한 시장이었는데, 컨설팅하며 알게 된점은 대부분 업체가 파워링크 광고를 통해 교육 신청을 받고 있었습니다. 자연스레 입찰가 경쟁이 치열해서 500만 원의 한 달 예산을 사용하면 그만큼 교육 의뢰가 들어왔으나, 광고비가 너무 많이 든다는 단점이 있었습니다. 이런 종류의 교육은 내 업체가 다른 경쟁사보다 얼마나 더 서비스를 잘해줄 수 있는지 어필하는 것이 관건입니다. 격식은 있지만 다소 딱딱한 홈페이지보다는 자연스러운 말투로 상세하게 나의 서비스를 어필할수 있는 블로그형 파워콘텐츠 광고도 효과가 있을 거라고 생각했습니다.

앞에서도 말씀드렸다시피 파워콘텐츠 광고는 블로그 포스팅이 노출되는 VIEW(뷰) 탭에 상위노출을 하는 광고 상품인데요. 미리 내 블로그에 블로그 포스팅을 써놓고 해당 글에 광고를 걸어야 합니다. 파워링크와 달리 네이버에서 사용하도록 허가한 키워드만 광고가 가능합니다. 대중적으로 널리 알려진 분야가 아니라 파워콘텐츠 광고에 사용할 관련 키워드가 있을까 걱정이 되었는데 찾아보니, 키워드가 몇 개 있었습니다. 제 이야기를 귀담아들은 사장님은 바로 집에 가서 블로그 포스팅을 하고, 찾은 키워드로 광고도 진행했습니다.

　그러자 놀라운 일이 벌어졌습니다. 기존 파워링크 광고는 보건 안전 관련 키워드를 사람들이 한 번 클릭할 때마다 25,000원 정도의 광고비가 빠져나갔는데요. 파워콘텐츠 광고는 한 번 클릭당 비용이 400원밖에 안 한다는 것입니다. 심지어 클릭률도 굉장히 좋았습니다.

사진 51 │ 대한안전보건교육원 홈페이지

　1회 클릭당 비용CPC이 25,000원에서 400원으로 떨어지자 광고 예산이 많이 줄어들었습니다. 예전 대비 매출이 5배 상승했다고 감사의 말씀을 전했습니다. 어떻게 이런 일이 가능했을까요? 이유를 저도 생각해 봤는 데요. 제가 여러 사장님을 모아놓고 마케팅 강의를 해보면 파워링크는 하고 계시는 사장님이 의외로 제법 많은데, 파워콘텐츠 광고를 하는 사장님은 정말 손에 꼽을 정도로 보기 어렵습니다.

키워드를 찾아서 광고 설정만 세팅하면 끝나는 파워링크와 달리 파워 콘텐츠는 블로그에 직접 글을 써야 하는 수고가 들어가기 때문이죠. 대행 사에서도 파워콘텐츠 광고를 대행하려면 대행사에서 직접 글까지 써야 하니 파워콘텐츠 광고는 진행을 안 하려는 경향이 있습니다.

그런데 많은 사람이 안 한다는 건 그만큼 입찰가 경쟁이 치열하지 않다 는 뜻이고, 저렴한 광고비로 마케팅 효과를 볼 수 있다는 말이 됩니다. 그 래서 혹시 여러분의 업종도 블로그로 정보를 꼼꼼하게 읽는 소비자가 많 다면, 파워콘텐츠 광고를 해보는 걸 꼭 추천합니다. 파워콘텐츠 광고도 포스팅을 다 읽은 후 URL을 통해 홈페이지로 유입시킬 수 있기에 사전에 홈페이지 디자인과 상세 페이지, 고객 인터뷰 영상 작업을 미리 다 해둬 야 합니다.

서비스 마케팅 실전 사례 ②
다름 심리 분야와 연계하여 성과를 낸 미술 심리치료

이번에는 블로그 마케팅으로 효과를 본 미술 심리치료 강사님의 사례 입니다. 미술 심리치료라고 하니 다소 생소하죠? 고객이 그림을 그리는 것을 관찰하여 마음 상태, 정신 상태를 진단해 주는 심리 기법입니다. 영 화 〈기생충〉 중에서도 아이가 그린 그림을 보고 조현병이 있다고 해석하 는 장면이 나오죠. 마케팅은 미술 심리치료에 관한 키워드로 블로그 포스 팅을 하고 계셨습니다. 그런데 검색량도 많지 않고, 포스팅 유형도 스톡 사진을 넣은 정보성 포스팅만 올려서 매출과 잘 연결이 안 되는 상태였습니다.

블로그에 글을 쓰는 것은 좋지만 이것을 매출로 연결하려면 결국 '내가 이 미술 심리치료 분야로 활발한 활동을 하는 사람이다, 나한테 미술 심리치료를 받으면 이런 점이 좋아진다'는 내용을 알려야 합니다. 앞으로 다른 사람에게 강의, 상담, 컨설팅 하는 내용과 더불어 심리치료 이후 고객이 보내는 카카오톡 대화 후기 등 모든 과정까지 전부 사진이나 영상으로 남겨두라고 말씀드렸습니다. 그 자료를 첨부해서 포스팅의 내용을 바꾸자 이것만으로도 상담 문의가 들어오기 시작했습니다. 그런데 미술 심리 치료 키워드가 검색량이 그렇게 많지는 않아 그 이상으로 매출을 높이는 데 한계가 있었습니다. 확장할 만한 키워드가 있나 살펴보니 최근에

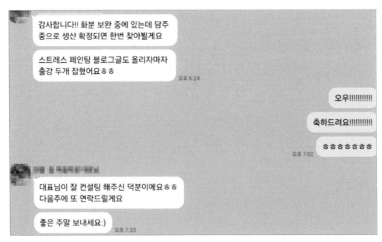

사진 52 고객 강의 요청과 관련된 카톡 내용

유행하는 MBTI, 사주팔자 쪽에서 성격 검사 시장이 제법 되는 걸 발견했습니다. 그밖에는 스트레스 검사, ADHD 등 자녀의 심리와 상태를 파악하려는 키워드도 있어서 이것들을 미술 심리치료와 연결해서 포스팅하기 시작했고, 얼마 지나지 않아 미술 심리치료 강의를 해줄 수 있냐는 출강 문의가 들어왔습니다.

미술 심리치료를 받으러 오시는 분들이 심각한 병세가 있는 건 아닙니다. 약간 우려스러운 증상이 있는 분이 가벼운 마음으로 받는 것이라 이 아이템으로 사장님이 큰 매출을 만드는 건 한계가 있었습니다. 만약 정말 치료가 필요한 분은 돈을 더 투자해서 병원을 찾아갈 테니까요. 그래서 심리치료 하나만을 고집하기보다는 추후 심리를 활용한 다양한 교육 콘텐츠로 확장하는 것을 추천해 드렸고, 이 부분이 좋은 결과를 만든 것 같습니다. 이런 확장 전략은 블로그, 파워콘텐츠 광고, 유튜브 모두 마찬가지입니다. 일차적으로는 내 업종과 가장 연관도가 높은 키워드로 콘텐츠를 만들어야 합니다. 연관도가 높은 분야에서 상위 노출을 완료했다면 사주팔자, MBTI 등으로 확장했듯이 2차, 3차로 넓혀나가면 되는 것이죠.

서비스 마케팅 실전 사례 ③

홈페이지 구축으로 전문가 포지션 성공, 책 쓰기 교육

최근에 많은 분이 블로그 운영을 넘어서 책을 집필하고자 다양한 글쓰기 수업, 책 출판 수업 등을 듣고 계십니다. '내 이름을 건 책을 출간하고 싶은 사람'을 위해 원고 목차 기획, 집필, 출판사 투고 전 과정을 도와주는 코칭 프로그램을 판매하는 사장님이 계십니다. 컨설팅을 의뢰하셨던 사장님께서는 책 쓰기 코치답게 글 쓰는 재주는 탁월하였지만 마케팅은 잘 모르셔서 마케팅 교육과 광고 대행을 같이 진행해 드렸는데요. 수강생이 책 한 권을 완성하기까지 평균 6개월을 도와주는 책 쓰기 코칭을 고가에 판매하려고 했습니다.

고가의 교육 서비스 상품은 단번에 결제를 끌어내기 어려워서 앞단에 강사를 신뢰할 수 있는 작은 상품부터 설계해야 합니다. 그래서 '책을 쓰고 나면 어떤 점이 좋은지, 어떤 책이 잘 쓰인 책인지, 어떻게 해야 좋은 책을 빠르게 쓸 수 있는지, 실제 나에게 도움을 받은 사람이 어떻게 자기 책을 잘 완성했는지' 등을 가르쳐 주는 저가 세미나를 만들고, 세미나를 듣고 나서 책을 쓰고 싶은 사람들을 대상으로 업 세일즈를 할 수 있는 '세미나셀링 프로세스'를 기획했습니다.

책 쓰기 코칭은 내 이름이 걸린 책을 남기는 일이라서 소비자들은 금액이 다소 비싸더라도 믿을 만한 전문가에게 코칭 받기를 원합니다. 고 관여 상품이기 때문에 신뢰도를 높이기 위해 여태까지 모은 고객 후기, 수강생 사진, 강의 현장 사진 등을 적극 활용해 홈페이지를 제작하라고 컨설팅해 드렸습니다.

두 달에 걸쳐 홈페이지가 완성된 후 데이터 분석 스크립트, 픽셀을 심어서 인스타그램 광고를 통해 저렴한 세미나부터 우선 홍보를 시작하였습니다. 책 쓰기에 관심 가진 사람들이 세미나를 신청하기 시작했습니다. 리타깃팅 광고까지 병행하자 한 달에 적게는 30명에서 많게는 70명까지 책 출판 니즈가 있는 고객의 DB가 수집되었습니다.

세미나 장소를 빌려서 교육을 시작했고 처음에는 사장님도 강의가 서툴러서 결제가 잘 나오지 않았지만, 꾸준히 세미나 강의를 진행하니 어떤 식으로 강의해야 사람들이 반응이 좋고 설득이 되는지 깨달으셔서 고가 코칭 과정에 등록하는 사람들이 많이 늘어나게 되었습니다.

이 사례를 통해 배울 수 있는 점은 '고 관여 상품을 파는 방법'인데요. 서비스업 중에서도 특히 교육 사업을 하는 분들은 대부분 블로그와 카페를 본진으로 사용합니다. 객단가가 낮은 저 관여 상품은 블로그와 카페로도 충분할 수 있지만, 고 관여 상품을 판매하기 위해서는 홈페이지 개설을 추천합니다. 식당도 인테리어가 잘 된 식당이 비싸듯이, 온라인에서 수준을 가장 높게 끌어올리려면 홈페이지가 적격입니다. 홈페이지를 만들어도 고가 상품을 바로 결제되기란 쉽지 않으므로 저 관여 미끼상품을 하나 만들어서 오프라인 혹은 온라인을 통해 본 상품의 일부를 맛보기 형태로 간접 체험할 수 있는 장치를 마련하여 신뢰감을 높여야 설득할 수 있습니다.

이번 사례에서는 그 장치가 세미나 셀링이었는데요. 그 밖에도 1:1 컨설팅 과정을 만들어서 고객 개개인의 상황에 딱 맞는 맞춤 컨설팅을 해드린 다음 본 상품을 결제 받을 수 있을 것입니다. 그러면 내가 겪는 문제를 이 사람이 확실하게 해결해 줄 수 있겠다고 생각하기에 고 관여 상품도 판매하는 것이 가능합니다. 이렇게 나와의 컨설팅, 대행, 교육 등을 통해 문제가 해결된 고객은 앞서 말씀드린 리뷰 이벤트를 안내해 혜택을 드리고 인터뷰 영상을 받아내 홈페이지와 연동해야 지속적인 매출 전환을 기대할 수 있습니다.

서비스 마케팅 실전 사례 ④
인터뷰 후기와 바이럴로 성공한 화상 영어 수업 토○25

토○25는 코로나19가 한참이던 시기 마케팅 대행을 시작한 광고주입니다. 특이한 점은 제가 마케팅을 도와드렸던 다른 영어와 관련된 사업하는 분들은 오프라인 학원을 하다가 코로나19 때문에 어쩔 수 없이 화상영어를 새로 시작한 곳이 많았는데, 토○25는 코로나19 팬데믹 이전부터 오직 화상 영어로만 다년간 노하우를 쌓았던 곳입니다. 화상 영어라고 생각하면 외국 선생님과 한국 학생을 연결해 주고 중개 수수료를 받는 플랫폼 사업을 대부분 떠올립니다. 하지만 토○25는 실제 단순한 일상 회화가 아닌 영어 신문, 영어 도서를 주제로 수업이 이루어졌는데요.

예를 들어, 특정 기사나 책에 관한 숙제를 주면 아이가 읽고 줄거리 요약, 감상문을 미리 작성해서 이에 관해 선생님과 영어로 의견을 나누는 식으로 수업이 진행되고 있습니다. 회화는 물론 고급 영어를 공부할 수 있어서 처음 영어를 배우는 친구들에게는 다소 어려울 수 있지만, 강남 대치동 등 교육열이 높으며 심화 과정을 원하는 학부모들로부터 만족도가 높았습니다.

대표님의 말씀을 들어보니 거의 2006년부터 콘텐츠가 좋기로 학부모들 사이에서 소문이 나서 국제학교 영어 논술을 준비해야 하는 아이들이 토○25를 많이 이용하고 있다고 했습니다. 지금까지 따로 마케팅을 안 해도 입소문만으로 매출이 잘 나왔는데 마침 코로나19가 시작되면서 문의가 늘어났고, 이때 '마케팅을 추가해 봐야겠다'는 결심을 하신 것이지요.

여기서 '맘 카페에 바이럴이 된다면 효과가 있겠다'는 생각이 들었습니다. 그런데 바이럴도 일단 회사 홈페이지에 고객 인터뷰 영상이 있어야 믿음이 가는 법입니다. 그래서 대표님에게 토○25 이용 고객 가운데 가장 만족도가 높고 3년 이상 꾸준히 수업을 들은 학부모를 선정해서 인터뷰 영상을 촬영하자고 제안했습니다. 강원도에서 직원과 함께 실제 촬영을 진행했습니다. 편집한 다음 홈페이지 메인 화면에 영상을 넣었고요. 바로 결제하기 전에 무료 체험 프로그램을 만들어서 어머님들이 많이 모여 있는 맘 카페, SNS 광고로 인터뷰 후기와 무료 체험 프로그램을 노출했습니다.

사진 53 | **인터뷰 영상 조회 수** | https://youtu.be/0VVdRWogVbA

SNS 광고도 인터뷰 영상을 하이라이트 부분 위주로 짧게 편집해서 넣었더니 조회 수 21만을 기록했습니다. 워낙 아이템 자체가 좋아서 기존

이제는 아~ '내가 정말 알고있는 지식이 된다' 그런 생각이 들더라구요

화상영어 수강생의 진솔하고 생생한 수강 후기입니다.

| 사진 54 | **인터뷰 영상 조회 수** | https://youtu.be/0VVdRWogVbA

팬덤의 입소문도 있었고, 이를 뒷받침하는 인터뷰 후기에 코로나19 수혜까지 겹치면서 많은 신규 고객 유치에 성공하셨습니다.

파워콘텐츠 광고를 하는 사장님은 정말 손에 꼽을 정도로 보기 어렵습니다. 키워드를 찾아서 광고 설정만 세팅하면 끝나는 파워링크와 달리 파워콘텐츠는 블로그에 직접 글을 써야 하는 수고가 들어가기 때문이죠. 대행사에서도 파워콘텐츠 광고를 대행하려면 대행사에서 직접 글까지 써야하니 파워콘텐츠 광고는 진행을 안 하려는 경향이 있습니다.

그런데 많은 사람이 안 한다는 건 그만큼 입찰가 경쟁이 치열하지 않다는 뜻이고, 저렴한 광고비로 마케팅 효과를 볼 수 있다는 말이 됩니다. 그래서 혹시 여러분의 업종도 블로그로 정보를 꼼꼼하게 읽는 소비자가 많다면, 파워콘텐츠 광고를 해보는 걸 꼭 추천합니다. 파워콘텐츠 광고도 포스팅을 다 읽은 후 URL을 통해 홈페이지로 유입시킬 수 있기에 사전에 홈페이지 디자인과 상세 페이지, 고객 인터뷰 영상 작업을 미리 다 해둬야 합니다.

CHAPTER 6

브랜드 마케팅을 위한
핫 트렌드
온라인 마케팅

프랜차이즈 이외의
소상공인을 위한 브랜드 마케팅

앞장에서 코로나19 이후의 마케팅 트렌드에 대해 말하면서 단순 유통이 점점 설자리를 잃고 있으며, 퍼포먼스 마케팅에서 브랜드 마케팅으로 트렌드의 전환이 이루어지는 중이라고 했습니다. 여기서 말하는 브랜드 마케팅은 공장을 가진 제조사나 특정 상품을 만들어내는 생산자가 직접 브랜드를 만들어서 소비자에게 D2C 판매하거나, 유통사라 하더라도 기성품을 있는 그대로 파는 것이 아닙니다. 상품 기획을 거친 뒤 공장에 OEM 제조로 제품을 받아 자기 브랜드를 만들어서 파는 사업을 의미합니다. 다른 업종에 비해 브랜드 마케팅의 사례가 유독 많은데요. 앞서 이야기한 여러 요인에 의해 이제는 자기 브랜드, 자기 상품 없이 사업으로 큰 매출 올리기가 그만큼 힘들어졌습니다. 반대로 차별화가 뚜렷한 나만의 확실한 브랜드 상품이 있으면 마케팅을 통해 테이크 오프에 성공하는 일이 많습니다.

브랜드 마케팅의 최대 장점은 '내가 주도권을 잡고 있다'는 것입니다. 시장조사를 거쳐 상품을 만들고, 해당 상품을 팔아보면서 고객의 의견을 피드백하여 더 나은 상품을 만들거나 특정 타깃층에 특화된 신제품을 만드는 등 자유롭게 방향을 수정할 수 있습니다.

광고 상품 중에서도 네이버 신제품 광고처럼 신규 상품을 만들 수 있어야만 가능한 광고가 있고요. 프랜차이즈가 아닌 내 브랜드이므로 마케팅도 내가 자유롭게 할 수 있습니다. 내 상품을 이용하는 단골들을 모아 고객 커뮤니티를 만들거나, 이벤트나 행사를 기획하는 등 브랜드 마케팅도 가능합니다. 브랜드 마케팅은 업종에 따라 더 비중을 실어야 할 주력 채널도 있으나 기본적으로 홈페이지, 블로그, 인스타그램, 유튜브 등 채널을 다양하게 사용해야 합니다. 상황에 따라서는 온라인 카페를 이용한 브랜드 마케팅을 하기도 합니다. 자세한 내용은 실전 사례와 함께 설명하겠습니다.

브랜드 마케팅 실전 사례 ①

업계 최초 5년 평생 무료 교환 서비스, 이○잠 경추베개

앞에서 가장 무서운 제조사 마케팅의 예시로 코팅이 다 벗겨진 냄비를 회수하여 저렴한 금액으로 고객에게 새 제품을 발송해 주는 보○글에 대해 말씀드렸죠. 공장을 가진 제조사가 직접 브랜드를 만들었기 때문에 가능한 마케팅 방법이었습니다.

위의 방법을 실제 수강생과 함께 만들어본 사례를 소개하겠습니다. 베개 공장을 운영하는 한 사장님의 아드님이 찾아오신 적이 있는데요. 아버님이 20년 넘게 베개 공장을 운영한 '베개 장인'이었던 것이죠. 베개 자체로는 큰 차별화를 만들기 힘들어서 제조사만이 할 수 있는 마케팅 정책을 도입해 서비스로 차별화하기로 하였고, 업계 최초로 '5년 무료 교환 서비스'를 기획하였습니다.

제조사 사장님의 이야기를 들어보니 베개는 계속 베면 머리 무게로 베개가 눌리기 때문에 형태가 무너진다고 합니다. 최상의 컨디션을 유지하

사진 55 업계 최초 5년 평생 무료 교환 서비스 진행 이벤트

려면 1년에 한 번은 베개를 교체하는 것이 인체에 이롭다고 합니다. 제조사 판매이기에 보○글처럼 제품을 교환해 주는 것 자체는 문제없으나, 자사의 수익 구조상 평생 교환은 힘들고 1년에 1번씩 총 5번은 교환해 줄 수 있다고 하셨습니다. 게다가 원래 가격의 50퍼센트 가격으로 주는 것도 아니고 택배비와 물류 폐기비용만 지불하면 100퍼센트 무료 교환입니다. 1년에 1번씩 5년이 지나 또 새로운 베개를 사면 다시 5년 서비스를 해주기에 사실상 평생 이○잠에서 베개를 구매하게 만드는 무서운 전략이죠. 베개를 직접 제조하지 않고 단순 유통만 하는 회사는 이 같은 방식을 카피하기 쉽지 않습니다.

바로 상세 페이지 리뉴얼에 들어갔습니다. 5년 교환 서비스를 반영하고, 20년 넘게 베개를 만들어온 베개 장인인 아버님의 이야기를 추가했습니다. 신뢰성을 얻기 위해 공장 내부를 촬영해서 보여주었고, 시중에 많이 퍼진 중국산 베개와의 차별성을 보여주기 위해 저가 제품의 문제점도 꼬집었습니다.

이후 여러 광고를 통해 노출을 시켰는데 가장 큰 매출이 나온 곳이 바로 '네이버 신제품 광고'였습니다. 앞서 말씀드렸다시피 네이버 최상단에 노출되는 광고라서 효과가 매우 좋았는데요. 최초 광고비 대비 매출이 3배가 증가했습니다. 이것 역시 직접 공장을 가진 제조사 브랜드라서 가능한 마케팅 방법이었습니다. 신제품 광고를 하기 위해서는 새로 출시한 제품이라는 걸 서류로 증명해야 하는데, 출시일이 6개월이 넘지 않은 신제품에 한해서만 신제품 광고가 가능합니다.

그런데 어차피 신제품 광고가 아니더라도 이○잠 브랜드는 반년 안에는 무조건 신제품을 만들 예정입니다. 기본 베개에서 확장하여 경추 베개, 거북목 베개 등 기능성 베개를 만들고, 기존의 제품군의 단점을 보완하거나 재질을 강화해서 업그레이드 버전을 항상 만들려고 하고 있습니다. 혹은 소재를 다르게 해서 새로운 베개를 실험해 보기도 하고요. 제조사라서 가능한 교환 정책부터 제품 개발과 신제품 광고까지 독보적인 마케팅을 잘 활용해서 큰 성과를 낸 사례로 지금도 기억하고 있습니다.

브랜드 마케팅 실전 사례 ②

인스타그램 스폰서 광고로 성공, 차량용품 울○○○○보우

차량용품 브랜드를 운영하는 대표님에게 마케팅 교육과 광고 대행을 도와드린 적이 있습니다. 여기 사장님은 제조 공장을 직접 갖고 계셔서 다양한 차량 관련 제품을 만드셨는데요. 특히 세차용품을 만들어서 B2B 유통을 하셨고, 자사 몰과 스마트스토어를 만들어서 B2C 마케팅도 하고 계셨습니다. B2C는 대행사를 이용해서 자동차 카페와 파워링크 광고 정도만 사용하고 계셨는데요. 봄, 여름, 가을에는 세차용품이 잘 팔리는데, 겨울만 되면 판매량이 줄어들어서 고민이 많으셨습니다. 세차용품은 카페와 파워링크도 타깃이 맞는 채널이지만 제 생각에 인스타그램에 노출해도 판매량이 제법 나올 것 같았습니다.

상세 페이지를 리뉴얼하고 타깃팅 설정 기능을 통해 최소 20대 중·후반 이상 연령대의 자동차를 가진 사람을 타깃으로 해서 인스타그램 스폰

사진 56 유튜브 출연 2차 광고

서 광고를 송출했습니다. 사장님이 예전에 자동차 유튜버에 출연하신 적이 있어서, 해당 영상을 짧게 편집해서 광고 소재로 활용했습니다. 광고비 대비 10배 넘는 매출이 나왔습니다. 사장님이 말씀하시길 여태까지 오랜 세월 사업을 하면서 비성수기인 겨울에 이렇게 판매가 잘 된 적은 이번이 처음이라고 하셨습니다. 매출 상승이 꾸준히 유지될 수 있도록 내부 마케터 채용을 권유해 드렸고, 직원 채용과 직원의 마케팅 교육까지 꾸준히 도움을 드렸습니다. 그 덕분에 현재는 담당 마케터가 적극적으로 인스타그램, 유튜브 광고를 진행하고 있습니다.

사진 57 | 자동차 카페 리뷰 이벤트 제시 예1

그밖에 차량용품은 자동차 커뮤니티 카페를 통한 바이럴이 효과적인 점을 이용해 리뷰 이벤트도 추가했습니다. 온라인으로 구매한 고객들이 본인이 활동하는 자동차 카페에 울○○○○보우 제품에 대한 찐 후기를 남겨달라는 것이었습니다. 자동차를 가진 사람은 대부분 자기 차종과 연관된 자동차 카페에 가입되어 있습니다. 리뷰를 남기고 인증하는 사람에 한해 혜택을 더 드리자 카페에 글이 올라오기 시작했고, 자연스럽게 카페의 다른 회원들도 이 글을 읽게 되면서 스마트스토어로 유입되어 차량 용품이 추가로 팔리기 시작했습니다.

브랜드 마케팅 실전 사례 ③

카페 리뷰 이벤트의 성과, 가죽 공방 카〇디

방금 보여드린 카페 리뷰 이벤트 관련해서 추가로 말씀드릴 수 있는 사례입니다. 카〇디는 자동차 키 케이스, 자동차 방향제 케이스, 자동차 전화 번호판 등 자동차와 관련된 가죽 제품을 판매하는 브랜드입니다. 업계

사진 58 자동차 카페 리뷰 이벤트 제시 예2

에서 가장 많은 판매량과 고객 만족도를 자랑하는데요.

앞서 말씀드린 바와 같이 차량 용품을 구매하는 사람은 대부분 본인이 타는 자동차 모델 커뮤니티에 가입되어 있습니다. 카○디 역시 울○○○○보우처럼 구매 고객들에게 리뷰 이벤트를 알려서 온라인 카페 바이럴을 일으켰습니다. 오프라인 매장 마케팅은 사장님과 직원이 적극적으로 고객에게 리뷰 이벤트를 어필하여 리뷰를 부탁하는데요. 제품을 배송해 주는 경우 어떻게 해야 효과적으로 이벤트를 알릴 수 있을까요? 고객에게 문자나 전화하면 되겠지만 더 확실한 방법이 있습니다.

바로 택배 박스에 리뷰 이벤트 안내 카드를 같이 동봉해서 배송하는 것

사진 59 | 리뷰 이벤트 카드

입니다. 고객의 동선을 생각해 본다면 제품을 구매하기 위해 상세 페이지의 리뷰 이벤트를 보아도, 제품을 받는 순간에 제품이 문제가 없다면 고객은 다시 홈페이지로 들어오지 않습니다. 결국 상세 페이지에서 어필했던 리뷰 이벤트를 까맣게 잊어버리게 됩니다. 온라인 판매라 하더라도 어찌 보면 고객과 만나는 마지막 접점은 상세 페이지가 아니라 택배 박스라고 여기셔야 합니다. 그 택배 박스 안에 큰 사이즈의 리뷰 이벤트 카드를 동봉해서 적극적으로 이벤트를 어필해 보시길 바랍니다.

카○디는 제품 품질도 괜찮은데 리뷰 이벤트로 무려 네이버 페이 1만 포인트를 지급했기에 많은 사람이 참가하였고, 여러 자동차 카페에서 제품 후기가 바이럴되니 자동차를 소유한 사람들 사이에서 카○디라는 브랜드가 점점 인식되기 시작했습니다.

브랜드 인지도가 높아진 결과, 키 케이스에 뒤이어 출시한 방향제 케이스, 번호판 등 신제품도 잘 팔리기 시작했죠. 가죽 공예 제품 특성상 전부 사람이 직접 수작업해야 해서 정말 바쁜 나날을 보내셨습니다.

물론 카페 하나만 공략한 것은 아닙니다. 인스타그램 계정 운영과 스폰서 광고도 정말 잘하셨는데요. 그래도 카○디 사장님은 신규 고객만 공략하지 않고, 마케팅 예산의 일부분은 항상 리뷰 이벤트로 돌립니다. 제 생각에도 마케팅 예산이 100퍼센트가 있다고 치면 약 20퍼센트 정도는 기존 고객을 위한 CRMCustomer Realationship Management 마케팅에 사용하는 것이 좋습니다. 신규 고객을 창출하는 것보다 더 저렴한 비용으로 바이럴 효과를 낼 수 있으니까요.

만약 여기서 더 매출을 올리기 위해서는 어떻게 해야 할까요? 카○디 사장님이 무조건 유튜브를 시작해야 한다고 생각합니다. 실제 손으로 뭔가를 만드는 공예 콘텐츠는 유튜브에서 조회 수가 높게 나오는 카테고리 중 하나입니다. 작업할 때마다 근처에 카메라를 한 대 놓고 여러 가지 독특한 공예품을 만드는 과정을 편집해서 올리기만 해도 분명 일정 수준 이상의 구독자를 모을 수 있을 것입니다.

사진 60 리뷰 9999+ 녹차 판매 사례

사진 61 | 리뷰 9999+의 녹차 제품

카○디 케이스스터디에서 여러분이 중요하게 짚고 넘어가야 할 부분은 바로 리뷰입니다. 리뷰의 중요성은 오프라인 매장 마케팅 때부터 계속 말씀드리고 있죠. 물론 플레이스는 주기적으로 진성 리뷰가 등록되면 순위가 상승하기 때문에 손님의 방문과 직접적인 연관이 있습니다.

스마트스토어는 판매 실적이 가장 중요하기 때문에 리뷰만 많다고 구매가 많이 일어나는 건 아니지만, 그럼에도 리뷰로 신뢰도를 보여주는 것은 정말 중요한 일입니다. 우리가 외식할 때 손님이 줄 선 식당에 끌리는 것처럼, 온라인 쇼핑 역시 리뷰가 많은 제품에 사람들은 끌리게 되어 있습니다.

옆 페이지 이미지에 보이는 청○다원은 오설록, 동서 식품 같은 유명한 대기업 브랜드가 아닙니다. 만약 오프라인 마트에서 경쟁한다면 대부분 소비자는 유명한 메이커의 녹차를 살 것입니다. 그런데 온라인 환경에서는 1만 2,000개가 넘는 리뷰를 기반으로 네이버 쇼핑 녹차 키워드 1페이지에서 대기업과 맞서 싸우고 있습니다.

▲ 좌) 명인 지정 보도자료   우) '유기농 명인 농장'인증 간판

| 사진 62 | 유기농 녹차 명인 선정

메이커 말고는 이렇다 할 정보를 알 수 없는 오프라인과 달리 온라인에서는 상세 페이지와 기존 구매자의 후기, 리뷰를 볼 수 있기에 브랜드 인지도가 부족하더라도 제품력만 확실하다면 리뷰 이벤트를 통해 최대한 많은 후기를 모아서 대기업과도 경쟁해 볼 수 있습니다.

저 역시 녹차를 구매할 때 다른 대형 브랜드 제품을 구입하지 않고 리뷰가 많으며 상세 페이지에서 명인의 전문성을 어필하는 내용을 보고 구매했고요. 리뷰 이벤트 관련해서는 오프라인 매장 마케팅 때부터 여러 가지 사례를 통해 방법론을 제시했으니 내 사업에 가장 잘 맞는 방법을 선택해서 실천하시면 됩니다.

브랜드 마케팅 실전 사례 ④

제품 시장 확장 컨설팅의 성과, 남성청결제 엘○보

남성청결제라고 들어보셨나요? 대부분 남자는 샤워할 때 목 아래부터

발끝까지 보디워시 하나로 다 씻는 분들이 많을 겁니다. 머리를 감을 때 샴푸만 쓰듯이, 남성청결제는 사타구니 부분만 집중적으로 씻는 목욕용품입니다. 기존 보디워시에 비해 냄새 제거 효능과 찝찝함을 없애주는 쿨링감이 더 강화되어, 한 번 사용해 본 남성은 선호도가 높다고 합니다. 특히 애인이 있는 남성들은 주기적으로 재구매를 하고요.

마케팅은 스마트스토어, 파워링크, 쇼핑 검색 광고 등을 사용하고 계셨습니다. 초반에는 남성청결제 키워드에 상위 노출을 집중하기 위해 리뷰와 트래픽 마케팅을 하였고, 시작한 지 얼마 안 되어 상위 페이지까지 진입하였습니다. 하지만 아직 남성청결제 시장이 여성청결제만큼 큰 시장이 아니다 보니 꾸준히 판매는 되지만 총매출 자체는 크지 않았다고 합니다. 대부분 이때 많은 사장님은 자사의 시장 규모가 커질 때까지 기다리기만 하시는데요. 엘○보 대표님은 처음에는 SNS 등 다른 채널로 마케팅을 확대하려고 했으나 남성의 민감한 부분과 관련된 제품인지라 자꾸 광고 심의에 걸려서 채널 확대가 빈번히 좌절되었다고 합니다.

그래서 제품의 시장 확장 컨설팅을 지원하게 되었습니다. 제품에 다른 제품을 결합해 새로운 패키지 상품을 만들어서 돌파하기로 결론을 내렸는데요. 몇몇 나라에서는 성인식이라는 문화가 있습니다. 법적으로 성인 나이가 되면 부모님과 함께 작은 잔칫상을 차려서 성인이 된 걸 기념한다고 합니다.

이처럼 셰이빙 폼, 면도기, 영양 크림 등 남자의 중요한 부분을 케어해주는 세트 상품을 만들어 홍보한다면 광고 심의를 피해 가면서 더 높은

객단가의 상품을 판매할 하나의 돌파구가 될 것입니다. 이미 남성청결제 시장에서 1등을 했기에 청결제와 관련된 다른 카테고리로 확장하기에 적당한 타이밍이고요. 남성 미용 시장인 바버 숍을 생각하시면 좋을 것 같습니다. 과거에는 자신을 꾸미고 스타일링하는 남성이 적었으나, 요즘은 남성도 마초적인 스타일, 깔끔하고 단정한 스타일 등으로 자기 관리에 철저한 그루밍족이 늘었습니다. 그에 따라 바버 숍이 큰 인기를 끌고 있고요. 성인식 세트를 통해 남성 그루밍 시장으로 확장한다면 향후에도 꾸준히 성장해 가는 그루밍 시장, 남성청결제 시장을 통해 충분히 만족할 만한 매출을 얻으실 것으로 전망됩니다.

브랜드 마케팅 실전 사례 ⑤

66일 챌린지 이벤트로 커뮤니티 활성화, 적외선 치료기 온○스

병원에서 물리 치료할 때 빨간빛 적외선 의료기기를 자주 사용하죠? 온○스는 병원에서 쓰는 적외선 치료기를 일반 소비자들이 간편하게 사용할 수 있는 제품을 유통하는 회사입니다. 온○스 대표님은 기존에 여러 유통업을 하시면서 다양한 물건을 판매해 본 경험이 있는데요. 적외선 치료기가 좋은 아이템이 될 거라는 확신이 드셔서 직접 브랜드를 만드셨습니다. 그런데 병원에서도 사용하는 의료기기인 만큼 가격이 제법 나갔습니다. 한 세트에 24만 원 정도의 금액이라 고객이 쉽게 구매할 수 있는 아이템은 아니었습니다. 이 구매의 벽을 허물기 위해 홈페이지와 상세 페이지도 많은 신경을 기울였고, 고객 후기도 적극 활용하는 등 신뢰도를 높이기 위해 일반적으로 할 수 있는 모든 걸 다 진행했습니다.

온○스 대표님은 이미 이전에 많은 유통업을 경험해 보셨기에, 상세 페이지의 중요성을 누구보다도 잘 알고 계셨습니다. 제가 컨설팅해 드리기 전 이미 상세 페이지 수준이 굉장히 높았습니다. 2023년도 통틀어 가장 잘 만들어진 상세 페이지를 든다면, '온○스 상세 페이지'라고 추천할 것

사진 63 | **66일 온○스 챌린지** | https://www.onrills.com/

입니다. 하지만 사람들은 여전히 높은 금액의 제품을 쉽게 구매하지 않습니다. 특히 건강에 관련된 제품은 가격보다는 실제 브랜드 제품의 신뢰성, 즉 이 제품을 사용했을 때 정말 효과가 있는지를 중요하게 봅니다. 그래서 건기식, 치료 기구 등은 고객 실제 후기의 수준을 높여야 합니다.

'고객의 실제 얼굴이 드러나는 사진이 많이 게시되어야 한다'고 컨설팅해 드렸고, 이 부분을 자연스럽게 유도하기 위해 고객 후기 '명예의 전당'을 기획해드렸습니다. 온○스의 마케팅팀은 다양한 아이디어를 내는 곳입니다. 현재 '66day 온○스 챌린지'를 진행하고 있는데요. 먼저 24만 원을 결제하고 제품을 구매합니다. 하루에 1번씩 적외선 패드를 사용한 후기를 사진과 함께 홈페이지에 작성합니다. 매일 66일 동안 하루도 빠짐없이 해낸 사람만 24만 원 전액을 환급해 주는 것입니다.

비싸서 구매를 망설이던 사람도 이 챌린지를 알게 되는 순간 구매에 적극적으로 참여했습니다. 최초에는 홈페이지에 66일 인증 후기를 받았지만, 현재는 규모가 많이 커져서 네이버 카페를 이용하고 있습니다. 그렇게 근적외선으로 건강해지자는 취지의 커뮤니티 카페가 탄생하였고, 지금 이 순간에도 새롭게 온○스를 구입하신 고객들이 카페에 가입해서 환급받기 위해 '66일 챌린지'를 하고 있습니다. 현재는 66챌린지의 달성율을 높이기 위해 고객들이 좀더 적극적으로 달성할 수 있도록 다양한 방법을 본사에서 계획 중입니다. 오히려 달성하는 사람들이 많을수록 매출이 더 높아진다고 합니다.

건강에 관심이 많은 고객을 모아놓고 '온라인 카페'라는 소통의 장을 깔아놓자 이제는 카페에서 회원들끼리 자발적으로 건강에 좋은 운동법, 음식 정보를 공유하고 고민 상담을 하면서 소통하고 있습니다. 유용한 정보가 쌓이면 사람들이 더 자주 방문할 것이고, 커뮤니티에 시간을 많이 쏟을수록 카페를 방문하는 습관이 생겨서 온○스가 추후 유통할 새로운 상품이 더 잘 팔리겠죠?

사진 64 | 온○스커뮤니티 카페 | https://cafe.naver.com/veryup

커뮤니티를 활성화하기 위해 66일 인증 외에도 새로운 챌린지 프로그램을 운영하고, 카페 내에서 댓글을 많이 단 사람이나 글을 많이 올린 사람을 선정해서 경품을 증정하는 등의 이벤트를 하고 있습니다. 100퍼센트 환급은 회사 입장에서 너무 손실이 큰 게 아니냐는 우려가 드는 분도 계실 겁니다.

혹시 '야나두'를 기억하시나요? 아마도 영어 강의를 무료로 풀겠다는 광고를 보신 적이 있을 것입니다. 야나두도 결제 후 3개월간 매일 동영상을 시청하면 교육 비용을 환급해 주는 시스템인데요. 100명 중 3개월 동안 꾸준히 동영상 강의를 듣는 이들이 전체의 몇 퍼센트 정도 될 것 같나요?

안타깝게도 많은 분이 끝까지 완강하지는 못한다고 합니다. 야나두는 4퍼센트 정도의 완강률이 나왔다고 합니다. 무료 영상을 주어도 장기간 꾸준히 매일 무언가를 하기 쉽지 않은 게 사람의 습성입니다. 학창 시절, 개근상을 수상한 학생이 얼마나 되는지 생각해보면 당연한 이야기입니다.

이 점을 비슷하게 적용한 사례가 온○스의 66일 챌린지입니다. 온○스 역시 전체 구매한 사람 중 챌린지를 끝까지 성공시키고 환급받는 사람은 야나두의 완강률과 비슷하다고 합니다. 소수의 챌린지 성공자들에게 24만 원을 환급해 줘도 대표님은 고마운 마음뿐이라고 합니다. 끝까지 완주한 분이 66일 동안 커뮤니티에 생생한 인증 후기를 남겨주기에 그걸 보고 새롭게 챌린지에 참가하는 신규 고객이 창출되기 때문이죠. 성공한 사람이 많을수록 예비 고객도 66일 동안 노력해서 환급을 받아야겠다는 동기부여가 되어서 구매한다는 것입니다.

제가 앞서 '이제는 브랜드 마케팅을 해야 하며 그 방법은 고객 커뮤니티를 만들어서 특별한 경험을 선물하는 것'이라고 강조했습니다. 단순히 적외선 치료 기기를 파는 회사보다 적외선 치료 기기를 팔면서 66일 인증을 하면 전액 환급해 주고, 커뮤니티를 통해 건강에 도움이 되는 정보와 새로운 챌린지라는 경험을 꾸준히 제공하는 회사. 여러분이라면 어느 회사에서 제품을 사고 싶으신가요? 비슷한 가격에 비슷한 성능이라면 당연히 온○스에서 적외선 패드를 살 것입니다.

바이블이 있는 기업으로 재탄생한 헬스용품 유○○운지

유○○운지는 헬스, 운동하는 사람을 타깃으로 스포츠 의류를 판매하는 쇼핑몰 회사입니다. 소재, 재질, 핏 모두 훌륭한 옷을 팔고 있는데요. 하지만 아쉬운 점은 경쟁사도 이와 같은 수준이라는 것입니다. 요즘 시장은 스포츠 의류의 상품 수준이 거의 다 상향 평준화가 되어 있습니다.

사장님이 예전부터 퍼포먼스 마케팅을 꾸준히 진행했지만, 미래를 생각하면 이 부분만으로는 부족함을 느끼서서 브랜드 마케팅을 시도하셨습니다. 타깃 고객인 헬스하는 사람들을 불러 모아 화려한 풀 파티를 개최하셨는데요. 파티 진행을 위해 큰 비용을 들여서 유명한 연예인까지 섭외하셨습니다. 파티 자체는 성공적이었지만 막상 매출 기여도는 높지 않았습니다. 타깃 고객을 모으고 이들에게 특별한 경험을 선물하는 건 맞습니다. 그런데 그냥 하루 신나게 놀았다고 이 사람들이 유○○운지에 급격

한 호감을 느끼고 '앞으로 모든 옷은 다 유○○운지에서 사야겠다!'라고 생각할 수 있을까요?

고객은 연예인을 보고 신나게 놀 생각으로 왔기 때문에, 이 행사를 기획한 주체에 대해 큰 관심을 가지지는 않았습니다. 물론 '와, 이번에 유○○운지 덕분에 정말 재미있었다!' 하고 브랜드명을 한 번 정도 되새김질하는 효과는 있었을 것입니다. 그러나 이것이 곧바로 매출로 이어지기는 쉽지 않습니다.

사실 마케팅 예산이 풍족한 대기업이라면 이런 식의 브랜드 마케팅도 주기적으로 진행하면서 효과를 볼 수 있을 것입니다. 꾸준히 행사하고 이를 콘텐츠로 가공해 마케팅 채널에 주기적으로 노출하면 브랜드 인지도가 높아질 테니까요. 그러나 바로 매출로 연결되지 않는 마케팅 캠페인에 무한정 돈을 쓸 수 있는 상황이 아니기에 비용이 훨씬 적게 들어가면서도 자사 브랜드 홍보 효과도 있고, 지속 가능한 콘텐츠를 만들어낼 수 있는 새로운 브랜드 마케팅 방향을 제시했습니다.

제가 앞에서 브랜드 마케팅은 바이블, 메신저, 이벤트, 심벌 4가지를 축으로 신도를 응집시키는 종교 건국과 매우 유사하며 이는 인플루언서의 브랜딩과도 접점이 있다고 말씀드렸죠? 인플루언서 사례로 아나운서의 플로깅, 업사이클링 굿즈 이야기도 했습니다.

최근 2030 사이에서 건강을 위한 운동이 대세 트렌드가 되고 있습니다. 환경을 생각하는 플로깅 문화도 계속 커지고 있고요. 그래서 좀 더 자사의 이미지가 환경을 생각하고 건강한 이미지로 연결되도록 플로깅 문

사진 65 │ 유○○운지 플로깅 크루
https://uplounge.co.kr/goods/event_sale.php?sno=21&_gl=1*7o3uvh*_ga*MTQ2NDI2OTgzMy4xNjk2OTI1N
zA3*_ga_YPTNTWV5KV*MTcwNzIzMjg0My41LjEuMTcwNzIzMjg0My42MC4wLjA.

화를 유○○운지의 새로운 브랜드 마케팅 캠페인에 접목했습니다.

먼저 유○○운지의 타깃 고객인 운동을 좋아하는 사람들을 대상으로 플로깅 크루를 결성합니다. 이 크루들에게 유○○운지의 옷을 무상 제공해서 복장을 통일합니다. 가능하다면 플로깅에 맞는 러닝 인플루언서와 함께 조깅 운동에 대한 강의도 듣고, 조깅 코스를 정해서 다 같이 뛰면서 쓰레기 줍기를 합니다. 물론 이런 브랜드 캠페인 역시 앞서 이야기한 풀 파티처럼 바로 매출이 나오지는 않을 것입니다. 하지만 풀 파티 보다 저렴한 비용으로 꾸준히 실행해 일종의 브랜드 문화를 만들 수 있습니다. 플로깅 크루를 기수 제로 2기, 3기, 4기, 5기… 이렇듯 꾸준히 운영하면서 활동하는 모습을 콘텐츠로 만들어 SNS와 유튜브에 꾸준히 노출한다면 어떨까요?

취미 코드가 맞는 사람들끼리 다 같이 모여서 운동도 하고, 쓰레기를 주우며 선한 영향력을 행사하니 '나도 저기에 참여하고 싶다'는 마음을 가진 사람들이 늘어날 것입니다. 이 사람들을 앞서 말씀드린 온○스 사례처럼, 카페에 모아놓으면 어떨까요? 커뮤니티가 형성되면 그 판을 깔아주는 유○○운지에 대한 신뢰감이 높아질 것이며, 잠재적으로 유○○운지의 제품을 구매할 가능성이 높은 가망 고객이 쌓이기 때문에 추후 신제품을 론칭하거나 할인 프로모션을 할 때 큰 매출을 낼 수 있을 것입니다. 여러분이 알고 계신 큰 기업도 이와 같은 전략으로 커나간 사례가 있습니다. 뒷장의 QnA 편에서 블랙야크, 포카리스웨트, 박카스 국토대장정 사례를 말씀드릴 예정이니 참고해 주시길 바랍니다. 퍼포먼스 마케팅은 지금 당장 더 저렴한 광고비로 더 많은 사람에게 노출되고, 더 많은 사람이 구매하는 광고를 만드는 현재에만 집중하면 됩니다. 하지만 브랜드 마케팅은 보다 더 장기적인 비전을 갖고 움직여야 합니다. 감당할 수 있는 범위의 손실을 떠안고 꾸준히 뭔가를 해나가면 훗날 더 큰 매출로 돌아오게 되어 있습니다.

유○○운지의 브랜드 마케팅을 기획하면서 동종업계는 어떤 식으로 브랜드 마케팅을 하는지 시장조사를 했습니다. 그 가운데 기획을 정말 잘한 사례가 하나 있어서 소개해 드립니다. 옆 페이지의 사진을 보시면 유튜브 쇼츠에서 자연스럽게 바이럴이 되는 모습을 볼 수 있죠? 바로 피트

니스 의류 브랜드 H○○X의 사례입니다.

H○○X는 원래 온라인 쇼핑몰만 하고 있었는데, 2022년을 기점으로 오프라인 팝업 스토어를 열기 시작했습니다. 2023년, 양양 해변에 '양양 스트롱비치'라는 오프라인 헬스장을 만들었는데요. 보시다시피 보통 체육관의 일반적인 헬스 기구하고 디자인이 다르죠? 해변 테마와 어울리는 나무로만 만들어졌습니다.

양양은 이전부터 서퍼들의 성지로 스포츠, 레저에 관심 있는 사람들이 자주 찾는 곳이어서 일부러 양양에 헬스장을 만든 것이죠. 대한민국에 운동을 좀 한다는 사람들은 한 번씩 방문해서 사진과 동영상을 촬영해 가니 인스타그램, 유튜브로 H○○X 브랜드가 계속해서 간접 홍보가 되는 것입니다. 특히 콘텐츠를 위해 새로운 것을 계속 보여줘야 하는 유튜버, 인스타그램 인플루언서들에게는 필수코스가 되었습니다.

사진 66 H○○X 양양의 모습

오프라인 매장은 그 자체로 유지비, 운영비가 발생하기에 이걸 한다고 매출이 크게 오르는 건 아니지만, 콘텐츠가 바이럴 되는 과정에서 타깃 고객인 운동을 좋아하는 사람들에게 H○○X라는 브랜드가 각인되는 효과가 있습니다. 사실 제품 품질만 따지면 H○○X를 포함한 다른 헬스 브랜드나 유○○운지나 큰 차이가 없습니다. 제품이 상향 평준화되어 지금은 다들 좋은 재질, 소재, 원단을 사용해서 옷을 만드니까요. 결국 더 많은 팬덤을 보유한 브랜드가 더 유리해지는데, 양양 스트롱 비치처럼 내 브랜드의 타깃 고객이 좋아하고, 재미를 느끼며, 신기하다고 생각할 새로운 경험을 선물하는 것이 브랜딩의 핵심입니다.

방금까지 말씀드렸던 많은 스포츠 의류 브랜드가 좀 더 브랜드 마케팅을 심화하려면 심벌을 활용할 수도 있습니다. 운동, 스포츠, 레저 분야에서 사용할 수 있는 상징물에는 무엇이 있을까요? 저는 가장 먼저 메달과 트로피가 생각나는데요. 올림픽의 금메달과 보디빌딩 대회의 트로피는 치열하게 연습하고 노력해 온 스포츠맨들에게 최대의 영광이자 상징, 자랑입니다.

예전에는 많은 유명 스포츠 브랜드들이 러닝 대회를 개최했습니다. 그 러닝 대회의 협찬 품목으로 자사 상품을 선수들에게 나눠주며 홍보했는데요. 하지만 막상 대회에 참가한 선수들이 인스타그램에 올리는 사진들을 분석해 보면 협찬받은 제품은 업로드하지 않고, 내 성취를 간접 증명하는 메달 사진을 계정에 올려서 인증하는 비율이 더 높았습니다.

다양한 제품을 협찬해 주었는데, 막상 회사의 제품은 인스타그램에 올

사진 67 **다양한 디자인의 메달 제작 서비스** | https://www.instagram.com/medalgo_kr/

라오지 않는 안타까운 결과가 된 셈입니다. 이 점을 개선하고자 큰 브랜
드는 자사만의 메달을 제작하고 있습니다. 옛날에는 메달이 금메달, 은메

달, 동메달로 종류도 적고 디자인도 딱딱한 느낌이었는데요. 자료 사진을 보시면 요즘 메달은 종류도 여러 가지고 디자인도 예쁩니다.

단순히 제품을 팔면서 제품을 사라는 광고만 내보내는 회사보다는 기업이 내세우는 핵심 가치인 바이블이 있는 기업이 더욱 고객에게 각인됩니다. 바이블만 말하는 기업보다는 기업의 핵심 가치와 결이 맞는 인플루언서를 메신저로 섭외해 주기적으로 이벤트를 개최하고 메달이나 트로피 같은 심벌을 공유하는 기업은 더욱더 소비자에게 기억되는 브랜드가 될 것입니다. 케이스스터디를 보시면서 나는 어떤 식으로 바이블, 메신저, 이벤트, 심벌을 활용할 수 있을지 고민해 보셨으면 좋겠습니다.

브랜드 마케팅 실전 사례 ⑦
새로운 경험을 만들어서 롱런하는 브랜드를 추구, 강아지 다이어트 사○○견

사○○견은 강아지 다이어트 보조제를 판매하는 업체입니다. 강아지들이 좋아하는 맛에 다이어트 성분을 배합한 보조제인데요. 사료를 먹기 전에 보조제를 먼저 먹으면 탄수화물이 배합되는 것을 막아줘서 똑같은 사료를 먹더라도 살을 덜 찌게 도와줍니다. 저는 애완동물을 안 키워서 잘 몰랐는데요. 실내견 중에 비만견이 생각보다 많은 편이며, 비만인 사람이 합병증에 걸리듯 이 강아지도 비만이 되면 다양한 문제가 생긴다고 합니다. 대표적으로 다리가 체중을 지탱하지 못해서 생기는 슬개골 탈구라던가 사람과 같은 합병증이 있는데요. 강아지는 사람과 달리 의료보험 적용도 안 되어 한 번 수술하면 기본적으로 200~300만 원이 들어간다고 합니다.

돈보다 더 심각한 건 비만 강아지는 마른 강아지에 비해 평균 수명이 짧아 주인과 일찍 사별할 가능성이 높다고 합니다. 이 사실을 모르는 강아지 주인들은 살이 좀 쪄도 포동포동한 모습이 복스럽고 귀여워서 내 강아지가 살찐 것에 대해 큰 경각심이 없는 경우가 많은데, 알고 보니 강아지에게도 다이어트가 필요했던 것입니다.

해당 내용을 상세 페이지에 반영하는 것부터 시작했습니다. 인스타그램 스폰서 광고를 단순 제품 광고에서 강아지의 수명, 건강 정보 콘텐츠로 내용을 바꾸자 이것만으로도 판매량이 늘어나기 시작했습니다. 몰랐던 사람도 이 사실을 알면 내 강아지의 다이어트에 관심을 갖게 하는 정보니까요. 그래서 해당 내용을 인스타그램 스폰서 광고로도 만들어서 송출해 봤는데, 아직 강아지가 비만이 아닌 견주분들도 비만이 되기 전부터 관리해서 예방해야겠다며 다이어트 보조제를 구매하셨습니다. 퍼포먼스 마케팅으로 어느 정도 매출을 만들고 나서부터는 브랜드 마케팅 요소를 하나 둘 접목하기 시작했습니다. 내 강아지를 끔찍이 아끼는 견주를 위한 이벤트를 시작한 것이죠.

단순하게 제품만 팔고 끝이 아니라 구매자 중 희망자만 대표님이 직접 카카오톡으로 강아지 식단 원격 코칭도 해드렸습니다. 더불어 체중 감량에 성공하면 강아지랑 주인과 함께 강아지 보디 프로필 사진을 무료로 찍어드렸습니다. '힘든 다이어트 수고했다'라는 의미로 홍익인견 임명장을

사진 68 강아지 바디 프로필 이벤트

사진 69 강아지 임명장

발급했습니다.

　사○○견 사장님은 추진력이 정말 좋으셨습니다. 제가 사업에 도움이

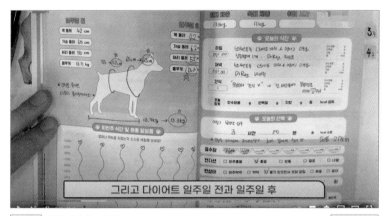

그리고 다이어트 일주일 전과 일주일 후

사진 70 | 댕댕 다이어트 일지

https://youtu.be/SANRIBPgGso

될 만한 아이디어를 말씀드리면 늦어도 2주 안에는 무조건 실행하십니다. 내 강아지의 합병증을 예방하고 평균 수명을 늘리기 위해 강아지 다이어트에 도전하는 고객들의 이야기를 전하는 유튜브 채널도 개설하셨고, 서비스의 차별화를 위해서 강아지 식단 코칭을 좀 더 발전시켜서 대한민국 최초 '댕댕 다이어트 식단 일지'를 만드시라고 컨설팅을 해드렸습니다.

처음에는 '사람은 일기 쓰기나 스터디 플래너를 작성하는 것도 귀찮아하는데, 기르는 강아지의 다이어트 일지를 꼼꼼히 적을까?' 싶었습니다. 그런데 놀랍게도 강아지를 정말 자식처럼 아끼고 사랑하는 견주들이 많았습니다. 내 강아지가 밥을 얼마만큼 먹었고, 물을 얼마만큼 마셨고, 운동을 얼마나 했는지를 하루도 안 거르고 매일매일 꼼꼼하게 기록하는 분이 계셨습니다.

매일 강아지 허리둘레를 줄자로 재서 표기했는데 이 강아지는 결국 2kg 감량에 성공했습니다. 강아지가 2kg 뺐다는 건 사람으로 치면, 건강한 성인 남성이 10kg을 뺀 것과 같다고 합니다. 앞으로도 사○○견 사장님은 제품을 넘어서 강아지 다이어트를 원하는 타깃 고객과 교감할 수 있는 이벤트를 기획하고, 이들과의 관심사와 스토리를 콘텐츠로 만들어 공유할 것입니다.

아직은 강아지 다이어트 시장이 크게 성장하지 않았지만, 점점 수요가 많아질수록 기존 대기업도 강아지 다이어트 사업을 시작할 것입니다. 제품도 사○○견과 비슷한 성분으로 만들 것이고요. 제품만으로는 언제든지 추월당할 위험이 있습니다. 경쟁이 치열해질 미래를 대비해 강아지 다이어트를 생각하는 타깃 고객에게 브랜드 인지도를 각인시켜 충성 고객을 최대한 많이 확보해야 합니다. 이를 위해 '강아지 다이어트'라는 주제를 핵심 축으로 강아지 식단 코칭, 강아지 보디 프로필, 다이어트 성공 임명장, 유튜브, 강아지 식단 일지 등 계속해서 새로운 경험을 만들어서 롱런하는 브랜드를 만들 수 있습니다.

브랜드 마케팅 실전 사례 ⑧

차별화 포인트와 신뢰도를 확보한 광고의 힘, 당뇨병 환자를 위한 쌀 농○로

농○로 사장님께는 마케팅하기 너무나 좋은 차별화된 스토리가 있었습니다. 사장님이 무려 서울대학교 농업생명과학대학에서 박사학위까지 취득하셨는데요. 많고 많은 학과 중에 농업관련 학과를 선택한 이유는 부모님께서 농사를 지으셨기 때문입니다. 그래서 농업을 열심히 배워 가업을 이어받겠다는 꿈을 갖고 계셨죠.

　실제 본인이 연구 끝에 농○로만의 특화된 품종개량에 성공하셨습니다. 일반 쌀이 아닌 당뇨병 환자를 위한 쌀인데요. 보통 쌀은 섭취 시 혈당이 빠르게 올라서 당뇨 환자들은 흰쌀밥을 피하고 잡곡밥을 먹습니다. 맛있는 쌀밥을 먹고 싶은데 혈당 때문에 맘 편히 쌀밥을 먹지 못하는 분들을 위해, 나노 공법을 접목하여 셀레늄과 게르마늄 농법을 통해 당뇨 발병률을 낮춘 것입니다.

사진 70 **특별한 쌀임을 강조한 포스터** | https://nongburo.com/

이야기를 들어보니 일반적인 벼농사와 다르게 벼 모종과 농법을 다르게 해서 농사를 지으시는데, 상세 페이지에 관련 내용이 전무해서 상세 페이지 리뉴얼부터 들어갔습니다. 대표님의 스토리텔링을 반영해서 '서울대학교 박사학위 출신이 연구 끝에 만든 당뇨병 환자를 위한 쌀'임을 강조했고요. 실제 대표님의 부모님이 벼농사를 짓는 과정을 사진으로 촬영해서 있는 그대로의 현장을 보여줬습니다. 생산자인 대표님과 부모님의 사진도 보여 드렸고요.

사진 71 한국농업방송에서 소개 중인 생산자관련 내용

제가 앞에서도 농수산물은 신뢰도가 중요하다고 말씀드렸는데요. 농수산물은 웬만큼 농사를 잘 짓는 분들은 다 맛있는 작물을 만들기 때문에 차별화가 특히나 어려운 카테고리입니다. 다행히 농○로 대표님은 서울대 박사학위를 취득하고 새로운 종자와 농법을 연구했으며, 부모님과 힘을 합쳐 직접 쌀을 만들고 배송한다는 명확한 차별화 포인트가 있었습니다. 그 덕분에 〈나는 농부다〉라는 방송 프로그램에도 출연할 수 있었습니다.

농수산물 마케팅의 중요 포인트는 신뢰도를 높여야 하는 점입니다. 앞에서는 리뷰가 정말 많았던 청○다방 녹차 사례를 말씀드렸습니다. 그 밖에도 생산자와 제조 공정을 있는 그대로 보여주는 것이 신뢰도를 높이는 또 다른 방법입니다. 같은 쌀도 누가 만드느냐, 어떻게 만드느냐를 보여줘야 합니다.

평범한 농부가 만든다고 하는 것보다 오랫동안 농사를 지어 와서 농업에 잔뼈가 굵은 전문가가 농사를 짓는다고 말하는 것이 더 구매하고 싶고, 밭이나 공장에서 위생과 청결을 철저하게 지키는 환경에서 깨끗하게 만든다는 것을 보여줘야 더 사고 싶은 법이니까요. 확실한 콘셉트를 잡고 그것을 상세 페이지를 통해 드러내서 차별화 포인트와 신뢰도를 확보한 상태에서 광고를 시작하자 매출이 나기 시작했습니다. 테이크 오프에 가장 도움이 된 채널은 네이버 파워콘텐츠 광고였는데요. 키워드 리스트를 잘 찾아보니 당뇨, 암, 식단쪽 키워드가 있어서 혈당을 신경 쓰지 않고 먹을 수 있는 건강한 쌀임을 어필했습니다.

브랜드 마케팅 실전 사례 ⑨

스토리텔링과 신뢰도를 높여 브랜딩화, 보리차 약○○○○딸

비슷한 농수산물 사례를 하나 더 소개해 드리겠습니다. 약○○○○딸 사장님은 한약방을 운영하는 할아버지의 손녀딸이 창업해서 차를 팔기 시작했다는 스토리가 있습니다. 어린 시절 동네 어른들이 '한약방 집 손녀딸'이라고 불렀던 추억이 브랜드 이름까지 이어졌는데요. '서당 개 3년이면 풍월을 읊는다'고 할아버지에게 다양한 한약재 이야기를 듣고 자란 대표님은 농사를 지어서 수확한 보리, 결명자를 공장에서 자신만의 블렌딩을 통해 가장 구수하고 맛 좋은 차^{Tea}로 가공해 판매하는 일을 시작하게 됩니다. 처음 찾아왔을 때 소비자들은 대부분 대기업 식품회사의 티백 형태 제품을 구매하는데, 어떻게 해야 내 차를 판매할 수 있을지를 고민하셨습니다.

컨설팅을 하면서 한 가지 사실을 알게 되었습니다. 사장님의 보리차, 결명자차는 바리스타가 원두를 로스팅해서 최적의 커피콩을 만들 듯이, 계속 비율과 볶는 정도를 실험해서 최적의 레시피를 만드신다는 것이죠. 충분히 차별화 포인트가 있기에 '온라인으로도 곡차를 팔 수 있겠다'는 생각이 들었습니다. 보리, 결명자도 쌀과 같은 농수산물이라 전체적인 마케팅 프로세스는 비슷하게 흘러갔습니다. '한약방 집 손녀딸이 커서 농사를 지어 차를 만들었다'는 스토리텔링을 담았고, 보리밭에서 보리와 결명자 농사를 짓는 사진, 수확한 곡물로 차를 제조하는 공장 사진을 넣어서 신뢰도를 높였습니다.

마지막으로 보리와 결명자의 효능에 대해 다뤘는데요. 저는 잘 몰랐는데 알고 보니 보리차가 일반 물보다 영양도 좋지만, 소화가 잘 되고 속을 편하게 해주는 효과도 있다고 합니다. 그래서 아기가 생후 1년이 될 때까지는 맹물 보다 보리차를 먹인다고 하네요. 그 밖에도 시력에 좋다고 하는데요. 마침 결명자도 눈을 맑게 하는 효능이 있어서 눈에 좋다는 공통점을 확장해 자사만의 차별화 아이템을 제안해 드렸습니다. '숙면이 필요한 분들한테 딱 어울릴 수 있는 결명자 안대를 만들어보자'고 말이죠. 안대에 결명자 씨앗을 넣고 전자레인지에 돌려서 따끈따끈해진 상태로 착용해 눈을 덮혀주는 방식으로 사용합니다.

이 안대를 기존의 보리차, 결명자차를 비롯해 한의학적으로 눈에 좋은 다른 굿즈와 결합해서 눈을 위한 종합 패키지 상품으로 콘셉트를 잡아 선물 세트를 출시하면 어떨까요? 주변에 안경을 착용한 친구에게 생일 선물하기 좋을 것입니다. 혹은 온종일 컴퓨터를 보느라 눈이 피로한 사무직 회사원, 책을 읽느라 눈이 지친 수험생들을 노려서 전용 패키지를 만들 수도 있고요.

브랜드 마케팅 실전 사례 ⑩
인스타그램 스폰서 광고로 대박이 난 고기 유통 찐○선

브랜드 마케팅 케이스스터디 마지막 사례입니다. 찐○선은 소고기, 돼지고기, 닭고기 등을 판매하는 정육 전문 쇼핑몰인데요. 물가가 비싼 요즘 합리적인 가격에 맛 좋은 고기를 온라인에서 유통하고 계셨습니다. 찐

○선 마케팅 담당자분께서 기존에 네이버 광고를 하고 계셨는데, 투입한 광고비 대비 큰 성과는 없으셨다고 했습니다.

앞서 농수산물은 웬만큼 실력 있는 농부는 다 맛있는 작물을 재배하기 때문에 차별화가 어렵다고 누차 이야기했는데요. 소고기, 돼지고기 역시 괜찮은 가격에 맛있게 하는 집이 이미 많아서 명확한 차별화를 만들기가 쉽지 않은 카테고리입니다. 그래서 대부분 가격을 앞세워서 할인 프로모션으로 매출을 만드는 편이죠.

광고 채널 중 사람들이 충동구매를 잘하는 인스타그램으로 확장하기로 하고 마케팅 담당자분에게 인스타그램 스폰서 광고하는 방법을 교육해 드렸습니다. 지금 보이는 사진과 같은 광고 소재를 만들어서 광고를

사진 72 찐○선 인스타그램 초기 광고

진행했는데 생각보다 효과가 크지 않았습니다. 인스타그램은 먼저 사람들이 클릭해서 내 홈페이지에 유입될 소재로 광고를 진행해야 효과가 좋은데요. 찐○선의 초기 소재는 디자인이 잘 되었으나 사람들이 클릭할 명분은 크게 없었습니다.

그래서 저희가 직접 광고 집행에 동참하게 되었고, 회의 끝에 프로모션 아이템을 '삼겹살'로 정했습니다. 그런데 단순히 고기를 싼값에 파는 것만으로는 많은 구매를 끌어내기 어려울 것 같았습니다. 자칫 잘못하면 인스타그램 광고를 본 소비자가 다른 온라인 마트에 가서 삼겹살을 살 수도 있으니까요. 소비자를 플랫폼에서 이탈시킬 강력한 요소, 대규모 온라인 마트가 아니라 찐○선에서 삼겹살을 구매해야 하는 대의명분이 꼭 필요한 상황이었습니다. 다행히 이 2가지 과제가 동시에 해결되었는데요. 아이디어를 내기 위해 최근 삼겹살과 관련된 키워드로 검색해서 다양한 자료를 수집하는 도중에 다음 페이지 이미지의 뉴스 기사를 발견한 것입니다.

이 사건을 이용하면 딱 좋겠다는 생각이 들어서 '삼겹살데이' 논란을 소재로 인스타그램 스폰서 광고로 사용할 카드뉴스를 제작했습니다. 섬네일 역할을 하는 카드뉴스 첫 장을 다음 페이지의 첫 번째 사진처럼 만들었습니다. 그리고 다음 슬라이드는 돈 주고 고기 대신 비계를 산 분들에게 '찐○선이 대신 사과드립니다. 업계의 잘못된 만행을 바로잡기 위해 저희가 진짜 이벤트가 무엇인지 보여드리겠습니다. 초특가로 삼겹살 500g을 5,000원에 드리겠습니다'라는 메시지를 전했습니다.

예상대로 이 카드뉴스 광고는 엄청난 폭풍을 불러일으켰습니다. 63만

사진 73 삼겹살 데이 비계 논란

사진 74 찐○선 슬라이드 광고 제시 예1

사진 75 찐○선 슬라이드 광고 제시 예2

사진 76 찐○선 슬라이드 광고 제시 예3

사진 77 찐○선 슬라이드 광고 제시 예4

명이 넘는 사람들이 광고를 봤고, CPC는 무려 250원 정도가 나왔으며, 2만 8,750명이 링크를 클릭해서 찐○선 홈페이지로 유입되었습니다. 그 결과 이벤트 기간인 1주일 중 6일 만에 삼겹살 2톤을 조기 판매했습니다.

찐○선 담당자가 깜짝 놀라시면서 말씀하시길, 원래 삼겹살을 2톤 분량 팔려면 못해도 2개월이 걸린다고 하더군요. 평소 고기를 맛있게 구워서 먹는 사진이나 동영상으로 광고했을 때는 CPC가 2,000원이 넘게 나오고 효율도 좋지 않았는데, 이번 이벤트로 찐○선 사장님은 정육도 제대로 기획해서 마케팅하면 효과가 있다는 걸 경험하시고 온라인 마케팅에 더욱 투자하셨습니다.

성공적인 1차 프로모션을 마치고 2번째 프로모션 기획을 의뢰하셔서 이번에는 양념 돼지갈비를 팔기로 했습니다. '삼겹살데이' 프로모션을 성공시키면서 소비자를 우롱하는 기존 업체의 만행을 건드리는 것이 효과가 좋다는 걸 알게 되어 혹시 돼지갈비에는 이런 이슈가 없는지 사장님과 논의했는데요. 말씀하시길 삼겹살이 비계 때문에 논란이 있다면, 돼지갈비는 뼈를 붙여서 중량을 부풀리는데, 정작 고기의 양은 적어서 불만을 가지는 소비자가 있다고 하더군요. 이 점을 바로 카드뉴스 카피라이팅에 반영했습니다.

'찐○선 산더미 왕갈비 초대형 양념육'

'압도적 크기'

'아직도 뼈 드시는 분 없으시죠…?'

'찐○선은 뼈를 팔지 않습니다'

이렇듯 뼈로 분량을 속이는 일 없이 최대한 소비자에게 가격 대비 푸짐한 양을 준다는 걸 강조하고 싶었습니다. 최대한 직관적으로 표현할 키워드를 구상한 끝에 제품 콘셉트를 '씨름부 돼지 왕구이'로 정했습니다. 무시무시한 식성을 가진 씨름부도 배불리 먹을 수 있을 정도의 푸짐함을 보장한다는 뜻이죠. 여기에 삼겹살 때는 시도하지 않은 찐○선만의 차별성을 하나 더했습니다. 광고를 본 사람이 지금 구매하지 않고서는 견딜 수 없는 특전 하나를 만들었는데요. 제가 앞에서 코로나19 이후로 변한 마케팅 트렌드 중 MOQ가 풀린 점을 역이용해서 세트 상품을 만드는 전략을 말씀드렸었죠? 간장을 판매하는데 고급스럽고 멋진 디자인의 계량스푼을 결합해서 선물 세트로 만들었던 달○간장의 사례 말입니다.

여기서 아이디어를 착안해 사람들이 딱 봤을 때 '갖고 싶다!'라고 생각할 아이템이 뭐가 있을까 생각해 봤습니다. 간장을 따르는 데 숟가락이 필요하듯이 고기를 먹을 때는 무엇이 필요할까요? 문득 '가위'라는 답이 떠오르더군요. 그래서 찐○선 사장님에게 고깃집에서 사용하는 고기전용 가위를 멋있는 디자인으로 한정 수량만 제조한 뒤, 이번 할인 프로모션에 양념갈비를 사는 분에게 가위를 같이 드리자고 제안했습니다.

사장님은 바로 가위 만드는 공장을 수소문하기 시작했습니다. 여기서 재밌는 사실 하나가 밝혀졌는데요. 알고 보니 '우리나라에서 수제 가위를 만드는 공장이 딱 한곳만 있다'는 것입니다. 우리가 흔히 쓰는 많고 많은 가위는 99퍼센트가 중국산 가위고요. 우리나라에 한 곳밖에 없는 업체에 의뢰해서 고기 자르는 데 특화되어 있고 살짝 날이 휘어진 모양의 오복 가위를 만들었습니다. 가위에는 전부 찐○선 로고를 새겨뒀고 상세 페이지에 '지금 돼지갈비를 구매하시면 대한민국 유일 가위 장인과 컬래버레이션하여 만든 찐○선X장인 가위를 드린다'는 내용을 추가했습니다.

광고는 삼겹살 때와 똑같이 카드뉴스로 진행했습니다. '여러분의 성원에 힘입어 앙코르 이벤트를 준비했습니다. 이번에는 뼈가 붙은 돼지갈비가 아닌 씨름부도 배불리 먹을 수 있는 푸짐한 왕갈비를 드리며, 선착순 100명 ○○가위를 드립니다'라고 말이죠. 가위를 총 100개 준비했는데,

사진 78 ○○가위 컬래버레이션

사진 79 실제 사은품으로 증정한 ○○가위

역시나 예상대로 고기 전용 가위(찐○선 가위)가 탐이 난 사람들의 주문이 밀려 들어서 돼지갈비 100인분이 전부 팔려나갔습니다.

이렇게 프로모션 기획과 광고로 매출 상승에 성공했습니다. 그러면 앞으로 찐○선은 어떻게 하면 더 잘 나갈 수 있을까요? 당연히 고기만 잘 팔아서는 근본적인 차별화가 어려우므로 브랜드 마케팅으로 가야 할 것입니다. 브랜드 마케팅에 사용할 바이블은 정해졌죠? 사람들은 비계 삼겹살이나 뼈 붙은 돼지갈비 등 소비자를 우롱하는 업체의 기만에 분노했습니다. 그렇다면 계속해서 '가성비, 합리성, 정직함, 투명함'에 대해 호소하면 됩니다.

또 광고를 보고 사람들이 쿠팡에 안 가고 찐○선에서 삼겹살을 구매한 데에는 상징으로 사용한 ○○가위가 큰 효과를 냈으니, 다음에는 고기 집게, 캠핑 바비큐 세트 등 새로운 심벌을 개발하면 되겠죠? 실제로 찐○선 도마, 찐○선 불판 등도 계속해서 기획하고 있습니다. 여기에 찐○선이 정한 바이블과 결이 맞는 인플루언서를 섭외해 계속해서 고객들이 새로운 경험을 할 수 있는 이벤트를 주기적으로 개최한다면 점점 많은 고객이 정기적으로 찐○선에서 고기를 구매할 것입니다.

여기까지 읽으셨으면 제가 왜 맨 처음에 갈수록 단순 유통이 힘들어지고 있으며, 왜 제조사가 직접 마케팅하는 것이 유리한지, 왜 내 브랜드를 가지고 마케팅을 해야 한다고 말했는지 이해되셨을 겁니다. 소개해드린 다양한 전략들은 전부 나의 브랜드, 나의 상품이었기 때문에 가능했습니다.

　보셨다시피 꼭 공장이거나 제조사일 필요는 없습니다. 유통도 독점 총판을 받은 다음 브랜드를 구축해서 바이블, 메신저, 이벤트, 심벌을 활용한 브랜드 마케팅이 가능했으니까요. 물론 적극적으로 협조해 주는 제조사를 파트너로 만나야 합니다. 제조사든 유통사든 나만의 브랜드를 만드셨으면 지금까지 소개해 드린 마케팅 방법을 잘 접목해서 여러분만의 브랜드 마케팅을 해보셨으면 좋겠습니다.

퍼포먼스 마케팅은 지금 당장 더 저렴한 광고비로 더 많은 사람에게 노출되고, 더 많은 사람이 구매하는 광고를 만드는 현재에만 집중하면 됩니다. 하지만 브랜드 마케팅은 보다 더 장기적인 비전을 갖고 움직여야 합니다. 감당할 수 있는 범위의 손실을 떠안고 꾸준히 뭔가를 해나가면 훗날 더 큰 매출로 돌아오게 되어있습니다.

CHAPTER 7

전문직 마케팅을 위한
핫 트렌드
온라인 마케팅

의사, 변호사, 회계사, 변리사, 세무사, 감정평가사, 공인중개사, 노무사, 법무사, 관세사 등

네이버에 '전문직'에 대해 검색해 보면 광범위한 의미에서는 전문지식이나 기술이 필요한 직업군을 말하며, 협소한 의미로는 흔히 생각하는 국가 공인 자격증을 취득한 사(士)로 불리는 직업군을 뜻한다고 합니다. 이번 챕터에서는 주로 좁은 의미에서의 전문직을 중점적으로 살펴보되, 넓은 의미에서의 전문직 관련 케이스스터디도 하나 해보겠습니다.

흔히 사(士)로 불리는 직업이라고 하면 자격증을 소지하고 개업한 의사, 변호사, 회계사, 변리사, 세무사, 감정평가사, 공인중개사, 노무사, 법무사, 관세사 등을 뜻합니다. 예나 지금이나 의사, 변호사, 회계사 등 상위권 전문직 자격증은 고연봉과 명예직을 상징하며 만인의 부러움을 사는 직업이었죠. 제 주변에는 전문직이 된 친구들이 몇 명 있습니다. 이들의 이야기를 들어보면 좋았던 것도 다 옛날이지, 이제는 자격증이 인생을 보증해주는 시대는 다 끝났다고 푸념하곤 합니다. 심지어 제 회사 세금을 신고해 주시는 세무사 님께서는 '자식에게 군이 자신과 같은 전문직의 길을 권유하고 싶지는 않다'고 말씀하십니다.

수요에 비해 공급이 부족했던 옛날에는 자격증만 있어도 고연봉을 받을 수 있었으나 이제는 시험에 합격한 사람이 너무 많아져서 영업과 마케팅이 뒷받침이 안 되면 힘들다는 것입니다. 더 이상 자격증이 모든 걸 책임지는 시대가 아니라는 말이죠. 전체적인 시장의 파이는 성장하지 않는데 자격증을 취득한 사람은 점차 늘어나 희소가치는 줄어들고 있습니다. 이런 환경에서 전문직 마케팅은 어떻게 해야 할까요?

먼저 나만의 포지션을 구축해야 합니다. 요즘 변호사들을 보면 교통사고 전문 변호사, 이혼 전문 변호사, 소송 전문 변호사, 사기 전문 변호사, 온라인 전자상거래 전문 변호사 등 세부적인 시장으로 전문가 포지셔닝을 구축하는 분들이 많습니다. 어차피 한 사람 혹은 작은 로펌에서 수임할 수 있는 업무량에는 한계가 있으니, 내가 가장 자신 있는 분야의 일만 중점적으로 처리해서 전문성과 수익률도 높이고 시장에서 독보적인 위치를 확립하겠다는 전략입니다. 이런 점에서는 전문직 마케팅 역시 브랜드 마케팅과 결이 비슷합니다. 차별화된 엔진을 장착하고 그걸 돋보이게 하는 콘텐츠를 만들어 광고, 마케팅을 집행해 고객을 유치하는 점에서 말이죠.

한편 전문직 마케팅은 맨 처음 말씀드렸던 '오프라인 매장 마케팅'의 성향도 어느 정도 있습니다. 병원을 찾아간다면 맨 처음에는 내 집, 회사 주변 병원부터 찾아가죠? 1차 병원에서 해결할 수 없는 증세는 진료의뢰서를 발급받아 2차 병원, 3차 병원으로 가고요. 그래서 전문직 마케팅은 오프라인 가게처럼 플레이스 마케팅에도 신경 써야 합니다.

퍼포먼스 마케팅에서 브랜드 마케팅이 중요해지고 있다는 트렌드 역시 동일하게 적용됩니다. 전문직은 새로운 업무 영역을 개척하지 않는 이상 근본적인 차별화가 힘듭니다. A 치과나 B 치과나 요즘은 웬만해서는 질 좋은 임플란트를 깔끔하게 시술해 줍니다. A 세무사나 B 세무사나 웬만해서는 실수 없이 세무 기장 및 세금 신고를 거의 다 대행해 줍니다.

제조사가 기발한 신제품을 만들 듯이 차별화된 상품을 만들 수는 없기에 합리적인 가격에 고품질 서비스는 기본으로 진행해야 하며, 여기에 경쟁사보다 서비스를 추가하는 식으로 차별화해야 합니다. 게다가 대부분의 전문직 서비스는 고 관여 상품입니다. 변호사를 잘못 고용해서 감옥에 들어갈 수도 있고, 세무사를 잘못 고용해서 절세에 실패할 수도 있습니다. 그래서 전문직 서비스를 이용하려는 고객들은 이 사람이 진짜 전문가인지 아닌지 신뢰도 문제에 굉장히 예민합니다.

최근 전문직 마케팅을 할 때 가장 효과가 좋은 채널이 바로 유튜브 운영입니다. 앞서 말씀드렸다시피 사람은 글보다는 이미지를, 이미지보다는 동영상을 신뢰하기 때문입니다. 자격증 취득 후 직원으로 근무한다면 모를까 개업했다면 자기 얼굴을 공개하고 유튜브를 시작하는 걸 권장합니다. 요즘 고객들은 전문가에게 일을 맡기기 전에 블로그, 유튜브 등으로 검색을 다 해보고 '가장 믿을 수 있겠다.' 싶은 사람을 선택해서 연락합니다. 즉, '이 분야에 한해서는 내가 당신의 문제를 해결해 줄 전문성과 신뢰성이 있다'고 어필해야 하는데요. 유튜브로 자신의 얼굴을 공개하는 것이 가장 좋은 퍼스널 브랜딩 방법입니다.

그런데 제가 실제 현장에서 전문직인 분들에게 유튜브 퍼스널 브랜딩을 제안하면 고민이 깊어지는 모습을 많이 봐왔습니다. 요즘은 종류를 안가리고 모든 전문직 분들이 유튜브 채널을 운영합니다. 개중에는 판사 출신 변호사라던가 대형 병원에서 수술만 15년을 하다가 개업한 의사처럼 내로라 하는 전문가들이 많습니다.

본인은 개업할 정도의 실력은 되지만, 유튜브를 검색하면 항상 본인 보다 대단하고 화려한 커리어를 가진 사람들이 있다는 것이죠. 가장 좋은 건 자신이 특정 분야에서 대한민국 최고의 전문가라서 관련 주제로 정보성 영상을 만들어 해당 시장 1등 유튜버가 되는 겁니다. 그런데 나보다 앞선 전문가들이 넘쳐난다면, 본업 외의 주제로 유튜브를 하는 것도 추천합니다.

서○S 치과 원장님의 광고, 마케팅을 처음 기획했을 때의 일입니다. 처음 원장님과 미팅했을 때 유튜브 퍼스널 브랜딩 관련해서 방금 말씀드린 것과 똑같은 고민을 하고 계셨습니다. 유튜브를 하긴 해야겠는데 치과, 치과의사와 관련해서 검색하면 커리어가 대단한 사람이 워낙 많아서 나까지 이 레드오션에 끼어들어 다른 치과 의사와 똑같이 '양치질 잘하는 법, 임플란트 잘하는 법을 이야기하면 과연 효과가 있을까?' 하고 걱정이 많으셨습니다. 저 역시 치과 의사라면 누구나 다 할 수 있는 말이 아니라 여기 원장님만이 할 수 있는 이야기, 차별화된 콘셉트가 있으면 좋을 것 같아 관련해서 이런저런 이야기를 나눴는데요. 원장님은 서울과학고등학교부터 시작해서 서울대학교 공대, 의대, 치대를 전부 졸업했다는 사실을 알게 되었습니다.

본업 외의 분야로 퍼스널 브랜딩을 한 사례

그래서 아예 유튜브 퍼스널 브랜딩을 '서울대학교 삼관왕! 공부의 신 의사 선생님이 들려주는 공부법 이야기!'를 콘셉트로 운영해 볼 것을 제 안했습니다. 다행히 원장님도 제 의견을 진지하게 들어주셨고, 해당 콘셉트로 유튜브를 시작하셔서 구독자 3만 명을 모으는 데 성공했습니다.

2022년에는 책 집필을 추천하여 실제로 출간하셨습니다. 먼저 첫 번째 책으로 본인이 학창 시절 가장 애착이 깊었던 과목인 '수학 공부법'에 대한 책을 냈고, 두 번째로는 '자식을 서울대학교에 3번 보낸 어머니의 자녀 공부법'에 관한 책을 냈습니다. 첫 번째 책은 2023년도 2월, 교육 부문에서 베스트셀러 1위를 기록하였습니다.

베스트셀러가 되었을 당시 교보문고 대강당에서 출간 세미나도 하셨는데요. 무려 200석 대강당이 유튜브 구독자 팬들로 가득 찼습니다. 구독자 외에도 공부에 관심이 많은 학부모와 학생들이 많은 참여를 하는 걸 원장님 옆에서 지켜본 추억이 있습니다. 치과 의사가 치아 콘텐츠는 하지 않고 공부 콘텐츠만 올려도 마케팅 효과가 있을까요? 놀랍게도 매출에 직접적인 효과가 있었습니다. 유튜브 구독자들이 치아에 문제가 생겼을 때 평소 동영상을 잘 챙겨 보고 있는 원장님 얼굴도 한 번 볼 겸 집 근처 치과 대신 원장님의 치과에 방문한 것입니다.

사진 81 ▎ MBC 〈공부가 머니〉에 출연하신 원장님

유튜브 구독자가 많아지자 나름 유명한 의사 인플루언서가 되셔서 교육 관련 방송 MBC 〈공부가 머니〉 방송에도 출연하셨습니다. 요즘 유튜브에서 전문직 채널을 보면 꼭 의사가 의학 이야기를 하고, 세무사가 세

금 이야기를 하거나, 공인중개사가 부동산 이야기를 하지 않더라도 본업 외의 다른 분야로 인기를 얻은 전문직 종사자분들이 종종 보입니다. 어찌 보면 유튜버와 직업적 특성이 비슷한 연예인을 봐도 그런 경우가 있죠? 김종국 씨는 본업이 가수지만 유튜브 채널은 현재 운동을 콘텐츠로 하고 있고, 마찬가지로 가수인 성시경 씨도 유튜브 채널은 요리 콘텐츠로 더더욱 유명해졌습니다.

"일단 유명해져라. 그러면 당신이 똥을 싸더라도 사람들은 박수를 칠 것이다."

인터넷에서 앤디 워홀이 한 말로 잘못 알려진 가짜 명언이 있죠? 너무 본업으로 유명해져야 한다는 생각은 내려놓고 사고의 범위를 더 넓혀서 본업 외에도 자신이 특별히 잘하는 주특기를 갖고 유튜브 퍼스널 브랜딩에 도전해 보셨으면 좋겠습니다. 그럼 지금부터는 전문직관련 마케팅 성공 사례를 살펴보겠습니다.

전문직 마케팅 실전 사례 ①
업종에 맞는 리뷰이벤트의 변화 돌파구, 더○○치과

가장 먼저 살펴볼 사례는 치과입니다. 전문직 마케팅은 퍼스널 브랜딩도 중요하나, 내 집과 회사 근처의 병원이나 사무실을 찾아보는 지역 기반 특성도 있어서 플레이스 마케팅도 신경 써야 한다고 말씀드렸습니다. 앞장에서 오프라인 가게 마케팅 케이스스터디를 보신 분들은 아시겠지만, 플레이스 마케팅을 잘하기 위해서는 다른 휴대폰과 IP에서 다양한 리뷰가 꾸준히 달려야 하며, 이를 자연적으로 확보하는 가장 좋은 방법은 '리뷰 이벤트'라고 했습니다. 더○○과는 리뷰 이벤트를 전문직 마케팅에 맞게 실천했는데요.

사진 82 병원 리뷰 이벤트 제시 예1

사진 83 병원 리뷰 이벤트 제시 예2

음식을 서빙하는 식당이나 헤어 디자이너가 손님과 맨투맨으로 붙는 미용실과 달리, 병원은 고객들이 상대적으로 리뷰를 잘 달지 않습니다. 직원과 손님과의 접점도 얕아서 리뷰 이벤트 안내도 쉽지 않죠. 리뷰 이벤트 안내 배너를 걸어두자니 볼 사람만 보고 대부분 사람은 기다리는 시간 동안 스마트폰을 보게 됩니다.

'어떻게 손님들에게 리뷰 이벤트를 알릴 수 있을까?' 고민한 끝에 카○디가 택배 박스에 이벤트 안내 카드를 넣어준 것처럼 고객들을 위한 팸플릿Pamphlet을 만들었습니다. 접수한 손님에게 일일이 팸플릿을 나눠주면 손님들이 한 번씩 읽어보겠죠? 경품으로 리뷰를 남겨준 사람 전원에게 칫솔, 치약 세트를 드리며 매달 추첨을 통해 무려 20만 원 상당의 구강 세정기를 선물합니다.

칫솔, 치약 하나 받자고 귀찮게 리뷰 다니니 그냥 집에 가겠다는 손님도 20만 원 상당의 구강 세정기를 보면 '혹시나 내가 당첨되지 않을까?' 하는 마음에 리뷰를 달게 되는 것이죠. 여기서 더 나아가면 이런 식의 응용도 가능합니다. 사진을 보시면 '6월 리뷰왕'이라고 해서 구강 세정기에 당첨된 고객이 원장님과 함께 사진을 찍은 모습이 있죠? 아예 병원 한 벽면을 이달의 리뷰왕과 원장님이 구강 세정기를 들고 찍은 사진으로 꾸미는 것입니다. 실제 오프라인 매장에서는 이 비슷한 마케팅 방법을 예전부터 해오고 있습니다.

신림동의 한 돈가스 맛집은 도전 음식 메뉴가 2가지 있습니다. 어마어마하게 큰 돈가스와 어마어마하게 매운 돈가스가 있어서 전국 각지에서

완식을 목표로 도전자가 찾아오는데요. 식당 벽면에는 돈가스 챌린지에 성공한 사람들 사진이 걸려있는 이른바 '명예의 전당'이 있습니다.

사진 84 **벽을 채운 명예의 전당** | https://naver,me/FEJd1S43

이처럼 원장님이 손님과 찍은 사진이 엄청나게 많다면 많은 사람이 신기함을 느낄 테고 리뷰 이벤트 안내 카드를 받았을 때 사진이 저렇게 많은 이유를 이해하겠죠? 고객은 나보다 앞선 대중의 행동을 따라서 하는 본능이 있습니다. 이미 많은 사람이 20만 원이나 하는 구강 세정기를 선물 받았다는 확실한 증거 자료가 있으니 못 받을 걱정 없이 이벤트 참여율이 높아질 것입니다.

앞에서도 언급했다시피 오프라인 매장 마케팅은 눈에 보이는 것이 중요합니다. 딱 봤을 때 '우와!' 하고 감탄할 수 있는 요소가 있다면 사람들은 그걸 사진으로 촬영해서 블로그나 인스타그램으로 자발적으로 소문 나기 때문이죠. 여러분도 경품과 이벤트를 적절하게 조합해서 이번 명예의 전당 사례처럼 눈에 보이는 포토존을 기획해 보시기 바랍니다.

전문직 마케팅 실전 사례 ②

시니어 성형의 전국 일타급 포지셔닝 성공, 강동구 연○○도 성형외과

연○○도 성형외과는 최근 제가 담당한 전문직 마케팅 가운데 많은 성장을 한 병원입니다. 이름만 봐도 알 수 있다시피 연세대학교 의대를 졸업한 두 원장님이 동업으로 개원하셨는데요. 저와 미팅하기 전에 다른 광고회사와 광고를 하였는데 큰 매출이 없었다고 하셨습니다. 병원의 위치는 강동구에 있었는데 딱 봐도 상권을 통한 자연스러운 고객 유입을 기대하기는 어렵고, 마케팅을 통해 손님을 불러 모아야 하는 환경이었습니다.

남녀노소 무관 사람은 누구나 더 예뻐지고 싶고, 멋있어지고 싶은 욕구가 있기에 성형시장은 매우 큽니다. 여러분들은 성형이라고 하면 어떤 지역이 가장 먼저 떠오르시나요? 젊은 여성들은 대한민국 성형의 메카인 강남, 압구정, 신사, 대치의 유명한 성형외과에서 수술을 많이 하는 것으로 알려져 있습니다. 그래서인지 연○○도 성형외과를 찾는 고객들은 대부분 입소문으로 온 고객이 많았고, 그 고객의 80퍼센트가 40대, 50대, 60대 손님이었습니다. 연세가 지긋하신 분들의 성형만 계속한 덕분에 어느새인가 '시니어 성형 전문가'가 되어버린 것이죠.

원장님이 말씀하시길 자기도 처음부터 시니어 타깃으로 개업을 한 건 아닌데 젊은 친구들은 굳이 강동구까지 성형하러 오지는 않고, 찾아오는 동네 어르신들 한 분 한 분을 성심성의껏 수술하다 보니 그분들의 가족, 친척, 친구들이 입소문으로 찾아와 시니어 성형만 계속하게 되었다고 합니다. 심지어 70대 분도 오시며, 여태까지 수술한 손님 중 가장 연세가 많은 분은 놀랍게도 73세라고 합니다!

그래서 유튜브의 타깃을 젊은 고객보다는 시니어를 대상으로 시니어 성형을 전국 일타 급으로 잘하는 원장님을 콘셉트로 내세워 채널을 운영할 것을 제안했습니다. 시니어 성형에 관한 전문성과 신뢰성을 보여주는 동영상 콘텐츠를 계속 올리기 시작했고, 마침 유튜브에 중·장년층 비율이 높아서 40대, 50대, 60대 구독자들이 늘어나게 되었습니다.

어느 정도 구독자가 확보된 이후부터는 시니어 분들이 어떤 수술을 해야 10~20년 젊어 보이는지 알려주는 정보성 콘텐츠도 좋지만, 이분들이 공감하고 재미를 느낄 내용도 섞어서 가자고 말씀드렸습니다. 그래서 최근에는 곽애심, 전도연, 엄정화, 김희애 등 연령에 비해 젊어 보이는 동안 배우들의 얼굴을 성형학적으로 분석하는 유머성이 가미된 콘텐츠를 같이 올렸습니다.

연○○도 유튜브 채널 댓글 창을 보면 시니어 분들이 많으셔서 존댓말로 공손하게 예의를 지켜가며 댓글을 다는 모습을 볼 수 있습니다. 간혹 성형을 받으신 기존 고객들이 훈훈한 댓글을 달기도 하고요. 제가 느낀건 시니어들은 시간이 지나도 계속해서 젊어지고 싶은 욕구가 크다는 것

입니다. 유튜브와 함께 현재 온라인 카페 마케팅도 진행을 도와드리고 있는데요. 원장님도 성형의 메카와 동떨어진 위치에 있는 성형외과에 사람이 찾아오려면 입소문이 답이라는 걸 느끼셔서 성형에 대한 니즈가 있는 사람이 모인 커뮤니티에 자기 병원이 입소문을 크게 타기를 바라셨습니다. 예전 대행사에도 그걸 의뢰했는데 생각보다 성과가 없었다고 합니다.

일단 예전 대행사가 어떻게 작업을 했는지 조사해 봤는데요. 일차적으로 '성형외과 홍보' 하면 바로 떠오르는 성형 카페, 뷰티 카페에 글을 쓰고 있었습니다. 문제는 해당 카페에 모인 사람들은 대부분 20대 30대 젊은 사람들이 많다는 것입니다. 같은 성형외과 글을 읽더라도 병원의 장소가 성형의 메카가 아니면 잘 안 가는 성향이 있는 것이죠. 그래서 연○○도가 가장 자신 있는 40대 이후 시니어들이 모인 카페에 바이럴을 해보기로 결정했습니다. 문제는 그냥 시니어가 아니라 '외모에 신경 쓰는 시니어들이 어느 커뮤니티에 모여 있냐'는 것입니다. 맨 처음 떠오르는 카페 주제는 '등산, 골프'였는데요. 다 같이 회의를 하던 중, 저하고 일하는 직원 한 명이 기막힌 아이디어를 떠올렸습니다.

등산과 골프는 물론 시니어 분들이 많이 활동하겠지만 이들이 전부 외모에 대해 신경을 쓰지는 않을 것입니다. 그런데 찾아보니 구성원들이 나이가 어느 정도 있으면서 외모에 투자하려는 니즈가 강한 곳이 있었습니다. 바로 '이혼, 재혼 카페'였습니다. 요즘 방송에서도 많이 보실 수 있는 돌싱, 이혼, 재혼 등이 이제는 흠이 아닌 시대가 되었습니다. 이혼, 재혼 카페에 모인 사람들은 재혼에 대한 생각이 일반인보다 강하면서 예전의 아픔을 딛고 새로운 상대를 찾기 위해 본인의 외모 관리에 좀 더 많이 투자합니다.

조사해 보니 이혼 카페, 돌싱 카페 등이 많이 있었습니다. 여기에 '시니어 성형 전문'이라는 글을 올리자 마케팅 효과가 발생했습니다. 연○○도 원장님과 미팅했을 때 원장님께서 요즘 카페 보고 오시는 손님분이 계신다며 바이럴 마케팅이 적중한 것 같다고 하셨습니다.

이렇게 기존 손님들의 입소문, 카페를 통한 입소문, 유튜브 구독자가 늘어나면서 발생하는 입소문 등이 겹쳐서 연○○도 성형외과는 강동구에서 가장 유명한 성형외과로 자리를 잘 잡았습니다. 최근에는 국내뿐만 아니라 외국에서도 한국에 방문해서 성형을 받고 가겠다는 예약이 많이 잡히고 있습니다.

　원장님은 대한민국 사람이라면 누구나 아는 100만 인플루언서는 아닙니다. 하지만 시니어라는 나만의 타깃 고객을 분명히 설정하고, 오로지 이들이 좋아하고 재미를 느낄 콘텐츠로 소통한다면 다른 분야는 몰라도 시니어 성형에 관해서는 원장님에게 문의하는 사람이 많아질 거라 확신했습니다. 제가 전문직 마케팅은 포지셔닝이 가장 중요하다고 했는데요. 위에서 사례로 든 2가지 병원을 통해 이해가 되셨으리라고 생각합니다. 여기에 더해 장차 브랜드 마케팅의 4요소(바이블, 메신저, 이벤트, 심벌)를 접목시켜 꾸준히 유튜브 활동을 하신다면 사업이 더욱 탄탄한 반석 위에 올라갈 수 있겠죠. 여러분도 이번 사례를 교훈 삼아 '나만의 전문가 포지셔닝'을 찾아내시길 바랍니다.

전문직 마케팅 실전 사례 ③
유튜브로 전문성과 신뢰도 어필,
문래동 유튜버 철○○○○사람들

　4년간 여름마다 한 달 동안 문래동 소상공인 분들에게 마케팅 강의를 해드렸습니다. 벌써 4년째 사장님들에게 블로그, 인스타그램, 유튜브를 가르쳐드렸는데요. 사장님들은 협소한 의미에서의 전문직이 아니라 넓은 의미에서 전문직 종사자입니다. 바로 철 가공의 달인들이 모여 있는 것이죠. 보통 제가 강의, 컨설팅, 광고 대행을 해드릴 때는 한 업체, 한 대표님을 맡게 되는데 문래동은 무려 1000여 곳이 넘는 철공소가 모여 있

사진 86 │ 문래동 철공 장인 │ https://youtu.be/1aplrS9wlAo

사진 87 │ 호응하는 유튜브 댓글

습니다. 어떻게 보면 서로가 경쟁사일 수도 있는데 그보다는 서로 뭉쳐서 B2B로 대기업에 큰 의뢰가 들어오면 그걸 분담해서 부품을 만들고 수익을 나눠 갖는 식으로 상부상조하는 모습이 참 보기 좋았습니다. 옛날로 치면 대장장이들의 협동조합 같은 느낌이었는데요.

그런 제철 장인들이 어쩌다 직접 블로그, 인스타그램, 유튜브 마케팅을 하게 되었을까요? 모임의 한 사장님이 말씀하시길 최근 들어 중소기업, 대기업 수주가 줄어들어서 기존 부품 납품 매출이 확 줄어들었다고 합니다. 새로운 수익을 만들어야 하는데 굳이 B2B 부품이 아니더라도 철로 만들 수 있는 거라면 뭐든지 만들어줄 수 있다는 것입니다. 문래동에 이런 제철 고수들이 많다는 걸 알린다면 B2C 의뢰도 들어오지 않겠냐는 생각을 하신 것입니다.

그래서 몇 년 전부터 블로그, 인스타그램에 대해 가르쳐드렸고 최근에는 유튜브를 교육해 드렸는데요. 사장님들이 평균 연령이 전부 50대가 넘으셔서인지 블로그, 인스타그램은 곧잘 하셨는데 유튜브는 동영상 편집 때문에 어려워하셨습니다. 그래서 각자가 유튜브를 하지 말고 아예 유튜브 담당자를 한 명 뽑아서 담당자가 동영상 편집과 유튜브 업로드를 책임지기로 했습니다. 그렇게 만들어진 채널이 '철○○○○사람들'입니다.

지금 이 글을 쓰는 시점에서 구독자가 1,400명인데 문래동 사장님들이 나와 다양한 철을 연마하는 영상, 철을 사용해 다양한 제품을 만드는 영상을 보여주고 있습니다. 유튜브는 손으로 무언가를 만드는 DIY 영상이 자주 소비되기에 영상을 챙겨보는 사람들이 생기기 시작했고, 실제 매출에도 긍정적인 영향을 미쳤습니다. 기술을 배우고 싶다고 찾아오는 사람도 있었고, 제품 주문 제작을 의뢰하는 사람도 생겼다고 합니다. 영상을 보시고 동업 제의를 받기도 하시고, 공대생들이 학교 과제를 하기 위해 특정 부품이 필요한 경우가 많아 연락한다고 합니다. 그 밖에도 스타트업 대표들이 시제품을 만드는 과정에서 가공을 맡기기도 하고요.

사실 이 고객들도 부품이나 시제품을 만들어줄 사람이 필요했는데 그동안은 어디를 가야 이걸 해줄 사람들이 있는지 모르다가 유튜브를 검색하면서 '문래동 장인들'을 알게 된 것입니다.

대개 유튜브는 B2C 상품이 아니면 큰 효과를 보기 어렵다는 인식이 있는데, 유튜브는 현존하는 채널 가운데 대한민국 사람 거의 누구나 이용하는 채널입니다. 다소 특수한 니즈라고 하더라도 그들에게 필요한 영상으로 구독자를 모으면 조금씩 고객이 생기니까요. 이처럼 전문성과 신뢰도를 어필해서서 마케팅 효과를 보시길 바랍니다.

CHAPTER 8

프랜차이즈 마케팅을 위한
핫 트렌드
온라인 마케팅

국내 프랜차이즈 브랜드 가맹점주

이번에는 프랜차이즈 마케팅에 관해 설명드리겠습니다. 스타벅스, 맥도널드처럼 전국 각지에 지점이 있는 그 프랜차이즈가 맞습니다. 제 사무실에 컨설팅 받으러 오시는 분들 가운데 프랜차이즈를 하는 사장님은 잘 없습니다. 개인이 운영하는 가게 매출 상승을 위해 찾아오는 사장님이 많습니다. 아무래도 프랜차이즈는 본사 자체에서 모든 마케팅을 하기에 분점을 운영하는 가맹 사업자는 자체적으로 마케팅을 할 수 없어서, 본사의 마케팅에 기대야만 하는 현실 때문인 것으로 보입니다.

한때 유명한 프랜차이즈 관련 협회를 컨설팅한 적이 있었는데요. 최근 정말 아쉽게도 많은 프랜차이즈가 어느 정도 전국에 지점이 깔리면 높은 금액을 받고 브랜드를 매각하는 게 마치 사업의 성공처럼 여겨지고 있습니다. 이번 장에서는 제가 프랜차이즈 관련 협회를 컨설팅하면서 조사한 자료를 바탕으로 프랜차이즈 본사는 어떤 식으로 마케팅하는 것이 좋은지, 가맹 사업을 준비하는 분들은 어떤 점을 알고 계셔야 하는지에 관해 설명하겠습니다.

프랜차이즈 마케팅에는 크게 두 주체의 이해관계가 얽혀있습니다. 바로 '가맹 사업을 하려는 예비 창업자와 가맹점주를 모집해야 하는 프랜차이즈 본사'죠. 먼저 전자부터 말씀드리자면 예비 창업자 입장에서의 마케팅은 사실 본사를 잘 만나는 것 외에는 이렇다 할 성공 노하우가 없습니다. 그 본사를 잘 만나는 것도 상당 부분 운에 좌우되는 실정입니다. 물론 가맹하기 전에 여러 프랜차이즈의 설명회에 참석하고, 상담을 받아볼 것입니다. 그러나 실제 설명회와 상담했을 때의 이야기가 전부 지켜지리라는 보장은 없으니까요.

가맹 사업을 하려는 예비 창업자

저는 제 주변 사람들이 프랜차이즈 가맹을 하겠다고 하면 말리는 편입니다. 내가 프랜차이즈 회사의 대표라면 모를까, 가맹점주가 되면 마케팅하기가 정말 힘들어집니다. 어떻게 보면 자기 브랜드 없는 단순 유통이 갈수록 힘들어진다는 것과도 맥락이 같은데요. 프랜차이즈 가맹은 기술이 없는 사람도 본사가 제공하는 재료와 매뉴얼만 숙지하면 사업체를 운영할 수 있다는 장점이 있습니다. 단점은 딱 정해준 그대로 해야 하며, 나만의 자율성이 없다는 것입니다.

본사 입장에서 손님이 서울 지점에 가든 부산 지점에 가든 전국 가맹 매장의 맛과 수준이 동일해야 하니까요. 가맹점주가 따로 정하지도 않은 메뉴를 팔거나, 개인적으로 마케팅을 하는 등 통일성을 해치는 걸 용납하지 않습니다. 이렇게 내가 주체적으로 뭔가를 할 수가 없으니 말하지 않아도 알아서 그런 부분을 잘 챙겨주는 본사를 만나야 합니다.

지속해서 신 메뉴를 만들어서 점주 교육을 해주고, 신 메뉴를 마케팅해서 그걸 먹고 싶은 고객이 자기 집과 가까운 지점에 방문하도록 유도하며, 꾸준히 인플루언서와 컬래버레이션해서 이슈를 만들어내어야 합니다. 지점마다 영업 범위가 겹치지 않도록 관리를 잘해주고, 매장 운영 관련해서 슈퍼바이저가 관리를 잘 해주는 대박 프랜차이즈에 들어가는 것이 가장 좋지만, 그런 프랜차이즈는 가맹하기가 어렵죠.

게다가 통계청 자료에 의하면 많은 프랜차이즈 가맹점이 평균 3년가량 영업한 뒤 폐업한다고 합니다. 요식업에서도 트렌드로 반짝 몰리고 빠지는 아이템들이 있습니다. 익히 아시는 대만 카스텔라처럼 말이죠. 최근에는 탕후루 역시 2023년 초기에 반짝하다가 지금은 매장이 다시 없어지는 추세이죠. 이처럼 프랜차이즈 사업으로 건물 임대료와 인건비 정도의 수

사진 88 탕후루 폐업률 급증 기사

익만 단타로 노리고 진입하는 분들도 있습니다.

하지만 대한민국의 대다수 프랜차이즈가 전부 그런 건 아니겠죠. 프랜차이즈 본사가 무조건 나쁘다고 비난하는 것은 아닙니다. 모든 지점이 통일성을 갖춰야만 하는 사업 특성상 본사도 어쩔 수 없는 부분이 있습니다. 제가 방금 말한 요소를 철저히 지켜서 가맹점주 모두와 다 같이 돈을 잘 벌고 롱런하려는 좋은 프랜차이즈 본사도 많습니다. 특히 요즘은 프랜차이즈 브랜드가 많아져서 한 명이라도 더 많은 가맹점주를 모집하기 위해 파격적인 혜택을 제시하는 곳도 많아졌습니다.

예전에는 가맹 비를 무조건 받았는데 요즘은 가맹 비는 안 받고 식자재 유통으로 돈을 버는 브랜드가 많아지는 추세입니다. 가게를 차릴 때도 입지 선정부터 매장 인테리어까지 본사가 다 해주고 돈을 받았었는데, 요즘은 기존 지점의 영업 범위를 침범하지 않는 선에서 장소 선정과 인테리어는 가맹점주의 의향을 존중해 주기도 하고요. 그 덕에 예전에는 최소 억 단위가 있어야 가능했던 창업이 저렴하게는 2,000~3,000만 원으로도 가맹 사업을 시작할 수 있게 되었습니다. 이처럼 잘나가는 프랜차이즈는 가맹점주에게 바가지 씌우는 일 없이 투명한 경영을 하려고 노력하고 있습니다. 제 생각에 프랜차이즈 가맹 사업을 해도 될 분은 크게 두 부류입니다. 첫째는 트렌드를 읽어내고 이를 따라가는 천부적인 소질이 있어서, 특정 아이템이 유행할 때 재빠르게 들어가서 시들어가기 전에 재빠르게 나와 투자한 돈을 불리고 사업 아이템을 갈아타는 순발력이 있는 분입니다.

두 번째는 빌딩을 가진 건물주입니다. 가게를 경영하는 매니저를 따로 두고 그때그때 유행하는 프랜차이즈를 자기 건물에 입점시키는 형태로 진행합니다. 건물이 자신의 것이니 임대료도 따로 들지 않고, 주변 상권에 대해서도 잘 알아 수요가 있으면서 주변에서 아무도 안 하는 업종을 골라서 사업할 수 있습니다. 트렌드가 지나가면 업종 변경을 하면 되고요. 이렇게 단기전으로 투자금을 점점 키워나갈 분이 아니라면 차라리 개인 매장을 운영하는 걸 추천합니다.

하지만 현재 우리나라 자영업자분들 대다수가 생계형 자영업을 하십니다. 그래서 사전에 자영업에 관해 공부하고 준비하는 단계를 안 거치고 갑자기 창업하는 일이 많습니다. 그러다 보니 본사에서 모든 것을 다 해주는 시스템에 혹하실 수 있는데요. 쉬운 일에는 항상 단점이 있기 마련입니다. 그래서 되도록이면 미리미리 공부해서서 직접 매장을 창업하는 걸 추천합니다.

예를 들어, 내가 족발 집을 하려고 한다면 일단 맛있는 족발 집에 아르바이트생으로 들어가 업무를 배우면서 번 돈으로 레시피를 연구하는 겁니다. 요즘은 자영업자가 모인 카페, 커뮤니티에 합리적인 가격으로 기술 전수, 레시피 전수를 해주는 사람들이 많습니다. 그걸로 기본을 배우고 주말에는 다른 맛있는 가게들의 족발을 먹으러 다니면서 계속 나만의 레시피를 만들어보는 것이죠. 충분한 준비를 마쳤으면 가게를 얻어서 직접 인테리어를 하고 대출받아 주방 설비를 구매한 다음에 내 이름, 내 간판을 걸고 사업을 한다면 메뉴 개발과 마케팅을 자율적으로 할 수 있습니다.

물론 우려 사항도 많을 것입니다. 보통 프랜차이즈를 생각하는 분들은 그전까지 평범하게 회사에 다녔던 중·장년층이 많습니다. 그러므로 '그동안 사업을 한 번도 안 했어도 매장 운영하는 모든 걸 알려준다, 우리가 시키는 대로 하기만 하면 된다'는 프랜차이즈의 제안은 그런 우려를 좀 누그러뜨려 주겠지요. 그런데 당장은 편하더라도 내가 선택한 프랜차이즈 업종이 인기가 식었을 때, 본사가 가맹점 매출 증가를 위해 아무런 마케팅도 안 할 때 나의 자율성이 없다는 것만큼은 미리 인지하고 시작하셔야 합니다. 그러한 계약이 나중에 나의 발목을 잡을 수 있음을 말입니다.

프랜차이즈 본사의 마케팅

다음으로 가맹점주가 아닌 프랜차이즈 본사는 어떻게 마케팅하면 될까요? 현업에서 일하는 프랜차이즈 본사 분들의 이야기를 들어보면, 요즘은 가맹점주들도 그리 호락호락하지는 않습니다. 자신에게 상담받기 이전에 못 해도 다른 프랜차이즈 약 10곳에서 상담을 받아보고 오신다고 합니다. 큰돈을 투자해서 시작하는 일이니 신중해질 수밖에 없겠죠.

생각보다 처음부터 특정 메뉴, 업종을 하겠다고 정해놓고 시작하는 분은 거의 없다고 합니다. 족발, 피자, 김밥, 카페 등 업종과는 관계없이 '내가 최대한 적은 투자금과 노력으로 최대의 매출을 낼 수 있는 아이템을 원한다'고 하네요. 그래서 많은 프랜차이즈 본사의 광고나 상세 페이지 역시 이런 점을 적극 어필합니다.

게다가 상담을 받고 나서 이 업체가 괜찮다는 생각이 들어도 바로 계약하지 않고 홈페이지를 살펴본 후, 홈페이지에서 수익이 많이 나온다고 홍보하는 지점 세 군데 정도를 실제 손님으로 방문해서 점심, 저녁 시간대에 사람이 몇 명까지 오는지 보고 사장에게 요즘 장사 잘 되냐고 물어보는 등 직접 조사하는 분들도 있다고 합니다.

사실 이렇게 다 알아보는 것이 맞는 행동이지만, 그냥 본사가 하는 말만 믿고 대뜸 계약서에 사인하던 옛날과는 많이 달라졌다는 것이죠. 이 점을 역이용해서 오히려 본사 측에서 먼저 예비 창업자들을 데리고 실제 매장에 방문하는 프로그램을 운영하기도 합니다. 그러면 해당 프로그램에 참여한 예비 창업자는 본사가 데려가지 않은 지점까지 방문해서 장사가 잘 되나 안 되나 살펴본다고 합니다. 본사는 자기들에게 유리한 말을 할 테니 현장을 검증해 보는 것이죠.

최근에 프랜차이즈 업체의 가맹점 모집 광고, 상세 페이지 리뉴얼을 맡은 적이 있는데요. 갈수록 현장 검증을 하는 등 신중에 신중을 기하는 창업주들이 늘어나고 있으니, 무조건 '우리 프랜차이즈는 매장 수가 많다, 대부분 지점이 이렇게나 돈을 잘 번다' 등과 같은 장점만 어필하는 것보다는 확실한 물증을 보여주고 투명성을 강조하는 방향으로 상세 페이지를 만들었습니다.

전통적으로 프랜차이즈 마케팅을 할 때는 홈페이지 메인에 영수증 인증 매출표를 보여줍니다. 그런데 모든 프랜차이즈가 다 똑같이 하기에 이제 영수증 하나만으로는 고객에게 큰 신뢰를 줄 수 없습니다. 영수증을 뛰어넘는 신뢰성을 보여줘야 하는데요. 이 신뢰를 얻기 위해 잘하는 프랜차이즈 브랜드는 어떻게 마케팅 하는지는 나중에 설명하겠습니다.

프랜차이즈 본사 입장에서는 크게 2가지의 마케팅이 필요합니다. 하나는 가맹점주를 모집하기 위한 마케팅, 두 번째는 계속해서 신 메뉴를 만들고, 인플루언서와 협업해서 이슈를 만들어 가맹점주 대신 체험단 모집도 해주고, 상위 노출도 하며, SNS 광고도 하는 등 각 지점 매출 증가에 필요한 마케팅 활동을 하는 것입니다. 사실 두 번째 마케팅에 대해서는 이미 앞에서 다룬 오프라인 매장 마케팅, 브랜드 마케팅과 크게 다를 것이 없어서 생략하겠습니다. 여기서는 프랜차이즈 가맹점주를 모집하는 첫 번째 마케팅 방법에 대해서만 케이스스터디로 설명하겠습니다.

프랜차이즈 마케팅 사례 ①
유튜브의 야무진 운영이 눈에 띄는 프랭크 버거^{Frank burger}

먼저 프랭크 버거입니다. 미국의 쉐이크쉑Shake Shack 버거를 잘 벤치마킹했다는 수제 버거 프랜차이즈죠. 수제 패티를 사용하는데도 가성비가 좋고 맛도 훌륭하며, 연예인을 모델로 사용하는 등 마케팅 역시 신경 쓰는 모습을 보여줍니다.

특히 유튜브 운영을 잘 하고 있는데요. 먼저 프랭크 버거를 창업한 점주들의 이야기를 영상으로 만들어서 꾸준히 올리고 있습니다. 그리고 홈페이지에도 이를 잘 반영합니다. 프랭크 버거의 홈페이지는 2개인데, 하나는 소비자가 메뉴를 보거나 지점 위치를 보려고 들어가는 홈페이지고, 나머지 하나는 프랭크 버거 창업을 고려 중인 예비 창업자들을 위한 것입니다.

사진 89 프랭크 버거 유튜브 운영 제시 예

예비 창업자를 위한 홈페이지에 들어가면 많은 프랜차이즈 업체가 보여주는 매장 분포도와 실 매출을 홍보하는데요. 중간중간 실제 가맹점주의 유튜브 인터뷰를 노출하고 있습니다. 역시나 고 관여 상품일수록 글보다는 이미지, 이미지보다는 동영상이 중요하다는 원칙이 적용된 사례입니다.

기본적으로 신뢰도 형성을 위해서는 가맹점주와의 고객 인터뷰를 무조건 확보해야 합니다. 고객이 구매하는 비용이 커질수록 고객은 실제 나보다 앞서서 제품을 구매한 후기를 꼼꼼히 살펴봅니다. 앞서 말씀드린 윤○하우징의 유튜브 사례와 같습니다.

이것이 기반이 된 상태에서 점주를 모집하기 가장 좋은 방법은 사업설명회를 개최하는 것입니다. 사업설명회를 할 때는 대표나 본부장처럼 전문성과 권위 있는 사람이 직접 설명하는 것이 효과적입니다. 예비 창업자들이 알고 싶은 정보, 자료를 제공하면서 실제 매장을 운영하는 가맹점주를 두세 분 모셔 와서 '실제 창업을 해보니 어떻고, 얼마를 벌고 있는지' 등을 공개하는 식으로 구성하는 것이 효과가 좋습니다.

프랜차이즈 마케팅 사례 ②

더 정직하고 투명한 유튜브 마케팅이 빛나는 디저트 39

프랭크 버거 사례를 통해 프랜차이즈 마케팅의 기본적인 골자를 말씀 드렸는데요. 이번에 이야기할 디저트 39는 프랭크 버거의 방법을 좀 더 심화시켰습니다. 요즘 예비 창업자들은 가맹 계약에 굉장히 신중합니다. 그래서 프랜차이즈 본사는 '최대한 투명하고 정직해야 한다'고 말씀드렸습니다.

사실 가맹점주 인터뷰도 점주들이 본사에서 무언가의 혜택을 받고 본사에 유리한 방향으로 증언을 해줄 확률도 있을 수 있습니다. 그러므로 디저트 39는 고객 인터뷰에서 한 걸음 더 나아가 더 정직하고 투명한 유튜브 마케팅을 했는데요.

바로 장사가 잘 되는 매장의 CCTV를 공개한 것입니다. CCTV를 빠른 배속의 타임랩스 영상으로 편집한 것이죠. CCTV를 통해 보는 '실제 직원과 고객들의 분주한 모습'은 조작이 힘들기에 신뢰도를 얻는데 아주 좋은 콘텐츠입니다. 사진을 잘 보면 2년 전 영상인데 조회 수가 무려 123만인

사진 90 | 디저트 39 CCTV 공개

데요. 정말 2년 동안 100만 명이 넘는 사람이 CCTV 타임랩스를 본 걸까요? 개인적으로 아니라고 생각합니다. 해당 영상으로 유튜브 동영상 광고를 했을 거라 짐작해봅니다.

실제 이 콘텐츠가 얼마나 많은 가맹 문의를 받게 했는지는 모르겠습니다. 하지만 많은 프랜차이즈가 실제 매장에 하루 얼마나 많은 손님이 유입 되는지 공개하는 걸 꺼려 하는데요. 이런 부분에서 디저트 39는 자신 있게 매장 모든 것을 보여주고 매출까지 보여주면서 예비 가맹점주들에게 최대한의 신뢰를 주려고 노력했습니다.

저는 디저트39 하나 더 하고 싶어요!

디저트39 창업, 1인창업 불경기에도 일매출 300~500 매출 10배상승! #디저트39창업 #카페창업 #1인창업
#커피전문점

Dessert39_창업   구독
구독자 1.36만명

👍 좋아요   👎   ↗ 공유   ⬇ 오프라인 저장   …

사진 91 디저트 39 사장님 인터뷰

디저트 39 역시 프랭크 버거처럼 기존 가맹점주 인터뷰를 지속적으로
촬영하고 있습니다. 시즌마다 신 메뉴 개발과 텀블러 굿즈 제작, 인플루언
서와의 협업, 신메뉴 마케팅 역시 주기적으로 하고 있고요. 앱도 개발하여
추석 이벤트로 선물 세트를 주는 등 마케팅을 정말 잘하고 있습니다.

프랜차이즈 마케팅 사례 ③

그 어떤 업체보다 진정성이 돋보이는 목구멍

마지막으로 '솥뚜껑 미나리 삼겹살 전문 프랜차이즈'인 목구멍의 사례
입니다. 둥근 솥뚜껑에 삼겹살을 구워서 흘러내리는 돼지기름에 미나리,

마늘, 김치, 콩나물을 구워서 쌈장, 파 절임과 같이 먹는 것이 특징입니다. 지방에서 처음 점포를 늘리기 시작해 서울까지 진출한 프랜차이즈인데요. 아이템 자체는 크게 특별하지 않지만, 마케팅을 잘하는 사례로 소개하는 이유가 있습니다. 목구멍의 홈페이지에 들어가면 지금까지 봐오던 다른 프랜차이즈와 홈페이지가 다르다는 것을 느끼실 겁니다.

메인 화면에서부터 '숙성이고 나발이고 좋은 고기가 맛있습니다'라는 강력한 카피라이팅으로 시선을 확 사로잡습니다. '숙성도 물론 중요하지만, 그 이전에 질 좋은 고기를 숙성해야 맛있는 거다. 우리는 질 나쁜 고기를 숙성하면서 맛있다고 말하는 업체와는 다르다'는 메시지를 전하는 것이죠.

프랜차이즈 업체에서 홈페이지 개편을 위해 저희 측에 컨설팅을 의뢰한 적이 있습니다. 이를 위해 유명하고 인기 있는 프랜차이즈 30여 곳을

사진 92 강렬한 홈페이지 헤드라인 카피

사진 93 │ 진정성 있는 대표 직접 상담

분석한 적이 있는데요. 목구멍은 많은 업체 가운데 제 눈에 확 띄는 상세 페이지로 기억에 남았습니다. 보시는 것처럼 아래로 내려가면 '가맹 상담 외람되지만, 아무에게나 드리지 않습니다.', '대표가 직접 상담합니다' 라며 대표 전화번호를 공개합니다. 어떤가요? 최근 프랜차이즈 마케팅에 있어 가장 중요한 가치인 정직함, 투명성, 진정성이 느껴지지 않나요?

보통 프랜차이즈 본사는 돈을 많이 벌기 위해 최대한 많은 가맹점주를 모집하려고 하는데, 반대로 아무나 가맹점주로 받지 않겠다고 선언하죠. 정말 우리와 함께 갈 마음 자세가 되어있는 사람인지 대표가 직접 상담하고, 대표가 직접 면접을 본다고 합니다. 홈페이지의 다른 내용을 보더라도 본사가 점주에게 이익을 취하는 기존 가맹 사업의 패러다임을 바꿔서 점주와 본사가 함께 성장하는 '프랜드차이즈'를 강조하고 있습니다. 또한

'목구멍 사관학교'를 만들어서 주기적으로 가맹점주에게 사업에 도움이 되는 교육을 진행합니다. 특히 '대표가 직접 상담한다'는 부분이 굉장히 매력적이었는데요. 대부분 프랜차이즈는 영업조직으로 구성되어서 대표가 직접 상담하는 일은 많지 않습니다. 그런데도 직접 대표가 상담한다는 말은 가맹점주들에게 가장 많은 신경을 쓰고 있다는 뜻으로 어필됩니다.

몇년간 여의도에서 유명한 내과를 운영하고 계시는 원장님의 마케팅을 도와드린 적이 있었습니다. 경력과 기술이 상당한데 인품도 훌륭하신 분이셨습니다. 많은 병원이 매출을 높이기 위해 영업을 잘하는 상담 실장을 두는데 여기 원장님은 실장님을 두지 않으셨습니다. 이유를 여쭤보니 영업 실장이 아무리 잘 알려준다고 하더라도 대표 원장인 자신보다는 의학 지식이 부족해 원활한 상담을 할 수 없다고 하셨습니다. 수술은 사람의 장기와도 연관이 된 만큼 생명과도 직접적인 관련이 있는데, 고객이 실장하고만 커뮤니케이션하면 혹여나 잘못된 정보가 흘러가서 의료 사고가 일어날 수도 있다고 말이죠. 돈을 좀 덜 벌더라도 가장 중요한 건 환자의 건강과 안전이기 때문에 원장인 본인이 전부 직접 상담한다는 것입니다.

프랜차이즈 마케팅도 마찬가지입니다. 가맹점은 본사가 환경을 세팅해 주고 지속적인 관리를 해서 사업을 할 수 있지만, 본사 역시 가맹점이 있어야 돈을 벌 수 있습니다. 매장 수를 늘리고 기업 가치를 높여서 매각하기 위해 프랜차이즈 사업을 하는 게 아니라, 가맹점주와 함께 오랫동안 롱런할 브랜드를 만드는 것이 목표라면 이 정도의 진정성을 보여줘야 하지 않을까요?

목구멍의 이런 차별화 전략에 다소 아쉬운 부분은 아직 유튜브를 적극적으로 운영하고 있지 않다는 점입니다. '2024년 2월 기준, 149호점의 매장을 전국에 오픈하게 되는 과정과 가맹점주들과의 상담과 과정을 유튜브로 찍었다면 정말 더 좋지 않았을까?'라는 생각이 듭니다.

대한민국에서 가장 유명한 백종원 대표님의 4년전의 영상을 보면 정말 저한테 큰 포인트가 되는 영상이 있습니다. 아래 이미지를 보시면 백종원 대표님과 식당을 운영하는 분들과의 소통을 담은 영상들입니다. 여러분들이 식당을 운영 중인데 아래 영상을 본다면 어떤 생각이 들까요? '나도 저기를 어떻게 참석할 수 있지?'라고 생각이 들지 않을까요?

프랜차이즈의 유튜브도 마찬가지입니다. 많은 프랜차이즈의 유튜브들이 현재 인터뷰 위주로 하고 있을 때 좀 더 앞서서 이제는 매장 하나하나가 오픈되는 과정을 투명하게 보여주는게 남들보다 앞서는 프랜차이즈의 마케팅 방법이 될 수 있습니다.

사진 94 백종원 대표님의 4년전의 창업 상담 영상

CHAPTER 9

사장님들이
제일 궁금해하는
2024 온라인 마케팅
QnA 백문백답

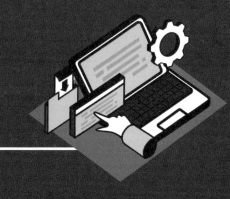

자, 지금까지 업종별로 어떻게 마케팅을 풀어나가야 할지 설명해 드렸습니다. 어떠신가요? 실마리를 얻으셨요? 지금까지의 내용을 종합하여 내 사업 아이템에 대해 분석해 보고, 경쟁사는 어떻게 하고 있는지 인터넷으로 검색해 보며, 이들이 못하는 나만의 차별화를 만들고, 내 사업에 딱 필요한 채널로 마케팅을 시작해 보시길 바랍니다.

　10년간 강의와 컨설팅을 하면서 정말 다양한 업종의 사장님을 만났습니다. 어찌 보면 내가 궁금한 것들은 다른 사장님들도 비슷하게 겪는 고민일 수 있습니다. 그래서 과거의 기억을 되짚어 '대표님들이 공통으로 가장 많이 물어보시는 질문 100가지'를 엄선하고, 이에 대한 제 생각과 코멘트를 정리해 봤습니다. 질문 리스트를 정리해 보니 앞에서 제가 미처 다루지 못했던 분야, 주제에 관한 내용도 있습니다.

　평소 궁금했던 질문에 대한 답을 읽으면서 조금이라도 더 많은 아이디어를 얻어 가시길 바랍니다.

Q1 돈 들어가는 스폰서 광고를 꼭 해야 하나요? 돈 안 드는 블로그 운영, 인스타그램 운영, 유튜브 운영만 해서 매출을 올릴 수는 없을까요?

광고비 예산이 빠듯한 소상공인 사장님들이 가장 많이 물어보는 질문입니다. 이런 생각을 하게 되는 데에는 결정적인 근거가 있는데요. 네이버, 인스타그램, 유튜브 인플루언서처럼 광고 없이 계정 운영만으로 수익화하는 분들이 많으니, 우리 사업도 비슷하게 운영만으로 접근할 수 있지 않냐고 물어보십니다.

그런데 얼핏 광고비용은 쓰지 않고 운영만으로 돈을 잘 벌어가는 것 같은 인플루언서도 알고 보면 고충이 많다는 걸 아셔야 합니다. 제가 만나본 인플루언서들은 정말 엄청난 노력을 많이 하고 있습니다. 블로그는 꾸준히 많은 시간을 투자해 포스팅하고, 인스타그램 계정 활성화를 위해 공감과 댓글 작업하며, 유튜브 활성화를 위해 콘텐츠를 기획하고 리뷰 발행하고 새로운 협찬 아이템을 발굴하며……. 정말 분주합니다.

인플루언서들도 자기 채널 하나를 관리 운영하기 위해 사업과 똑같이 모든 자원과 시간을 집중해서 그 성과를 만듭니다. 내가 사업과 병행해서 채널 운영만으로 단기간에 성과를 보겠다고 하면 쉽지 않을 겁니다. 여러분들도 익히 알고 계시는 유튜버 주언규 PD만 하더라도 유튜브 채널을 10개 넘게 시도했고, 그중 딱 하나 대박 난 것이 '신사임당 채널'이라고 합니다.

인플루언서들이 계정만 운영해서 큰돈을 버는 것 같지만 처음부터 그랬을까요? 물이 98, 99도에서는 끓지 않다가 100도에서부터 끓기 시작하듯이, 지금은 적은 시간을 투자해서 월 1,000만 원 버는 인플루언서도 처음에는 더 많이 일하고 더 적게 벌었던 시절이 있습니다. 그러한 고군분투가 누적된 끝에 지금의 성과가 나오는 것입니다.

결론적으로 채널 운영만으로 마케팅 효과를 보는 것이 불가능하진 않습니다. 그러나 단기간에 그만한 성취를 이루는 건 정말 쉽지 않습니다. 반면 돈을 써서 광고하면 매출을 올릴 수 있는 시간을 훨씬 단축할 수 있습니다. 내 상황에 맞게 선택하면 됩니다. 만약 '나는 지금 당장 매출을 만들어야 한다.' 그렇다면 비용을 들여 광고하셔야 합니다.

지금 당장 수익을 안 만들어도 된다면 돈 쓰는 일 없이 진득하게 채널을 키워나가시면 됩니다. 직장인분들이 본업 외 시간을 투자해 부업으로 유튜버, 인플루언서를 하는 것처럼 말이죠. 하지만 대부분 사장님은 지금 당장 매출을 만드셔야 하기에 예산을 정해서 최소한도로 광고하면서 채널도 키워나가는 식으로 계정 운영과 유료 광고를 병행합니다.

Q2 홈페이지형 블로그나 네이버 카페를 홈페이지 대용으로 쓰면 안 될까요? 홈페이지는 꼭 만들어야 할까요?

물론 블로그나 카페에 상품 설명이나 결제 안내를 넣어서 홈페이지 대용으로 쓸 수도 있습니다. 이건 부동산으로 치면 월세와 매매의 차이라고 생각하면 편할 것 같습니다. 매매는 처음에 다소 돈이 들지만, 집이 내 것이 되기에 갑작스럽게 집주인의 사정 때문에 이사할 필요가 없습니다. 내 집이니까 인테리어도 내 마음대로 꾸밀 수 있고요.

그런데 월세를 산다면 이런저런 사정이나 환경 때문에 월세를 빼야 하는 상황도 있습니다. 내 방이 아니라서 마음대로 인테리어도 할 수 없죠. 대신 풀 옵션을 갖춰놓은 오피스텔이라면 내가 가전 기기를 안사고 몸만 가도 되니 비용이 저렴하다는 장점이 있습니다. 대한민국에서 자가 마련이 월세, 전세보다 큰 금액이 들어가는 것처럼, 홈페이지를 직접 제작하는 건 비용이 더 들어갑니다. 저도 사업 초창기에는 블로그와 카페를 홈페이지 대용으로 사용했습니다. 하지만 지금은 아닙니다.

블로그, 카페, 인스타그램, 유튜브 뭐가 되었든 남이 만든 플랫폼에 내 사업의 모든 걸 담아놓으면 큰 리스크가 있습니다. 카카오스토리가 한때 잘 나가다가 페이스북이 등장하면서 망한 걸 기억하시죠? 혹은 네이버 블로그가 로직이 바뀌어서 예전에는 상위 노출이 잘 되던 블로그가 갑자기 상위 노출이 안 되어 저품질 블로그가 되기도 합니다. 남의 플랫폼에 월세로 들어가 살고 있으면 갑작스러운 환경의 변화로 내쫓길 위험이 항상 있습니다.

그에 비해 홈페이지는 SEO 작업만 잘해놓으면 언제든지 내 상호를 검색했을 때 네이버, 구글에 노출됩니다. 무엇보다 스크립트를 심어서 유입 및 마케팅 분석을 할 수 있습니다. 페이스북 픽셀을 심어서 전환 광고와 리타깃팅 광고를 할 수 있고요. 구글 애널리틱스를 설치해서 어느 채널에서 유입된 어떤 유형의 사람이 내 웹사이트에서 장바구니 담기를 많이 하고 결제를 많이 하는지 등 앞으로의 마케팅에 도움되는 데이터 분석을 할 수 있습니다.

내 홈페이지는 직접 비용을 들인 집이기에 외부 스크립트를 설치하는 등 마음대로 인테리어를 할 수 있는데, 블로그나 카페 같은 외부 플랫폼은 내가 원하는 것을 마음대로 할 수 없습니다. 그래서 홈페이지를 내 사업의 본진으로 생각하시고 나머지 블로그, 인스타그램, 유튜브 같은 채널은 내 홈페이지로 사람을 유입시키는 영업 채널로 여기는 것이 좋습니다. 영업 채널에 본진을 구축할 것이 아니라, 본진은 독자적인 홈페이지를 따로 구축합니다. 플랫폼에 있는 사람을 광고나 콘텐츠로 내 채널로 데려와 회원 가입을 하게 하고, 장바구니 담기 및 결제까지 하게 하는 것이 좋습니다.

Q3 회사 홈페이지를 만들려고 하는데 그 안에 꼭 들어가야 할 요소에는 무엇이 있을까요?

'회사 소개, 대표 소개, 브랜드의 가치와 철학, 브랜드 스토리텔링, 상품 소개, 우리 아이템만의 차별성, 고객 후기' 등은 필수입니다. 이러한 요소는 당연히 홈페이지에 표현되어 있어야겠죠? 업종, 아이템에 따라 홈페이지의 분위기는 다양합니다. 그러므로 공통으로 들어가야 할 요소를 말씀드렸습니다.

우리가 어떤 사람의 어떤 문제를 해결해 주는 회사이며, 여태까지 어떤 길을 걸어왔고, 누가 그 문제를 해결해 주며, 어떤 솔루션을 통해 해결하는지, 그 비용은 얼마인지, 다른 회사에 비해 나은 점이 무엇인지, 실제로 먼저 우리 상품이나 서비스를 이용해 본 고객들은 만족했는지, 어떤 소감을 남겼는지 등은 당연히 알아야 할 테니까요.

실제로 잘 만든 홈페이지를 보면 제가 말한 요소들을 홈페이지 안에 전부 담고 있는데요. 요즘 마케팅을 잘하는 회사는 여기에 더해서 고객과의 이야기도 담으려고 합니다. 앞에서 설명했던 유튜브를 잘 활용한 윤○하우징처럼 말이죠. 모든 상품이 상향 평준화되는 지금 시대에서는 브랜드 마케팅이 필요하고, 그 브랜드 마케팅에는 고객을 위한 이벤트가 있어야 한다고도 했습니다.

따라서 내 브랜드의 가치와 철학을 분명하게 제시하고, 이 가치를 우리의 타깃 고객과 함께 어떻게 누릴 것인지를 정하며, 고객들과 계속해서 같이 의미 있는 활동을 한다는 걸 보여줘야 합니다. 앞으로의 홈페이지는 이런 브랜딩적인 요소를 잘 담아낼수록 사업에서 유리해질 것으로 전망합니다.

Q4 아임웹, 윅스, 워드프레스, 카페24, 고도몰 같은 홈페이지 빌더로 직접 홈페이지를 만드는 것이 좋을까요? 아니면 홈페이지 제작 업체를 이용하는 것이 좋을까요?

2가지를 전부 다 해본 입장에서 말씀드리겠습니다. 되도록 홈페이지 빌더를 통해 직접 만드세요. 홈페이지 업체를 활용하는 경우는 크게 2가지 이유 때문입니다. 내가 직접 홈페이지를 만들고 관리할 방법을 모르는데 이걸 배우기도 싫을 때, 혹은 엄청난 고품질의 홈페이지를 만들어야 할 때입니다.

만약 내 사업 업종 자체가 비주얼적으로 보이는 것이 중요해서 고품질의 홈페이지가 필요하다면 하는 수 없이 홈페이지 업체를 쓸 수밖에 없습니다. 간단한 홈페이지가 필요하다면 '홈페이지 빌더'를 쓰시길 바랍니다. 홈페이지는 그냥 만들고 끝이 아닙니다. 사업을 하다 보면 회사는 발전하고, 자연스럽게 홈페이지 내용을 수정해야 할 일이 생깁니다. 이때 홈페이지 업체를 통해 사이트를 개발했다면 글자 하나, 이미지 하나 수정하려면 제작 업체에게 계속 비용을 내야 합니다.

수정할 때마다 돈을 내야 하는 점도 불편한데 간단한 작업도 비용을 비싸게 내라고 하는 업체가 간혹 있습니다. 불합리한 가격이라는 생각이 들어 돈을 못 내겠다고 하면 그러면 우리도 수정해 줄 수 없다면서 일을 안 합니다. 다른 홈페이지 업체에 수정을 요청하고 싶어도 새로운 업체는 다른 업체에서 만든 홈페이지를 수정할 권한이 없습니다. 즉, 홈페이지를 새로 만들어야 할 수도 있습니다.

그에 비해 홈페이지 빌더는 권한이 다 나한테 있습니다. 게다가 요즘의 솔루션은 예전과 다르게 배우는 것도 어렵지 않습니다. 코딩을 몰라도 마치 블로그 만들 듯이 드래그 & 드랍 방식으로 쉽고 빠르게 나만의 홈페이지를 만들 수 있습니다. 물론 이미지 배너나 로고가 들어가는 부분은 부족함이 있겠죠? 이런 디자인적인 부분만 저렴하게 외주로 진행하는 것을 추천합니다.

디자인만 외주를 맡기면 비용을 과다청구 당할 위험이 없습니다. 견적이 너무 비싼 것 같으면 다른 디자이너를 찾으면 됩니다. 수준이 마음에 안 들어도 다른 외주 디자이너를 찾으면 됩니다. 홈페이지처럼 한 업체에 맡기면 다른 업체는 권한이 없어서 수정할 수 없는 문제가 없습니다. 이미지의 가로, 세로 사이즈를 알려주고 어떤 느낌의 이미지를 원하는지 레퍼런스만 보여주면 누구든지 작업을 해줍니다.

결론은 홈페이지의 모든 권한의 가지고 있는 업체에 맡기면 내가 통제할 수 없는 부분이 너무 많고 계속해서 홈페이지 업체에 '울며 겨자 먹기'로 비용을 쓰게 될 수 있으니, 웬만해서는 '직접 홈페이지 빌더를 사용해서 제작하되 디자인 부분은 프리랜서의 도움을 받기'를 추천합니다. 요즘은 카페24, 고도몰에서 좋은 양질의 템플릿을 많이 제공하고 있습니다. 자사 몰을 만든다면 두 업체를 사용해 보세요.

Q5 한 달 광고비 예산을 어떻게 설정하는 것이 좋을까요?

만약 유료 광고를 하기로 마음먹었다면 '최소 3개월'은 광고를 해볼 것을 추천합니다. 채널의 숫자도 많고, 같은 채널에서도 마케팅 방법이 여러 가지가 있기에 가장 효과가 잘 나는 매체를 찾고, 해당 매체에서 어떤 접근법이 가장 성과가 좋은지 찾는 테스트 기간이 필요하기 때문입니다.

물론 상황에 따라 맨 처음 생각한 가설이 맞아떨어져서 처음부터 고효율의 광고를 할 수도 있지만, 보통 이런저런 시행착오를 생각하면 적어도 3개월의 테스트 기간이 필요합니다. 그러면 한 달 광고비는 내가 사용할 총예산을 3으로 나눈 값이 되겠죠? 만약 광고비 총예산이 600만 원이면 이 600만 원을 3달에 걸쳐 사용하게 되니 한 달 광고비는 200만 원이 될 것입니다.

그러면 한 달 200만 원의 예산으로 계속 테스트 광고를 돌려서 가장 적합한 채널, 해당 채널에서 가장 유효한 접근법을 최대한 빨리 알아냅니다. 다양한 테스트를 하게 되면 우리가 집중해야 하는 마케팅의 방법을 알게 될 겁니다. 이때부터 본격적인 광고를 진행하면 됩니다. 이처럼 테스트 광고가 끝나서 이 광고를 하면 무조건 돈을 벌 수 있다는 데이터가 나온 상황이라면, 1개월 안에 가용할 수 있는 자금을 최대한 모아서 광고할 수 있겠지요. 하지만 아직 이 정도의 단계가 아니라면 3개월 동안 테스트 광고를 진행할 생각으로 한 달 광고비 예산을 책정하시길 바랍니다.

Q6 상품 판매 가격은 어떤 기준으로 설정하는 것이 좋을까요?

유형의 제품이라면 제품 제조에 들어가는 원가와 이윤을 고려해서 가격을 책정하고 싶을 것입니다. 무형의 서비스라면 시간당 인건비를 고민해서 가격을 책정하게 됩니다. 그러나 현실적으로는 다른 경쟁사가 같은 상품을 얼마에 파는지 조사해서 가격을 책정할 수밖에 없습니다. 소비자들은 항상 내 상품을 경쟁사 상품과 비교하기 때문이죠.

먼저 시장조사를 해서 경쟁사 브랜드가 내가 파는 상품보다 뛰어난지, 가격은 얼마에서 얼마까지 받는지 조사한 다음에 차별화를 고민해 봅시다. 차별화가 없는 신생 브랜드라면 기존 업체보다 조금 낮게 책정하는 것이 판매에 유리합니다. 반면 경쟁사 상품보다 확실한 차별화가 있다면 가격을 조금 더 높게 올려 받아도 됩니다.

Q7 **경쟁사 조사를 하려는데 어려움이 있습니다. 어떻게 하면 될까요?**

저는 네이버 데이터랩과 네이버 카페, 기타 커뮤니티를 주로 애용합니다. 먼저 내 상품의 대표 카테고리 키워드를 네이버 카페에 검색하면 사람들이 자사 아이템에 대해 어떤 대화를 나누며 소통하는지를 알 수 있는데요. 사람들에게 설문 조사지를 나눠주는 것보다 카페에서 어떻게 말하는지 살펴보는 것이 경쟁사 조사에 훨씬 도움이 됩니다.

설문조사는 보통 참가하는 대가로 사은품을 줍니다. 그런데 사람 심리가 무언가를 받으면 해당 브랜드의 단점까지 진솔하게 쓰지 않습니다. 하지만 카페 커뮤니티에서는 이 제품이 무엇이 문제고, 무엇이 단점인지를 솔직하게 이야기합니다. 그게 훨씬 도움이 되는 이야기죠. 그 후기만 다 읽어도 내가 판매하는 제품 카테고리에서 사람들이 자주 쓰는 브랜드에는 무엇이 있고, 각 브랜드의 장점이나 단점은 무엇이며, 사람들이 어떻게 생각하는지를 알 수 있습니다. 이를 바탕으로 자사 브랜드는 어떻게 해야 경쟁사보다 장점은 취하면서 단점을 보완할 수 있는지 R&D에 참고할 수 있겠죠? 네이버 데이터랩은 경쟁사가 어떤 이벤트를 하는지 추적하기 좋습니다.

예를 들어, 제가 닭 가슴살을 파는 회사라고 가정하고 아○○라고 하는 닭가슴살 판매 브랜드를 조사해보겠습니다. 아○○ 브랜드의 데이터랩 기간을 살펴보면 그래프가 한번 크게 높게 올라가는 시기가 있습니다. 이때가 사람들이 아○○ 브랜드를 많이 검색했을 때인데요. 가장 최근에 높게 치솟을 때를 보니 2023년 6월이네요.

네이버 뉴스에 들어가 기간을 2023년 6월 1일부터 30일까지 잡고 아○○ 키워드로 기사를 검색해 봅니다. 알고 보니 퀴즈 이벤트를 진행했네요. 6월 브랜드 키워드 검색량이 증가할 수밖에 없겠죠. 이처럼 마케팅을 잘하는 내 경쟁사를 몇 곳 선정해 데이터랩으로 검색량 동향을 살펴서 검색량이 높아질 때 무슨 이벤트, 무슨 프로모션을 했는지 뉴스 기사를 통

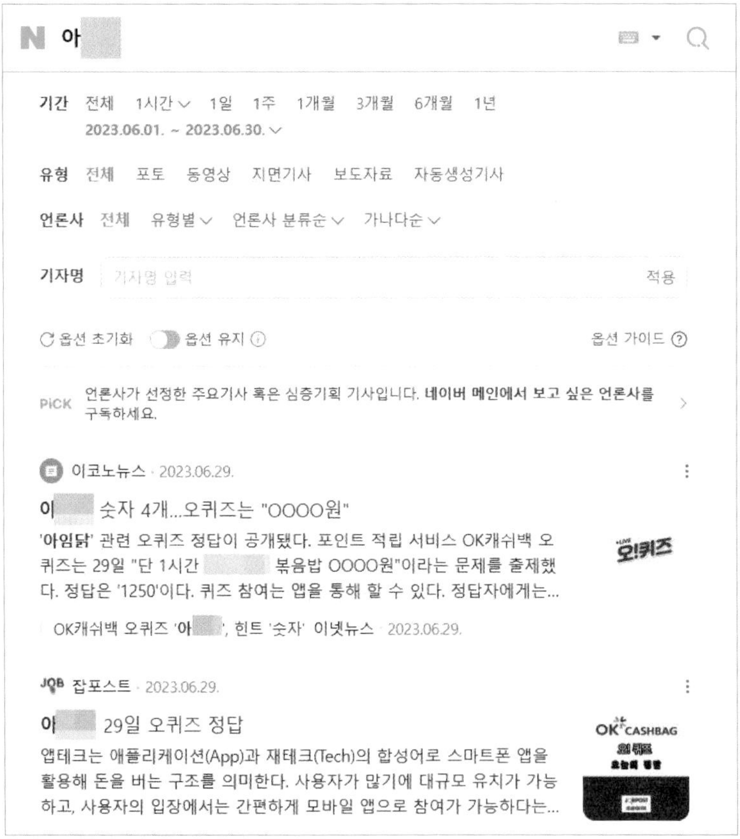

사진 95 네이버 뉴스 기사

해 알아볼 수 있습니다. 그러면 경쟁사가 어떤 식으로 마케팅하는지 파악해서 내 사업에 맞게 적용할 수 있게 됩니다.

Q8 시중에 다양한 마케팅 프로그램을 팔던 데 이를 실제로 써보면 효과가 있을까요?

2015, 2016, 2017년도만 하더라도 마케팅 프로그램이 실제 효과가 있었습니다. 블로그도 그렇고 스마트스토어도 그렇고 프로그램을 사용하면 정말 순위가 올라갔습니다. 네이버 알고리즘이 전반적으로 다소 허술한 부분이 있었던 것입니다. 예를 들어 '조회 수가 많이 찍히면 순위가 오른다'고 가정합니다. 그러면 유령 계정으로 클릭을 많이 넣는 프로그램을 만들어 가동하면 순위가 올라가는 효과를 볼 수 있었습니다.

그런데 지금은 프로그램을 이용해서 효과를 보는 게 쉽지 않습니다. 그만큼 모든 플랫폼의 알고리즘이 똑똑해진 것이죠. 영원할 것 같았던 프로그램 시장은 플랫폼의 업데이트에 따라 통하지 않게 되었습니다. 물론 지금도 통용되는 프로그램이 있기에 프로그램은 무조건 쓰면 안 된다고 말씀드리긴 어렵습니다만, 지금 시점에서는 안 좋은 프로그램이 너무 많습니다.

마케팅 프로그램을 쓰려거든 첫째로 신뢰할 수 있는 업체를 만나야 하고, 둘째로 내가 플랫폼의 알고리즘에 관해 공부해야 합니다. 그래야 업체와 미팅할 때 해당 프로그램이 알고리즘에 막히는 게 아니냐는 심도 있는 질문을 통해, 효과 없는 프로그램을 걸러낼 수 있으니까요. 공부 없이 프로그램에 의존할 생각으로 구매하는 건 추천하지 않습니다.

Q9 최근 들어서 퍼포먼스 마케팅의 효율성이 낮고, 이제는 브랜드 마케팅을 해야 한다는 말이 많던데 왜 그런가요?

퍼포먼스 마케팅 자체가 유입, 광고 효율 최적화에 초점을 뒀습니다. 퍼포먼스 마케팅 역시 중요한 부분입니다. A/B 테스트를 통해 효과가 좋은 소재를 발굴해서 최소한의 광고비로 최대한의 효과를 볼 수 있게 해주니까요. 그런데 차별화된 상품 기획과 브랜딩은 무시한 채 퍼포먼스 마케팅만 하는 건 이제 점점 힘들어지고 있습니다. 채널이 새롭게 오픈되면 해당 채널에 경쟁사도 적었고, 그 외 채널도 계속 새롭게 나와서 광고에 반응하는 이들이 많았습니다. OEM 제조를 통해 상품의 효용성을 직관적으로 보여줄 수 있는 동영상을 만들어 퍼포먼스 마케팅을 하면 판매가 잘 되던 시절이 있었습니다.

하지만 지금은 어떨까요? 코로나19 이후의 트렌드 변화에서 말씀드렸다시피 MOQ가 풀리면서 대부분 카테고리에서 제품이 상향 평준화되었고, 마케팅 채널의 고착화로 소비자도 무엇이 콘텐츠고 무엇이 광고인지를 너무나 잘 알게 되었습니다. 언택트 문화가 가속되면서 온라인 광고에 뛰어든 경쟁사도 많아졌고요.

이제 웬만한 제품, 서비스를 보여줘서는 소비자들이 흔들리지 않습니다. 보고 또 보고 뻔 한 것으로 한계가 있습니다. 이걸 넘어서는 뭔가를 보여줘야 하는데, 현시점에서는 브랜드 마케팅이 최선의 대책이라는 것입니다. 나이키가 "저스트 두 잇Just Do It!"을 슬로건으로 내걸고 마라톤을 하는 사람, 자신의 한계에 도전하는 사람을 후원하고 그들이 말하는 메시지를 전하는 '브랜디드 콘텐츠'를 꾸준히 만드는 것처럼, 자사 브랜드를 소비자에게 각인시키는 행동이 필요합니다.

우리 브랜드의 타깃이 누구인지, 그 타깃 고객에게 어떤 가치를 제공하는지, 타깃 고객과 같이 어떤 활동을 하는지 바이블, 메신저, 이벤트, 심벌을 꾸준히 노출해야 합니다. 이 부분이 현실적으로 당장 힘들다면 '서포터즈 마케팅'이라도 시작하시길 바랍니다. 서포터즈는 단순히 리뷰만 발행하고 끝나는 체험단과 다르게 제품을 나눠주고 테스트하며 피드백을 받으면서 함께 상품을 만들어갈 수 있습니다. 이 과정을 콘텐츠로 만들어 공유하면 자연스레 내가 어떤 고객과 같이 무슨 일을 하고 있는지를 보여줄 수 있게 됩니다. 서포터즈를 기수제로 만들어 1기, 2기, 3기, 4기 꾸준히 진행한다면 우리가 원하는 브랜딩의 출발점이 될 수 있습니다.

Q10 블로그, 인스타그램, 유튜브 셋 중 브랜딩에 가장 효과적인 채널은 어떤 것일까요?

업종에 따라 차이는 있지만, 일반적으로 보자면 유튜브 ⇒ 인스타그램 ⇒ 블로그 순서로 효과가 좋습니다. 브랜딩은 신뢰를 주는 것을 목표로 하는데 글보다는 사진, 사진보다는 동영상이 더 믿음이 가니까요. 그렇다고 무조건 유튜브를 해야 한다는 말은 아닙니다.

첫째로 적성을 따져봐야 합니다. 만약 내가 글쓰기에 자신 있으면 블로그가 더 적성에 맞을 수 있습니다. 사진 찍는 걸 잘한다면 인스타그램이 더 적성에 맞을 수 있고요. 그렇다면 일단 적성에 맞는 채널로 시작한 다음에 차근차근 나머지 채널을 준비하면 됩니다.

누군가 특정 채널로 돈을 벌었다고 하면 많은 사람이 그 사람을 따라 합니다. 그런데 그 사람이 채널을 활성화한 방법론을 다른 사람에게 그대로 적용했는데도 안 되는 가장 기초적인 이유가 서로의 적성이 달라서입니다. 본인의 얼굴이 드러나는 것이 너무나도 싫은 사람이 인스타그램을 운영하는 것은 고통일 것입니다. 그런 사람이 인스타그램에서 얼굴을 공개해 많은 팔로워를 모은 뷰티 인플루언서를 따라 하는 건 불가능하겠죠?

둘째로 지속성을 따져봐야 합니다. 유튜브가 성공했을 때 효과는 가장 좋으나, 지속성은 가장 떨어집니다. 영상 촬영과 편집은 처음 시작하는 분에게는 매우 어렵기 때문이죠. 반면 지속성이 가장 높은 건 개인적으로 인스타그램이라고 생각합니다. 길게 글을 써야 하는 블로그, 영상을 만들어야 하는 유튜브에 비해 사진 한 장으로 시작할 수 있기 때문입니다.

영상을 만드는 것이 쉽지 않아 한 달에 영상 한 편을 올리는 것보다, 그 시간에 인스타그램 게시물을 20개 발행하는 것이 훨씬 마케팅 효과가 좋을 수도 있습니다. 그래서 보통 자신의 적성에 맞아 지속성을 가져갈 수 있는 채널을 직접 운영하고, 유튜브처럼 지속성이 떨어지는 채널은 영상 PD를 따로 뽑아서 관리를 맡기는 편이 현명할 수 있습니다. 규모가 커진다면 무조건 마케터나 PD를 채용해 3개의 채널을 전부 다 해야 하니까요. 시작은 적성과 지속성을 고려하여 하시길 바랍니다.

Q11 요즘은 사업 아이템, 마케팅 채널 운영 뭐 하나 할 것 없이 전부 레드
오션인 거 같은데 그래도 시작해야 할까요?

특정 사업을 시작하기 전에 혹은 블로그, 인스타그램, 유튜브 등을 시작
하기 전에 자신도 과연 해도 될지 망설이는 분들이 있습니다. 예를 들어,
몇 년 전 기사를 보면 '네이버 스마트스토어 개수가 55만 개를 돌파했다'
는 것이 있습니다. 이를 보고 '헉! 55만 명이나 스마트스토어를 하다니 엄
청난 레드오션이잖아! 나는 이 경쟁을 이길 수 없겠는데?'라고 생각하는
분들이 있습니다.

하지만 이 숫자에는 상당 부분 허수가 섞였습니다. 예전에 통계자료를
본 적이 있는데요. 현재 우리나라 유튜브 채널 생성 수가 전 세계 8위라고
합니다. 정말 상당한 숫자죠. 이 중 1만 명 이상의 구독자를 보유하고 있
는 유튜버는 10퍼센트에 불과합니다. 동영상을 10개 이상 올린 채널은 전
체 채널 중 20퍼센트밖에 안 된다고 합니다. 즉, 80퍼센트의 유튜브 채널
은 동영상을 10개도 올려보지 못하고 그만둔다는 말입니다.

어느 업계 언제든 '꾸준히 하는 사람'은 전체의 일부분 밖에 안 되며, 그
런 사람 가운데 '정말 잘하는 사람'은 극히 일부분 밖에 안 됩니다. 맛집을
예로 들자면 폐업하는 곳도 물론 많습니다. 그런데 그만큼 새로 개업해서
잘 되는 맛집 역시 많습니다. 차별성을 갖추고 성실하게 끝까지 하면 되
는데 이걸 못하는 사람이 많을 뿐입니다. 겉으로 보이는 수치는 55만 명
같아도 여러분이 실질적으로 경쟁해야 하는 사람은 1만 명도 되지 않을
수 있습니다. 사업 아이템과 채널을 탓할 시간에 그 안에서 내가 어떻게

차별성 있게 잘할지를 고민하고 연구하면 당연히 성공할 수 있다고 생각합니다.

Q12 마케팅 트렌드가 너무 빨리 변하는 것 같습니다. 흐름에 뒤처지지 않고, 최신 트렌드를 빠르게 파악하려면 어떤 걸 해야 할까요?

가장 좋은 방법은 역시 관련 책을 읽고 강의를 꾸준히 듣는 것입니다. 마케팅 트렌드 역시 사회의 큰 흐름에 따라 움직이기에 가장 먼저 사회의 트렌드를 파악하는 것이 좋은데요. 트렌드 관련 서적은 매년 꾸준히 나옵니다. 새해가 될 때마다 몇 권 사서 읽어보시는 걸 추천합니다. 새롭게 나오는 마케팅 도서 중 소개, 목차, 리뷰를 살펴서 기존의 마케팅 방법과 뭔가 다른 신선한 내용이 있으면 사서 읽는 것이 좋습니다. 관련 강의도 들어보고요. 또한 요즘은 마케터들의 커뮤니티도 워낙 잘 되어있어서요. 관련 커뮤니티 사이트, 카페, 오픈 채팅방에 가입해서 어떤 주제의 대화가 나오는지 읽어보면 현시점에서의 마케팅 트렌드가 어떤지 감을 잡을 수 있습니다.

Q13 팬을 만드는 브랜드의 공통적인 특징에는 무엇이 있을까요?

가장 큰 공통점은 소비자와의 소통인 것 같습니다. 회사가 단순히 물건만 팔고 끝이 아니라 내 타깃 고객을 위해 뭔가를 기획하고, 판매 이상의 가치를 주기 위한 브랜드 정책을 만들며, 행사나 이벤트를 만들어 같이 참여하는 브랜드에 우리가 원하는 팬덤이 생깁니다.

가끔 제품을 많이 팔아서 내 제품의 이름, 존재를 최대한 많은 사람에게 각인시키면 그것 자체가 브랜딩이라고 말하기도 합니다. 개인적으로 이 부분은 퍼포먼스 마케팅으로 일시적인 인지도가 생겼다고 생각합니다. 잠깐 물건을 잘 판 것이지, 브랜딩이 잘 되어서 팬덤이 구축되었다고는 말하기 힘듭니다.

제품이 팔리기는 했지만, 후기가 안 좋아서 브랜드 이미지가 나빠지는 상황도 있습니다. 브랜딩이 안 된 상태로 물건만 잘 파는 회사는 계속해서 베스트셀러를 만들어내지 않는 이상 그 순간에만 잠깐 반짝일 뿐, 서서히 소비자의 뇌리에서 잊혀갑니다. 제품 만족도는 기본이고 그 브랜드가 소비자들을 위해 어떤 노력을 하는지, 그 노력의 과정이 콘텐츠로 드러나는지, 실제 여러 소비자가 그 콘텐츠를 읽고 긍정적인 반응을 보이는지를 종합적으로 판단해서 '브랜딩이 잘 되었다, 아니다'를 판단해야 합니다.

Q14 2024년 현재, 대표님이 눈여겨보는 브랜드가 있나요? 있다면 어떤 이유 때문인지요?

최근에 널핏Nurfit이라는 브랜드를 유심히 보고 있습니다. 다양한 브랜드 가운데 브랜드의 진정성을 가장 잘 전달하고 있는 회사 중 한 곳인데요. 이곳은 타깃 고객이 명확합니다. 오직 간호사만을 위한 제품을 개발하는데요. 브랜드명이 널핏인 이유도 널스Nurse에서 따온 것을 알 수 있습니다.

왜 하필 간호사일까요? 널핏의 대표님은 창업하기 전 대학병원 외과 병동에서 남자 간호사로 일했다고 합니다. 아시다시피 간호사는 육체적으로나 정신적으로나 정말 힘들고 고된 직업입니다. 대표님 자신도 간호사로 일해봤기에 그 사실을 잘 알고, 같이 일하는 동료 간호사들이 얼마나 힘든지도 알게 되니 간호사들을 돕기 위한 일을 시작했습니다.

맨 처음 만든 제품은 압박스타킹이었습니다. 당시 시중의 압박스타킹은 오래 착용하기 적합한 제품이 없었습니다. 그런데 간호사는 오래 서서 일하는 직업이라 시중의 스타킹을 오래 착용하면 다리에 피가 안 통해서 불편했다고 하는데요. 간호사들도 편하게 장시간 착용할 수 있는 스타킹을 만들자 완판되면서 2억 원을 벌게 됩니다.

널핏은 '널핏플'이라는 간호사들로 이루어진 서포터즈와 함께 제품을 개발해 가며 테스트, 피드백, 공장 방문 등 모든 과정을 인스타그램에 공유하고 있습니다. 제품 판매로 번 수익은 간호사들이 가장 필요한 제품을 간호사들에게 최적화하여 개발하는 데 사용됩니다.

그렇게 간호사들이 자주 아픈 전완근과 엄지손가락을 압박하며 통풍성도 좋은 손목 보호대, 위생 때문에 자주 손을 씻는 바람에 푸석푸석하고 염증이 걸리는 손을 케어해주는 핸드크림, 자주 돌아다녀도 구멍이 안 나는 튼튼한 양말, 실수로 주사기를 떨어뜨려도 발등에 바늘이 꽂히지 않는 튼튼한 간호화 등을 만들었습니다.

현재 널핏은 만드는 상품마다 초도 물량이 전부 완판되고 있습니다. 그 이유는 여러분들도 아시겠죠? 현재 널핏의 팔로워는 1만 3,000명인데

사진 96 널핏 인스타그램 피드

요. 대부분 팔로워가 대한민국의 간호사들일 것입니다. 평소 인스타그램을 통해 간호사들의 이야기, 간호사들을 위한 제품을 개발하는 과정, 간호사 서포터즈와 의견을 나누는 과정 등을 공유하니 대한민국의 간호사라면 널핏의 제품에 관심이 있겠지요. 브랜드 마케팅을 고민한다면 널핏의 홈페이지와 인스타그램 계정을 꼭 살펴보시길 바랍니다. 내 브랜드의 타깃을 명확히 설정하고, 그들과 소통하며, 그들만을 위한 상품을 만들고, 그들과 협력해서 계속 같이 무언가를 하며, 그 과정을 콘텐츠로 만들어서 공유하는 브랜드 마케팅을 고민하는 분들의 초기 교과서와 같은 느낌을 받을 수 있을 것입니다.

Q15 제품과 서비스를 차별화시켜야 한다고 하셨는데 마땅한 방법을 모르겠습니다. 어떻게 해야 잘할 수 있을까요?

내가 제품이나 서비스를 팔고 있다면 거기에 다른 제품, 서비스, 사람이라는 3요소를 더해보거나 빼보거나 결합해 보거나 분할해 보는 식으로 차별화를 기획할 수 있습니다. 이에 대한 자세한 내용은 예전에 집필한 《TAKE OFF테이크 오프》에 자세히 나왔으니 참고해 주세요.

예를 들어, 오로다ORODA라는 브랜드가 있습니다. 다이어리, 노트, 달력을 판매하는 문구 브랜드인데요. 문구점에서 제품을 사면 끝인 다른 브랜드와 달리 서비스를 결합했습니다. 다이어리를 구매하는 사람은 자기 계발에 관심이 많습니다. 오로다는 다이어리를 구매한 사람들을 단톡방에 초대합니다. 단톡방에서는 다이어리를 꾸준히 작성할 수 있도록 동기를 유발하고, 주기적으로 전문가를 초빙해 라이브 강의를 열고 있습니다.

그러므로 다이어리를 구매할 사람이라면 제품만 주는 다른 다이어리보다는 오로다 다이어리를 구매할 확률이 높게 됩니다. 어떻게 보자면 달○간장의 계량스푼, 찐○선의 오복 가위, 강아지 생일잔치상 패키지하고도 비슷한데요. 내 타깃 고객이 좋아할 다른 제품과 서비스를 계속 결합하는 것으로 우리 회사만의 차별화를 해보시기 바랍니다.

Q16 요즘 숏폼, 릴스, 틱톡처럼 짧은 동영상 플랫폼이 대세인 것 같은데 하는 게 좋을까요?

내 아이템에 적용할 수 있다면 하는 것이 맞습니다. 틱톡 사용자가 많아지면서 자연스레 유튜브, 인스타그램도 숏폼 기능을 출시했는데요. 플랫폼 특성상 새로운 기능이 생기면 그 기능을 밀어줄 수밖에 없습니다. 숏폼 생태계에서는 어떤 영상이 조회 수가 잘 나오는지 조금만 연구하시면 큰 성과를 낼 수 있을 것입니다.

실제 제 주변에 인스타그램, 유튜브 하는 사장님들도 인스타그램 릴스와 유튜브 쇼츠가 효과가 좋다고 하십니다. 아예 릴스와 쇼츠만으로 계정을 운영하는 분도 계실 정도예요. 만약 조직에 인력이 충분하다면 릴스, 쇼츠용 콘텐츠를 따로 만들면 좋겠습니다. 그렇지 않다면 기존에 하던 대로 콘텐츠를 만들되 영상 일부를 숏폼용으로 따로 편집해서 릴스, 쇼츠, 틱톡에 올리시면 됩니다.

Q17 챗GPT 같은 생성 AI가 유행이던데 마케팅에 잘 활용할 수 있을까요?

저도 근래 들어서 생성 AI 이야기를 많이 들어서 직접 한 번 사용해 봤습니다. 마케팅 방면으로는 카피라이팅을 뽑거나, 이미지 제작이 많은 도움이 된다고 느꼈는데요. 그런데 AI가 아직은 인간을 완전히 대체할 순 없고, 인간의 검수가 필요하다는 걸 느꼈습니다. 결과물을 그대로 갖다 쓰기보다는 마케터가 최종 컨펌을 통해 문구를 수정하고, 이미지를 편집해서 사용할 필요가 있습니다. 전적으로 신뢰할 수는 없고 도움을 받는 정도까지는 괜찮다고 봅니다.

Q18 대표가 마케팅을 잘 모르는데 마케터가 일을 얼마나 잘하는지 체크
할 수 있을까요?

일과를 시작할 때 마케터에게 당일 어떠한 업무를 하라고 투두리스트To
Do List를 주고 퇴근 전 보고를 받으면 일을 얼마나 했는지는 알 수 있습니
다. 콘텐츠를 만드는 업무는 발행 콘텐츠를 보면서 체크할 수 있고요. 그
런데 광고를 진행하면 마케터가 광고 집행 결과, 효율이 이렇게 나왔다고
데이터를 보여줄 것입니다. 광고 지표에는 노출, 도달, CPC, CPM, CTR,
ROAS 같은 전문 용어가 등장해서 사장이 이 부분을 공부해 두지 않으면,
마케터가 광고를 잘한 것인지 아닌지 체크할 수 없습니다. 이 부분은 유
튜브나 책을 통해 미리 알아두시기 바랍니다.

능력 있고 진취적인 성격의 마케터라면 회사를 위해 계속해서 어떻게
마케팅해야 할 것인지에 관해 고민할 것입니다. 시키지 않아도 알아서 새
로운 방향성을 테스트해 볼 것입니다. 하지만 이런 마케터들은 대기업에
서 만난 마케터 분들이 많았습니다. 현실적으로 작은 업체에서 이런 인재
를 많이 만나보지는 못했습니다. 그러므로 마케터가 한 업무만을 그대로
믿기에는 어려움이 있습니다.

Q19 대표인 제가 마케팅을 모르니 마케터와 소통이 어렵습니다. 어떻게
하면 될까요?

방금 질문하고 이어지는 내용인데요. 공부하는 것밖에는 답이 없습니다. 아시다시피 사업하면서 중요한 것 중 하나가 매출이고, 그 매출은 영업과 마케팅을 통해 만들어집니다. 즉, 영업과 마케팅은 상품이 팔려서 돈이 들어오는 최대 중요 요소라고 볼 수 있죠. 이 두 요소가 안 풀리면 회사 매출에 직격타를 맞게 됩니다. 그러므로 사장이라면 사업의 다른 부분 역시 중요하겠지만, 영업과 마케팅도 필히 공부해야 합니다.

제가 여태껏 만나온 사장님 가운데 매출을 잘 올리는 분들은 마케팅 공부를 정말 열심히 하셨습니다. 1년에 마케팅 교육을 평균 4~5회 정도 수강하셨는데, 제 강의뿐만 아니라 각 마케팅 채널별로 유명한 강사들의 강의는 다 챙겨 들으셨습니다. 당연히 이후 마케터를 고용해도 대등한 수준의 지식이 있으니 이야기도 잘 통하고, 광고도 마케터에게 전적으로 맡기는 것이 아니라 제품에 대해 잘 아는 사장이 아이디어를 내서 마케터와 소통해 가면서 광고를 진행하셨습니다. 일단 책과 강의를 듣는 것으로 마케팅 공부를 시작해 보시길 바랍니다.

부모가 책을 멀리하고 공부하는 모습을 아이 앞에서 보이지 않으면서 아이에게 공부하라고 하면 강요로 받아들이겠죠? 직원도 마찬가지입니다. 대표가 사업과 마케팅을 공부하지 않으면서 직원들이 알아서 마케팅 공부하기를 기대하는 건 욕심입니다.

Q20 어떻게 해야 좋은 마케터를 뽑을 수 있을까요?

먼저 좋은 마케터가 무엇인지부터 정의를 해야 할 것 같은데요. 아마 대표님들이 생각하는 좋은 마케터란 '확실한 실력과 인품을 두루 갖춘 마케터'를 뜻할 것입니다. 구체적으로 인품은 '커뮤니케이션이 원활한가, 성실한가, 책임감이 투철한가' 등을 포함하겠죠.

가장 좋은 것은 비싼 연봉을 제시해서 실력과 인품을 두루 갖춘 경력직 마케터를 데려오는 것인데요. 그것이 불가능하다면 대표가 직접 마케팅을 배운 후 신입 마케터를 채용해 함께 마케팅 업무를 시작하는 걸 추천합니다.

신입 마케터를 채용할 때는 의욕이 중요합니다. 제가 그동안 여러 마케터를 뽑아본 결과, 당장 마케팅 지식을 많이 갖추지는 않았더라도 마케팅에 대한 학습 의욕이 충만한 친구들이 일도 잘하는 모습을 많이 봐왔습니다. 면접을 통해 항상 열심히 배우려는 자세를 갖춘 사람인 것이 보인다면 마케팅 담당 직원으로 채용할 가치가 있다고 생각합니다.

Q21 마케터들은 이직이 잦다고 하는데 자사에 오래 다닐 마케터를 만나려면 어떻게 해야 할까요?

사실 어느 정도 실력과 인품을 갖춘 마케터들은 마케터로 남아있기보다는 자기 사업을 하고 싶어 합니다. 마케팅 능력이 있으니 굳이 회사 생활을 안 해도 자기 밥벌이는 알아서 잘하는 경우가 많은데요. 이런 친구들은 준비만 되면 언제든지 회사를 그만두기 때문에 강제로 붙잡기는 어렵습니다.

마케팅 경력이 있으나 직장 생활을 할 마케터를 찾거나, 아니면 신입 마케터를 채용하는 것이 좋은데요. 마케터를 채용해도 본인이 알아서 해보라며 일을 전부 떠맡기고, 성과가 안 나면 해고하고 다른 마케터를 고용하는 방식은 회사에 오래 정착할 마케터를 뽑는 데 아무런 도움이 되지 않습니다.

마케팅 실패를 전적으로 마케터 탓으로 돌리면 좋은 마케터도 직장에 계속 있기 싫어합니다. 대표가 마케터와 소통하면서 서로 마케팅 지식을 공유하고, 상품에 대해 잘 아는 대표가 마케터와 같이 기획하며, 나쁜 결과가 나왔다면 왜 잘 안되었는지 같이 머리를 맞대 이유를 분석하고 다음에는 같은 실수를 안 하는 식으로 커뮤니케이션하면 좋은 마케터가 회사를 떠나지 않을 확률이 높아질 것입니다.

Q22 마케터 구인 광고는 어느 플랫폼에 내야 할까요?

저는 많은 분이 사용하는 구인 구직 플랫폼, 예를 들어, 알바몬, 알바천국, 사람인, 잡코리아 등에 광고를 진행하고 있습니다. 그런데 각 플랫폼에서 요구하는 필수 항목만 채워서 공고를 등록하면 요즘처럼 직원을 뽑기 어려운 시대에 신청조차 하지 않습니다.

필수 항목만 채우면 구직자 입장에서 회사명, 요구 능력, 연봉, 회사 위치 같은 기본 정보만 알 수 있는데요. 이 회사가 무엇을 판매하는 회사인지, 어떤 인재를 필요로 하는지, 대표는 어떤 비전을 가진 사람인지, 사내 문화와 분위기는 어떤지, 다른 회사가 아니라 이 회사에서 일하면 어떤 점이 좋은지 등의 정보가 너무 없으면 선뜻 지원하기가 힘듭니다. 가장 기본적인 연봉과 근무 시간만 보고 지원하는 사람들이 대부분이겠죠.

필수 항목만 넣은 형식적인 공고를 올리기보다는 회사 소개를 하되 이미지도 넣어서 자세하게 작성하시기를 바랍니다. 자사는 어떤 상품을 판매하는 회사고, 어떤 비전을 가졌으며, 대표는 어떤 사람이고, 사내 문화, 분위기, 복지 등은 어떤지, 왜 다른 회사가 아닌 우리 회사에 지원해야 하는지, 우리 회사에서 일을 하면 어떤 점들이 좋은지, 장차 어떤 프로젝트를 하려는데 이 프로젝트를 함께 하기 위해 어떤 역량을 가진 인재가 필요한지 등을 상세하게 기재하세요.

경쟁사에 비해 회사 규모가 작아서 구직자에게 어필할 요소가 없다고 망설이는 분도 계시는데요. 회사 규모가 작아도 괜찮습니다. 오히려 대기업이 아니라 작은 회사에 취업하기를 원하는 이들도 있습니다. '우리가 사업 초창기라 작은 업체지만 대표가 이런 마인드와 생각을 가졌고 함께 배우고 성장할 친구를 환영한다. 1~2년 차는 이런 혜택을 주지만 회사 안에서 성장하고 성과를 내는 분들은 연봉 협상을 포함해 이런 혜택을 드릴 걸 약속하겠다'는 진정성 있는 멘트를 덧붙이면 간단한 공고 보다 지원자가 많아집니다.

Q23 직원 면접 시 어떤 질문을 해야 실력 있는 마케터인 것을 알 수 있을까요?

앞에서도 말씀드렸다시피 실력 있는 마케터를 뽑기보다는 실력은 다소 부족하더라도 성실하고 배울 의지가 강한 직원을 채용해서 함께 마케팅을 해보면서 회사를 성장시키기를 추천하는 편인데요. 성실한 직원이라면 쉬운 마케팅부터 차근차근 같이 해나가며, 직원과 상의하여 외부의 마케팅 교육을 지원해 주면 됩니다. 대표와 마케터가 같이 마케팅 교육을 들으면서 우리 브랜드를 어떻게 키워나갈지 기획하고 마케팅을 해나가면 좋은 성과를 내는 걸 자주 봐왔습니다. 실제로 처음에는 대표님과 직원 소수에게 수업을 진행했던 업체들이 규모가 커지면서 추가 교육을 의뢰하기도 했습니다.

부족한 실력은 어떻게든 만회할 수 있으니 성품에 관해서 물어보는 것이 첫 번째고, 그런데도 실력 있는 마케터를 뽑고 싶다면 포트폴리오를 받아서 마케팅 프로젝트를 성공시키기 위해 어떤 일을 어떻게 해왔는지에 관해 면접을 보면 됩니다. 여기서 주의해야 할 점은 내가 먼저 어떤 마케팅이 필요한지를 미리 숙지하고 있어야 한다는 것입니다.

마케팅은 분야가 정말 넓어서 어떤 마케터가 온라인 마케팅 경력 3년 차다, 5년 차다 하더라도 마케터마다 해온 일이 달라서 주특기도 다 다릅니다. 똑같이 3년을 했는데 누구는 블로그, 페이스북, 인스타그램에 경험이 있을 수 있고 누구는 인스타그램, 유튜브만 경험이 있을 수 있습니다. 똑같은 블로그라 하더라도 누구는 블로그 운영만 해봤을 수 있고 누구는 블로그 체험단만 해봤을 수 있습니다.

따라서 일단 대표가 내 사업 아이템이 어떤 마케팅 채널을 공략하는 것이 좋은지를 알아야 합니다. 만약 그것이 블로그라면 내가 블로그 운영을 해야 하는지, 블로그 체험단을 해야 하는지 미리 파악을 해둬야 면접할 때 이 마케터가 입사하면 우리에게 정말 필요한 마케팅을 할 역량이 되는 지를 물어볼 수 있다는 것입니다.

'마케터를 채용했으니 직원에게 모든 마케팅을 위임한다'는 무책임한 생각은 지금의 변화가 빠른 마케팅 트렌드에 맞춰나갈 수 없습니다. 이미 많은 대표님이 직접 본인 인스타그램과 유튜브를 하는 시대입니다. 대기업 이마트 정용진 회장님도 본인의 인스타그램을 활용하여 노브랜드 제품을 홍보하고 있죠. 그러니 사장이라는 위치에 있다면 채널에 대해 직접 공부하시고 마케터와 소통할 정도의 지식을 쌓아야 면접도 편해집니다.

Q24 대행사에 사기를 당하는 대표적인 사례와 이를 피하기 위해 좋은 대행사를 선정하는 기준은 무엇인가요?

네이버 및 네이버 제휴사 사칭 검색광고 피해 주의 안내

https://saedu.naver.com/help/faQ /ncc/view.naver?faQ SeQ =170

위의 링크는 네이버 검색광고 고객센터에 올라온 네이버 제휴사 사칭 광고 피해 사례를 모아놓은 글입니다. 들어가서서 꼼꼼하게 읽어보세요. 가장 주의해야 할 건 전화로 할인 프로모션으로 광고를 저렴한 비용으로 대행해준다고 하면서 그 대신 6개월, 1년 이상의 장기 계약을 유도하는 케

이스입니다.

물론 광고는 어느 채널에서 어떤 방식으로 해야 하는지 가설을 검증할 시간이 필요합니다. 하지만 초기 계약을 덜컥 1년 이상 해야 하는 일은 많지 않습니다. 테스트가 끝나고 나서 월 단위로 광고 효율을 검증해 가면서 하는 것이 맞습니다. 게다가 1년 장기 계약을 맺었는데 대행사가 실력이 없어서 효과는 하나도 안 나오는 광고만 하고 있으면 비용만 낭비하는 것이지요.

실체가 없는 대행사를 써서는 안 됩니다. 다시 말해 공개적으로 보이는 것이 없고, 사무실도 없는 사기 업체가 있습니다. 이런 업체는 언제든지 돈을 받고 잠적할 준비가 되어있습니다. 만약 단기적으로 급하게 마케팅을 진행해야 한다면 차라리 '크몽'에서 거래하시는 걸 권장합니다. 안전 거래를 할 수 있어서 업체가 돈을 받고 작업을 안 해주는 일은 없습니다. 장기적으로 소통할 대행사를 구하신다면, 전화 통화나 비대면으로 계약하지 마시고 오프라인 미팅을 꼭 해보시길 바랍니다.

사무실을 방문하여 대표와 직접 만나 이야기도 해보고, 내 광고를 맡아줄 담당 직원과 이야기를 하면서 어떻게 마케팅을 해서 성과를 낼 계획인지 들어보면 이곳이 허술한 대행사인지, 준비가 된 대행사인지 판단할 수 있을 것입니다.

마지막으로 대행사의 포트폴리오를 보셔야 합니다. 저는 종합 대행사를 운영하기 때문에 오프라인 매장, 온라인 쇼핑몰, 전문직, 인플루언서 분야를 가리지 않고 컨설팅과 광고 대행을 해왔습니다. 근데 이런 저조차 클라이언트 미팅을 할 때 한 번도 들어보지 못한 생소한 상품을 접하게 되는 일도 있습니다. 그만큼 사업 아이템이 다양하기에 내 업종으로 성과를 만들어낸 포트폴리오가 있는 대행사에게 광고를 맡기는 편이 성과가 좋을 확률이 높습니다. 요즘은 대행사도 전문화가 이루어지고 있습니다. 식당만 전문으로 광고하는 대행사, 쇼핑몰만 전문으로 광고하는 대행사 등 마케팅 대행 업계에서도 선택과 집중이 필요합니다. 내 업종에 특화된 대행사를 찾아 먼저 미팅해 보시는 것이 좋겠습니다.

Q25 광고 대행사들은 계약 전까지는 잘 해줄 것처럼 상담하고, 계약 후에는 소홀해지는 것 같은데 실제로도 그런가요?

당연히 모든 대행사가 그런 건 아닙니다. 다만 네이버 검색 광고만 전문으로 하는 대행사가 그런 경향을 보이긴 합니다. 이건 대행사의 수익 구조 때문인데요. 네이버와 제휴가 된 대행사는 클라이언트의 네이버 광고를 대행해 주는 대신 클라이언트가 지불한 광고비의 특정 퍼센트를 네이버에서 페이백 받는 구조입니다.

내가 한 달에 네이버 파워링크로 광고비 100만 원을 쓰면 그 100만 원의 특정 퍼센트가 대행사의 수익이 되는 것이죠. 대신 대행사는 고객에게 광고비를 따로 청구하지 않습니다. 이런 구조는 작은 회사도 내 광고를 경험 많은 대행사에 부담 없이 맡길 수 있다는 장점이 있지만, 아무래도 대행사는 월 광고비를 많이 사용하는 VIP 고객을 먼저 관리할 수밖에 없다는 단점이 있습니다.

한 달에 광고비 100만 원을 쓰는 업체보다는 한 달에 광고비 1억 원을 쓰는 업체가 대행사 수익에 훨씬 큰 이익이 되니까요. 게다가 매출을 올리려면 최대한 많은 광고주를 받아야 하니 직원 한 명당 담당하는 업체가 10곳 20곳이 넘어가기도 합니다. 직원들은 6시가 되면 퇴근해야 하는데 업체는 많으니 한정된 근무 시간과 인력으로 모든 업체를 균등하게 지원할 수는 없죠. 그래서 월 광고비가 적은 업체는 초기 세팅에만 신경 쓰고 그다음부터는 월 광고비가 높은 VIP 고객에게 밀려 관리가 상대적으로 소홀해지고, 이 때문에 여러 가지 부작용이 생기는 것입니다.

Q26 적은 비용으로 최대 아웃풋을 내고 싶은데 대행사와 어떻게 협업해야 할까요?

사실 이 질문은 대행사를 찾아오는 모든 클라이언트의 생각이기도 합니다. 나와 잘 맞는 대행사를 만나 최소한의 인풋으로 최대한의 아웃풋을 내는 것이 불가능하지는 않습니다. 그런데 이 극도의 효율을 얻기 위해서는 미리 준비가 필요합니다. 그 준비를 다 끝낸 상태에서는 최소 인풋 & 최대 아웃풋이 가능한데, 이 준비를 안 한 상태에서 무작정 대행사의 문을 두드려 적은 비용으로 최대의 효율을 내달라고 하는 건 대표님의 욕심입니다.

당장의 매출을 위해 마음이 조급해지는 건 충분히 이해합니다. 그러나 급할수록 돌아가야 할 때도 있습니다. 최소 비용으로 최대 효율을 내기 위해서는 광고 테스트라는 준비가 필수적인데요. 테스트를 통해 내 아이템이 어떤 채널에서, 어떤 유형의 광고로, 어떤 콘텐츠로 해야 사람들이 반응하는지 알아야 한다는 것이죠. 경험상 이 테스트 과정이 짧게는 1달, 길게는 3달까지는 해봐야 이 채널은 효과가 없다, 이 채널이 효과가 좋다는 걸 알 수 있는 것 같습니다.

광고 예산이 300만 원이 있다고 치면 처음 한 50만 원 정도는 이런저런 테스트에 사용한 다음에 남은 250만 원을 가장 효율이 좋은 광고에 투자하면 됩니다. 이런 마인드를 가지고 우수한 실력과 소통이 잘 되는 대행사를 찾으면 좋은 성과를 낼 것입니다.

Q27 네이버가 점점 구글, 유튜브에 검색 점유율을 뺏기는 느낌인데 앞으로 네이버의 비전은 괜찮을까요?

유튜브가 워낙 강세라서 검색 점유율을 빼앗기는 건 사실입니다. 네이버는 동영상보다는 텍스트에 최적화된 플랫폼이니까요. 하지만 그렇다고 해서 네이버의 비전이 어둡다고 생각하지는 않습니다. 현재 네이버는 우리나라에서 쇼핑 기능으로 구글, 유튜브와 차별화가 되었습니다.

지금 사람들은 물건을 사기 위해 유튜브 리뷰도 보지만, 네이버 블로그 리뷰도 많이 참고하고 있습니다. 동영상 러닝타임이 긴 유튜브에 비해 글과 사진으로 된 블로그 포스팅은 빠르게 여러 편을 볼 수 있기 때문입니다.

그렇게 어떤 물건을 사야겠다고 마음먹으면, 스마트스토어를 통해 네이버 페이로 결제합니다. 이런 쇼핑의 순기능 덕분에 네이버는 앞으로도 강세가 될 것 같고요. 대신 구매 목적이 아닌 정보 취득 목적의 검색은 구글과 유튜브가 더 강세가 될 것으로 전망합니다.

최근에는 네이버 자체 AI 시스템과 오프라인의 실시간 예약 줄 서기 등의 서비스가 추가되면서 계속해서 사업자분들이 네이버에서 이탈하는 것을 막고 있습니다. 사장님들은 물건을 조금이라도 더 효과적으로 판매하기 위해서는 네이버를 계속 활용해야 할 것으로 보입니다.

Q28 네이버 검색창 바로 밑에 있는 광고 노출 효과가 어마어마할 것 같은데요. 이 광고를 하면 매출에 효과가 있을까요?

노출 효과가 어마어마한 건 맞습니다. 다만 광고를 보는 사람이 많다고 해서 무조건 매출도 덩달아 많이 나오지는 않습니다. 해당 지면은 광고비가 매우 비싸서 만약 광고한다면 전략적으로 활용해야 하는데요. 광고를 클릭할 시 이동하는 랜딩 페이지를 스마트스토어 같은 오픈마켓이 아닌 무조건 자사 몰로 하시는 걸 추천합니다. 자사 몰에는 미리 페이스북 픽셀을 설치해서 광고를 타고 들어온 사람의 픽셀값을 저장할 수 있도록 하고, 구글 애널리틱스를 설치해서 네이버 광고를 통해 몇 명이나 들어왔는

사진 97 네이버 CPM 광고

지 성과 추적을 해야 합니다. 홈페이지 UI, 상세 페이지, 후기 리뷰 세팅은 기본이고요.

앞 페이지 이미지에서는 자동차 보험료를 확인하면 스타벅스 프라푸치노 기프티콘을 즉시 지급한다면서 클릭을 유도하고 있죠? 비싼 광고비를 지불하는 만큼 최대한 후킹성을 끄는 소재를 만들어서 클릭하게 해야 합니다.

니즈가 맞는 사람이 클릭했다면 바로 이벤트에 참여하거나 제품을 구매할 수 있고요. 바로 구매를 안 하는 사람도 미리 설치해 둔 픽셀을 활용해 리타깃팅 광고, 전환 광고를 통해 구매하게 할 수 있습니다. 이처럼 상품에 자신 있고 철저한 준비가 되었다면 광고하셔도 되지만, 제품이 차별화도 없고 준비도 안 되어 있으면 안 하시는 걸 추천합니다. 먼저 다른 마케팅부터 한 다음 철저한 준비가 갖춰지면 그때 해도 늦지 않습니다. 여러분의 광고비는 소중하니까요.

Q29 블로그를 직접 운영해서 상위 노출을 할 수 있다면 매출에 큰 이득이 있을까요?

아이템마다 다르긴 합니다. 블로그를 비즈니스 목적으로 활용해서 성과를 보기 위해서는 대부분 키워드 상위 노출이 되어야 합니다. 아무리 글을 잘 써도 키워드의 조회 수가 없거나 상위 노출이 안 되면 혼자 기록하는 일기장이 되어버립니다.

네이버 광고에 접속해서 내가 판매하려는 상품군 키워드를 검색하면 얼마나 많은 키워드가 있는지, 그 키워드의 조회 수는 몇인지 체크할 수 있습니다. 시장이 넓은 상품은 키워드 검색수도 많은데 검색양도 많습니다. 그런데 간혹 키워드 개수도 적고 검색양도 적은 아이템이 있습니다.

앞서 실전 사례로 살펴본 '미술 심리치료'가 딱 그랬는데요. MBTI, 사주팔자, 성격 테스트, 스트레스 검사, ADHD 등의 인접한 키워드로 확장해서 블로그 포스팅을 해야 했습니다.

만약 키워드가 풍부하거나, 조금 적더라도 확장할 영역이 있다면 무조건 블로그 운영에 도전해 보라고 말씀드리고 싶습니다. 어떤 분들은 유튜브로 동영상 보는 시대에 블로그 글을 누가 보냐고 반문합니다. 그런데 이런 상황이라서 오히려 더 경쟁력이 있을 수도 있습니다.

페이스북, 인스타그램, 유튜브가 활성화되기 이전에는 모든 사람이 네이버 블로그를 했습니다. 이렇다 할 마케팅 채널이 블로그밖에 없었고 다들 블로그에 올인하던 시절이었습니다. 그런데 SNS와 유튜브가 등장하면서 점점 끈기 있게 블로그를 제대로 운영하는 사람이 줄어들기 시작했습니다. 힘들게 매일매일 글을 쓰느니 사진 한 장 찍고 올리는 인스타그램이 더 편하다는 것이죠.

마케팅의 세계에서는 모두가 힘든 일을 기피하고 힘든 길을 외면할 때 꾸준히 노력을 쌓아온 사람이 큰 보상을 얻는 경우가 있습니다. 예전에 병원 한곳을 대행한 적이 있는데요. 근처에 있는 경쟁사 병원 가운데 블로그를 직접 운영하는 원장님이 한 분 계셨습니다. 오래전부터 블로그를 운영해 전체 게시 글은 2,000개가 넘어가고, 일일 방문자는 4,000명이 넘어가는 분이셨습니다.

개인 병원을 운영하는 만큼 의료 관련 포스팅을 주로 올리지만, 주말에 맛집에 가고 아이와 놀아주며 여행을 가고 책을 읽었다는 글도 키워드를 잡아 발행하셨는데, 그야말로 자기의 모든 인생을 블로그에 담는 분이셨습니다. 심지어 블로그 운영 대행사도 쓰지 않고 원장님이 직접 블로그를 운영하며 하루도 거르지 않고 포스팅을 올렸습니다.

이분은 현재도 본인의 블로그로 지역 관련 병원 키워드를 전부 상위노출 잡고 있습니다. 어찌나 블로그 지수가 탄탄한지 모든 키워드에서 1등을 하셨고 저를 포함한 경쟁사 몇 곳이 덤벼들어도 1위의 아성을 깨부수지 못했습니다.

직접 블로그를 운영하는 원장님은 네이버에 큰 변동이 생기지 않는 이상 동네에서 손님의 발길이 끊길 일은 절대 없을 것입니다. 하루 이틀이 아니라 몇 년에 걸쳐 2,000개의 글을 발행하면서 탄탄하게 지수를 쌓아오고, 서로 이웃을 만들어 오셨으니까요. 이분처럼 하기가 쉽지는 않겠지만, 그 결과 네이버가 망할 때까지 사용할 수 있는 홍보 채널이 생긴다면 도전할 가치가 있지 않을까요? 내 사업 아이템이 네이버 블로그로 큰 효과를 볼 수 있다면 한 번 해보시는 걸 추천합니다.

Q30 이왕 블로그를 운영하는 거 네이버 인플루언서를 목표로 하는 건 어떤가요?

네이버 인플루언서는 무조건 리뷰 블로거라고 생각해서 사업가인 내가 도전할 건 아니라고 생각하는 분들이 계십니다. 실제 네이버 인플루언서들의 블로그를 보면 알 수 있다시피 사업을 하는 네이버 인플루언서 분들도 많습니다.

블로그를 시작하기로 했다면 이왕이면 사업가라 하더라도 네이버 인플루언서를 목표로 블로그를 운영할 수 있습니다. 간혹 키워드를 검색하면 VIEW 탭 위에 인플루언서 탭이 따로 있는 키워드가 있는데요. 이 인플루언서 탭은 네이버 인플루언서들의 콘텐츠가 노출되기에 인플루언서가 되면 확실히 유리한 점은 있습니다.

이런 몇몇 부분을 제외하면 인플루언서가 다른 블로거에 비해 큰 메리트가 있는 건 아닙니다. 인플루언서 배지를 받았다고 무조건 돈을 많이 버는 것도 아니며, 인플루언서라는 점을 내 사업에 적용하여 시스템을 만들어야 수익화를 할 수 있습니다.

네이버 인플루언서는 블로그 하나만 잘해서 되는 게 아니고 인스타그램, 유튜브를 비롯해 그 사람이 가진 영향력 전반을 체크하기 때문에, 상대적으로 블로그가 약해도 다른 채널 쪽으로 영향력이 있다면 인플루언서 배지를 주는 편입니다. 사업에 블로그, 인스타그램, 유튜브 셋은 거의 필수이기 때문에, 이 모든 것을 같이 하면서 이왕이면 인플루언서를 노려보는 것도 좋습니다.

Q31 블로그 꼭 1일 1 포스팅해야 하나요?

한때 1일 1 포스팅을 해야 블로그가 최적화된다는 말이 많았습니다. 2015년

당시 정말 많은 최적화 블로그를 만들었는데, 1주일에 2~3번 포스팅을 해도 충분히 최적화가 나왔었습니다. 매일 글을 쓰는 것이 중요한 게 아니라, 체류 시간이 많은 포스팅을 쓰기만 하면 충분했던 것이죠. 지금도 물론 1일 1 포스팅을 할 필요는 없습니다.

왜 1일 1 포스팅 이야기가 나왔을까요? 체류 시간이 긴 포스팅을 자주 올리면 그만큼 최적화가 더 잘 되는 것도 사실입니다. 정성을 들인 콘텐츠라는 가정 하에 매일 포스팅을 올리는 블로그와, 1주일에 글을 하나만 올리는 블로그는 격차가 벌어질 수밖에 없죠. 그래서 블로그 강사들이 수강생들을 글쓰기 트레이닝을 하게 하려고 1일 1 포스팅 챌린지 숙제를 내줬고, 이것이 와전되어서 최적화하려면 1일 포스팅을 해야 한다는 말이 나온 게 아닌가 싶습니다.

Q32 서로 이웃과 답방을 꼭 해야 하나요?

손이 많이 가는 일이긴 합니다만, 하는 게 안 하는 것보다는 좋습니다. 서로 이웃과 답방은 블로그 시작한 지 얼마 안 되었을 때 하면 좋은데요. 블로그에 글이 적을 때는 검색을 통해 블로그에 들어오는 사람이 적습니다. 체류 시간이 적으니 최적화 속도도 느립니다. 이때 서로 이웃과 답방을 하면 사람들이 내 블로그에 들어와 최신 글을 읽고 댓글을 달아주기 때문에 포스팅으로 채우지 못하는 체류 시간을 서로 이웃 추가로 대신해서 채워줄 수 있습니다.

그런데 여기에 너무 시간을 뺏길 수도 없으니 '하루에 서로 이웃 추가를 50번 하겠다, 100번을 하겠다.''서로 이웃 블로그를 돌아다니며 댓글다는 걸 30분 하겠다, 1시간 하겠다'와 같이 기준을 정하고 딱 그만큼만 하고 멈추는 것이 좋습니다. 그러다 포스팅 글이 점점 쌓여서 방문자만으로도 충분한 체류 시간이 벌린다면 그때부터는 서로 이웃과 답방을 줄이서도 됩니다.

Q33 매일매일 글 쓰는 것이 너무 힘들어요. 편한 방법 없을까요?

스트레스를 받아 가며 1일 1 포스팅을 할 필요는 없습니다. 매일 올리는게 힘들면 2~3일마다 하나씩 올리겠다고 방침을 바꾸서도 되고요. 혹시 내 비즈니스 관련 주제만 계속 올리느라 피로감이 있다면 다른 주제로 글을 올리서도 됩니다. 지금이야 블로그가 비즈니스적인 의미로 인식이 바뀌었지만, 블로그의 태생은 온라인 일기장이었습니다. 사업 이야기 외에도 내가 오늘 무슨 책을 읽었는지, 무슨 드라마를 봤는지, 어디에 놀러 갔는지, 뭘 먹었는지 등을 편하게 포스팅해도 됩니다.

Q34 C랭크 로직 때문에 이제 블로그는 한 주제로만 포스팅해야 하나요? 다른 주제로도 글을 쓰고 싶으면 세컨 블로그를 만들어야 할까요?

블로그 하나에 내가 쓰고 싶은 주제 모두 글을 쓰서도 됩니다. 제가 앞에서 이야기한 경쟁사 병원 원장님의 경우도 의료, 병원 글이 메인이지만 여행, 육아, 맛집, 독서 등 병원 외의 주제로도 활발하게 포스팅하셨습니다. 자신의 인생을 블로그에 담는 분이셨죠. 그럼에도 C랭크에 악영향 받는 일 없이 원하는 모든 키워드가 상위노출이 되었습니다.

인플루언서가 되기 위해서는 한 주제로만 포스팅해야 한다는 말도 있는데요. 비율을 '병원 60퍼센트, 맛집 10퍼센트, 여행 10퍼센트, 육아 10퍼센트, 독서 10퍼센트' 등으로 조절하면 충분히 인플루언서가 될 수 있습니다. 게다가 인플루언서는 블로그, 인스타그램, 유튜브 등 다른 채널과 그 사람의 사회적 인지도 등을 복합적으로 평가합니다.

만약 내가 맛집으로 글을 쓰기 시작했는데 거기에 육아, 여행, 독서로도 글을 쓰기 시작했습니다. 일정 이상 포스팅이 쌓이면 결국 맛집, 육아, 여행, 독서 4가지 분야 모두 C랭크 최적화가 이루어집니다. 그러니 굳이 블로그를 하나 더 개설할 필요는 없습니다.

Q35 스마트블록에 상위 노출하기 위해서는 어떻게 해야 할까요?

스마트블록 상위 노출은 VIEW 상위 노출보다도 쉬운 편입니다. 키워드 하나에 블록 주제가 여러 개가 있기에 체험단을 잘 활용해야 합니다. 체험단을 그냥 해서는 안 되고, 블록마다 포스팅에 어떤 사진과 내용이 들어가야 하는지를 파악하여 블록마다 포스팅 가이드를 만들 필요가 있는데요.

예를 들어, 제가 부평 미용실 스마트블록 키워드를 상위 노출할 때 '부평 미용실 인기 글'이라는 블록은 부평역에서 해당 미용실까지 가는 길과 미용실 간판을 사진으로 넣어야 했습니다. 글에는 몇 번 출구에서 평균 몇 분 걸려야 도착할 수 있는지를 써줘야 스마트블록에 포스팅이 잡혔습니다.

당연히 다른 블록은 넣어야 할 사진과 글의 기준이 달라지겠죠? 어떤 블록은 미용실의 영업시간과 연락처에 대한 내용을 반드시 포함해야 상위 노출을 잡을 수도 있었는데요. 블록마다 다른 기준은 각 스마트블록에서 상위 노출 포스팅 3개 정도를 분석해 보면 공통점을 발견할 수 있습니다. 그 공통점을 포스팅 가이드로 넣으면 되는 것이죠. 각 블록을 분석해 포스팅 가이드를 만든 뒤 블록마다 체험단을 5명, 10명 섭외해서 진행하면 대체로 상위 노출을 잡을 수 있었습니다. 스마트블록의 장점은 VIEW 탭과 달리 한 번 상위 노출이 되면 비교적 오랜 시간 체류하는 편입니다.

Q36 아직 자사 몰은 없고 오픈마켓에 상품을 등록해서 팔고 있습니다. 오픈마켓 중에서는 스마트스토어 매출이 가장 높은데요. 자사 몰은 고정 지출이 발생하고 계속 비용을 들여 마케팅을 해야 고객이 옵니다. 슬슬 자사 몰을 시작해야 할까요? 스마트스토어만 운영하면 안 될까요?

'네이버 광고만 활용해서 돈을 벌겠다'라고 하면 스마트스토어에 집중하는 것도 한 가지 방법입니다. 하지만 네이버는 포털사이트입니다. 포털사이트의 기본은 정보를 주는 것이죠. 좋은 제품의 정보, 값싼 제품의 정보 등 계속해서 비교하는 곳이 네이버입니다.

비교 시장에서 우리가 우위에 올라가기 위해서는 네이버만 바라보고 가기에는 한계가 있습니다. 네이버 바깥의 마케팅 채널에도 상품을 팔아야 할 시기가 오는데요. 그때부터 자사 몰을 시작하길 추천합니다.

앞에서도 말씀드렸다시피 자사 몰이 있어야 다양한 스크립트(페이스북 픽셀, GA4 등)를 이용해서 더 전문화된 마케팅이 가능합니다. 물론 스마트 스토어보다 광고비가 더 들어가지만, 돈을 쓰는 만큼 정체된 매출의 한계를 돌파할 수 있습니다. 자금이 충분하지 않은 처음부터 자사 몰을 시작하기에는 부담이 될 수 있으니, 일단 스마트스토어와 네이버 광고를 활용해 안정적인 매출의 흐름을 만들고 번 돈을 통해 자사 몰을 준비하는 것이 좋습니다.

Q37 내가 직접 체험단을 운영하는 것과 대행사(플랫폼)를 써서 체험단을 모집하는 것과는 어떤 차이가 있나요?

직접 운영한다면 일단 대행사, 플랫폼에 수수료를 주지 않아도 되는 장점이 있습니다. 더불어 양질의 체험단을 모집할 수 있고, 그만큼 내가 원하는 키워드에 상위 노출될 확률이 높아집니다.

체험단 마케팅 대행을 했던 사례입니다. 옆 페이지의 이미지를 보시면 발열이불 키워드로 1~4등이 전부 한 업체인 걸 볼 수 있습니다. 플랫폼을 사용하지 않고 발열이불 키워드로 상위 노출을 전부 잡게 되었습니다. 좋은 지수의 블로거를 직접 섭외했기 때문에 가능한 성과였습니다. 보통 체험단 플랫폼은 블로그의 지수를 체크하지 않습니다. 최근에 개설한 블로거도 플랫폼에 가입만 했다면 지원할 수 있어서 생각보다 좋은 블로거의 매칭 확률이 낮습니다. 그래서 몇몇 체험단 업체는 방문자 높은 사람만 골라서 보내주는 프리미엄 서비스를 하는데 당연히 가격이 더 비쌉니다.

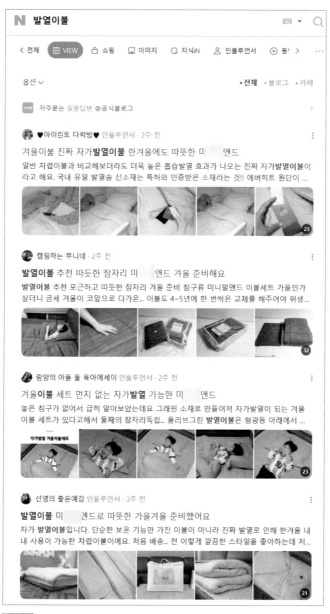

사진 98 발열이불 상위 노출 제시 예

체험단 마케팅이 매출에 특히 중요한 업종이 있습니다. 맛집이 대표적인데요. 예전에 홍대의 한 레스토랑 사장님에게 체험단을 직접 모집하는 방법을 알려드린 적이 있습니다. 사장님은 직원을 채용해 체험단만 전문적으로 이 일을 맡기셨고, 홍대 맛집 키워드에 꾸준히 상위 노출해서 개업 이래 역대급 매출을 내셨습니다. 이러한 이유로 웬만해서는 체험단을 직접 하시는 걸 추천하나, 플랫폼을 써야 할 때도 있습니다. 사업을 처음 시작할 때 사람들이 내 브랜드 키워드, 상호 키워드로 검색했을 때 리뷰가 있어야 하는데요. 그 리뷰를 빠르게 확보하는 용도로 플랫폼을 활용하는 건 효율이 높다고 생각합니다. 그런데 상위 노출까지 노리고 싶다면 직접 운영하는 걸 추천합니다.

Q38 상위 노출 대행을 건 바이 건으로 하는 게 좋나요, 월 보장으로 하는 게 좋나요?

아시다시피 건 바이 건은 원고를 만들어 대행사에 주면 대행사가 최적화 블로그로 원고를 발행해 딱 1번 상위 노출을 잡아주는 방식입니다. 월 보장은 상위 노출에서 내려가도 대행사가 재작업해서 1달 동안 순위를 유지하는 방식입니다. 경쟁이 치열하지 않은 키워드는 건 바이 건이 좋고, 경쟁이 치열한 키워드는 월 보장이 좋습니다. 한 번 상위 노출을 잡았는데, 2달 3달도 머무른다면 월 보장을 할 이유가 없겠죠? 반면 1주일만 지나도 순위에서 내려가는 키워드라면 그때마다 건 바이 건을 할 시 사실상 월 보장보다 비싸질 수 있습니다. 맨 처음에는 건 바이 건으로 대행을 맡겨보고 며칠 동안 지속되는지 판단한 다음 계속 건 바이 건을 해도 될지, 아니면 월 보장으로 하는 것이 좋을지 판단하면 됩니다.

Q39 리뷰 이벤트가 중요하다고 하셨는데 무엇을 드려야 소비자들이 좋아할까요?

소비자에게 줄 혜택은 정말 다양합니다. 내 상품이나 서비스 가격을 할인해 줄 수도 있고 사은품을 줄 수도 있으며 카카오톡 기프티콘이나 문화상품권이나 네이버 페이 포인트를 줄 수도 있어서 여쭤보는 일이 많습니다. 사실 업종마다 타깃이 다르기에 뭐가 제일 좋다고 딱 잘라 말씀드리긴 어렵습니다. 차라리 고객에게 혜택에 대해 여쭤보시고 정하시는 걸 추천합니다. 다만 할인을 해주거나 사은품을 줄 때 절대 야박하게 주면 안 됩니다. 예를 들어, 500원, 1,000원어치 혜택을 줄 테니 플레이스 리뷰를 남겨달라고 하면 다들 귀찮아서 리뷰를 남기지 않습니다. 5,000원, 10,000원 등 후하게 주는 대신 요구를 좀 더 하는 편이 낫습니다. 플레이스 리뷰를 남겨주고 활동하는 온라인 카페에도 후기 글을 올려달라는 식으로 말이죠.

Q40 GFA 광고와 메타 광고 둘 다 타깃 광고이자 배너 광고인데 어떤 것이 더 괜찮을까요?

메타 광고에 한 표를 주고 싶습니다. 이유는 앞에서 말한 UI 문제 때문인데요. 피드를 넘기는 도중 화면 하나에 꽉 차게 광고가 뜨는 UI 구조상, 메타 광고가 모든 디스플레이 광고 가운데 가장 집중도가 높을 수밖에 없습니다.

그에 비해 GFA 광고나 구글 이미지 배너 광고는 다른 콘텐츠에 집중하는 도중 사이드에 광고 배너가 떠서 집중도가 다소 약한 부분이 있습니다. 광고관리자 계정에서는 노출 1로 표기되어도 정말 메타 광고처럼 사람들이 한 번 훑기라도 했는지 미심쩍은 부분이 있죠.

물론 GFA 광고만의 장점도 있습니다. 네이버 페이를 이용해 타깃 광고를 할 수 있다는 것입니다. 만약 내가 자동차용품을 파는 광고주라면 네이버 페이로 차량용품을 결제한 구매자들을 타깃으로 광고를 내보낼 수 있지요.

만약 정말 강력한 후킹 소재를 만들 수 있다면 GFA의 효율도 상당합니다. 문제는 GFA가 국내 기업인 네이버가 만들어서 그런지 광고 소재 검수가 까다롭습니다. 지나친 후킹성 소재는 물론 속옷이나 청결제 같은 상품은 선정적이라는 이유로 광고 집행이 쉽지 않습니다. 표현법을 우회하면 승인을 하기도 하는데요. 광고를 빠르게 집행하려는 입장에서는 지금 당장 광고를 진행해야 하는데, 계속 소재를 바꿔가며 천천히 승인을 기다릴 수도 없어 상대적으로 검수가 까다롭지 않은 메타 광고를 많이 이용하게 되는 면도 큽니다. 네이버와 카카오의 광고 비중이 늘어나려면 이런 부분이 좀 더 완화되어야 할 것 같습니다.

Q41 네이버 라이브 커머스 효과는 괜찮나요?

라이브 커머스가 맨 처음 등장했었을 당시만 하더라도 효과가 꽤 괜찮았습니다. 제가 채널의 고착화에서 말씀드렸다시피 모든 마케팅 채널이 맨 처음에는 사람들이 신선함, 호기심 때문에 광고도 클릭해 보고 물건도 사 보는데 시간이 지날수록 패턴을 학습해서 점점 광고를 안 본다고 말씀드 렸죠. 카카오스토리, 페이스북, 인스타그램 등의 채널은 소비자의 반응이 식기까지 몇 년이 걸렸는데요. 라이브 커머스는 거의 1년도 가지 않았습 니다. 왜 그럴까요? 우리에게 너무나 익숙한 홈쇼핑과 다른 점이 거의 없 어서였습니다. 우리가 익숙한 TV에서 보던 홈쇼핑이 스마트폰으로 이동 했다는 점밖에 큰 변화가 없습니다.

실제로 우리의 제품이 홈쇼핑 방송을 한다고 모든 제품이 대박 나지는 않습니다. 홈쇼핑으로 대박이 터지는 경우는 상품 자체가 기발하거나, 상 품이 기발하지는 않더라도 원래 50,000원인 제품을 이번에만 30,000원에 판다거나, 지금 당장 제품을 사면 지금만 받을 수 있는 사은품을 같이 껴 서 주는 등 전에 없었던 구성이나 혜택이 있어야 고객은 그 자리에서 주 문 전화를 겁니다.

홈쇼핑 관계자들의 이야기를 들어보면 상품, 구성, 혜택이 빈약하면 아 무리 대단한 쇼호스트를 모셔도 판매량에 한계가 있다고 합니다. MD를 비롯한 전문가 여럿이서 방송을 만드는 홈쇼핑도 이런 한계점이 있는데 라이브 커머스는 오죽할까요? 라이브 커머스 역시 뻔한 상품, 뻔한 가격 으로는 매일 방송을 틀어도 고객에는 지금 당장 구매해야 한다는 느낌을 받지 못합니다. 결국 라이브 커머스도 홈쇼핑처럼 차별화된 상품, 차별화 된 혜택, 차별화된 가격, 차별화된 구성을 세팅하고 사전 마케팅과 쇼호스트를 잘 모서야 매출이 발생한다고 할 수 있습니다.

Q42 유튜브 체험단은 어떻게 할 수 있나요?

블로그, 인스타그램 체험단과 마찬가지로 직접 인플루언서와 접촉하거나 모집 플랫폼을 사용할 수 있습니다. 체험단 마케팅은 될수록 자사에서 직접 운영하라고 말씀드리는 편인데 예외적으로 유튜브는 플랫폼 모집을 추천합니다.

왜냐하면 블로그, 인스타그램은 나에게 딱 필요한 인플루언서를 빠르게 찾을 수 있습니다. 하지만 유튜브는 이 부분이 쉽지는 않습니다. 단순히 구독자가 많은 사람 자체는 금방 찾을 수 있지만, 마케팅 효과를 보기 위해서는 구독자가 다소 적더라도 소통을 잘하고 영향력이 있으면서 영상을 잘 만드는 분을 만나야 하는데, 이 모든 조건을 만족하는 분을 검색만으로 찾기가 어렵습니다. 그래서 한편으로는 검색으로 찾아보되, 다른 한편으로 체험단 플랫폼을 이용해서 좋은 인플루언서를 만날 접점을 최대한 늘려서 모집하시는 걸 추천합니다.

Q43 어떻게 나와 딱 맞는 인플루언서를 찾고 연락할 수 있을까요?

블로그, 인스타그램, 유튜브 어떤 채널이든 내 브랜드와 결이 맞는 인플루언서를 찾기 위해서는 검색을 많이 하는 수밖에 없습니다. 단순 구독자 팔로워만 볼 것이 아니라 본인 팔로워들과 진짜 소통하는 사람인지, 공감 댓글은 잘 달리는지, 주기적으로 라이브 방송을 하는지, 답글을 달아주는

지 등도 유심히 살펴봐야 합니다.

최근에 일방적으로 내 게시글만 올리고 소통은 없는 인플루언서들이 많이 있습니다. 이런 분과 협업하거나 공동 구매를 하는 건 개인적으로 추천하지 않습니다. 찾기만 하면 연락 자체는 쉽습니다. 쪽지, DM, 이메일을 이용해서 제안서를 보내면 됩니다. 정말 결이 맞는 인플루언서를 찾기 어렵다면 MCN업체Multi Channel Network, **다중 채널 네트워크업체** 같은 대행사에게 문의해 보시는 걸 추천합니다. 이런 업체는 각 분야의 인플루언서 풀이 있어 나에게 딱 맞는 인플루언서를 매칭해줄 확률이 높습니다.

Q44 유튜브 알고리즘의 선택을 받기 위해서는 어떻게 해야 할까요?

'알고리즘의 선택'을 받아 '조회 수 떡상'을 바라는 건 모든 유튜브 채널 운영자의 꿈인데요. 어떤 영상이 뜨느냐는 업종마다 다른 부분이 있으며, 방법도 정말 여러 방법이 있습니다. 그중 최근에 가장 좋다고 생각하는 방법은 뻔한 영상보다는 '반전이 있는 영상이 좋다'는 것입니다.

아래의 이미지는 제 유튜브에 뜬 영상입니다. 제가 캡처한 시점에서

사진 99 | **10년 넘게 사업했지만 결국 파산한 38세 싱글맘 이야기** | https://youtu.be/ncCSD2x5vrg

조회 수가 149만을 달성했습니다. 제가 맨 처음 이분의 유튜브를 봤을 때 구독자가 1,000명이었는데 일주일 만에 단 1개의 영상을 통해 9,000명이 되었고, 댓글은 2,500개가 넘게 달렸습니다.

　사업자라면 사업을 하면서 겪는 다양한 자영업자분들의 성공 스토리를 예전부터 유튜브에서 보셨을 겁니다. 최근에는 이런 성공한 사람의 이야기를 인터뷰하는 채널이 많이 늘어났습니다. 하지만 이런 채널이 많아지면서 콘텐츠의 내용이 비슷비슷해졌고, 시청자들은 비슷한 레퍼토리에 지루함을 느끼기 시작합니다.

　그런데 앞 페이지의 채널은 저도 한 번도 못 본 사업에 실패한 사람의 인터뷰였습니다. 이 반전이 있는 영상이 알고리즘을 탄 거죠. 생각해 보면 성공하기 위해서 무엇을 해야 하는지도 중요하지만, 실패하지 않기 위해 뭘 하면 안 되는가도 중요합니다. 사업하다 망해본 사람의 이야기를 듣는 것도 매우 중요하죠. 남들이 다 하는 뻔한 콘텐츠는 신선하지가 않기에 나름의 유효성이 있으면서도 기존의 주류와 반전되는 콘텐츠가 시청자들에게 신선하게 다가옵니다. 반전이 있는 영상을 관심 있게 보고, 댓글을 달며, 구독하고, 공유를 하죠. 결국은 알고리즘이란 시청자들이 영상에 얼마나 많은 관심을 갖느냐입니다. 이 부분을 계속 고민해 보시기 바랍니다.

Q45 유튜브를 운영할 때 유튜브 광고를 같이 해야 할까요?

예산이 없으면 어쩔 수 없지만, 충분히 광고비를 쓸 수 있는 상황이라면 병행을 추천합니다. 콘텐츠에 자신 있어서 최대한 많이 보여주고 싶은 영상은 인스트림 광고를 하고, 키워드 검색 니즈를 잘 충족시키는 영상은 디스커버리 광고를 하는 것이 좋습니다. 현재 저희가 대행하고 있는 유튜브 채널들도 부스트 역할로 영상 광고에 예산을 사용하고 있습니다. 광고를 진행하면서 유튜브 채널을 육성하는 편이 구독자가 더 빨리 느는 걸 실감했습니다.

Q46 유튜브는 하나의 주제로만 해야 하나요? 다른 주제로 유튜브를 하고 싶으면 서브 채널을 만들어야 할까요?

유튜브를 운영하는 방법은 너무나도 다양합니다. 개인적으로 본인의 얼굴이 나오는 콘텐츠를 추천하며, 전체 영상에서 약 50~60퍼센트의 비중을 차지하는 메인 주제 하나가 필요합니다. 그 외 다양한 주제를 40~50퍼센트 섞어서 운영하는 것은 괜찮다고 봅니다. 리뷰만 전문적으로 하는 유튜버들을 보더라도 IT 리뷰 전문 유튜버가 가끔은 자동차 리뷰를 할 때가 있으니까요.

다양한 기획을 해보니 배보다 배꼽이 커질 것 같다면 서브 채널을 만들어야겠지만, 오히려 초반에 내가 어떤 걸 가장 잘할 수 있는지 알아보기 위해 다양한 동영상을 시도해 보는 건 괜찮다고 생각합니다. 최소 20~30개 정도의 영상을 올려보면서 내가 잘할 수 있는 분야를 찾으면 그때부터 해당 분야에 집중해 50~60퍼센트의 비중으로 진행하면 됩니다.

Q47 대표님이 가장 추천하는 유튜브 주제는 무엇인가요?

저는 브이로그를 가장 추천하는데요. 그 이유는 가장 나다움을 표현할 수 있기 때문입니다. 특정 주제에 관한 정보를 전달하는 채널은 비교, 무한 경쟁을 해야만 하는 한계가 있습니다. 예를 들어, 내가 IT 리뷰 유튜버라면 사실 내가 평가하는 아이폰이나 다른 유튜버가 평가하는 아이폰이나 비슷한 콘텐츠가 나올 수밖에 없습니다. 가격, 통화 품질, 카메라 화질, 기능, 스크린 등 나만이 말할 수 있는 차별화된 이야기를 하기가 힘듭니다.

내가 말한 정보에 대해서 시청자들은 끊임없이 다른 유튜버와 비교합니다. 그래서 내가 말하는 정보가 아니라 초점을 나 자신에게 맞춘 채널이 좋습니다. 시청자들의 포커스가 유튜브 채널 주인장에게 관심이 있는 영상을 보여주는 채널이 좋습니다. 브이로그, 라이브는 내가 좋아하는 주제에 대해 말하면서 모이는 구독자들과 여러 가지 생각을 나누면서 팬층을 쌓아갈 수 있어서 제가 가장 추천하는 유튜브 주제입니다.

Q48 유튜브 영상은 며칠 주기로 올리는 것이 좋을까요?

개인적으로 1주일에 최소 1편은 올려야 한다고 생각합니다. 여건이 되면 1주일에 2편 올리면 더욱 좋고요. 동영상은 촬영 편집이 오래 걸려서 인력이 많이 붙지 않으면 그 이상으로 영상을 더 업로드하는 건 쉽지 않을 것입니다. 대신 한 번 길게 촬영을 한 다음에 여러 편의 숏츠로 나눠서 올리는 건 1주일에 2개 이상도 올릴 수 있겠죠.

많은 분이 영상 수준에 너무 신경을 써서 업로드를 선뜻 못합니다. 수준은 다소 떨어지더라도 1주일에 1~2편 주기적으로 올리는 것이 중요하다고 생각합니다. 유튜브는 TV 방송이 아니기에 시청자들도 방송국 수준의 동영상을 기대하지 않습니다. 화려하게 꾸며서 한 달에 1개 올리는 것보다 빠르게 컷만 자르고 촌스러운 자막을 붙여서라도 1주일에 2개씩 올리는 것이 훨씬 빠르게 구독자를 모을 수 있습니다.

수강생 중 3달 만에 구독자를 4,000명 빠르게 모은 분이 계십니다. 영상 편집을 안 해보셔서 맨 처음에는 영상 1개 편집에 20시간이 걸렸다고 합니다. 교육 영상을 보면서 프로그램 설치, 컷 편집, 자막을 배우기 시작하셨고 지금은 영상 하나 만드는 데 3시간이 걸린다고 합니다.

이분은 지금도 1주일에 유튜브 영상을 2개씩 올리기 위해 매일 새벽 3시까지 영상을 편집하고 잠자리에 듭니다. 영상 주기를 지키면서 좋은 부동

사진 100 **3달 만에 구독자 4,000명을 모은 사례** | https://youtu.be/PcftxhNukps

산 영상을 계속 올리신 덕분에 3개월 만에 많은 구독자가 눈에 띄게 증가하셨죠. 많은 수강생을 교육하면서 항상 드는 생각이지만 실천하는 분은 성과도 정말 빠르다는 것을 느낍니다.

Q49 유튜브에 꾸준히 동영상을 올려야 하는데 소재가 생각이 안 나요. 어떻게 아이디어를 낼 수 있을까요?

계속해서 영상을 만들면 언젠가는 콘텐츠 고갈이 일어날 수밖에 없습니다. 그래서 제가 아이디어를 너무 내 안에서만 찾지 말고, 내 바깥에서 찾으라고 말씀드린 것입니다. 내가 브이로그를 한다면 주변에서 벌어지는 에피소드에 관한 이야기를 다뤄도 좋고요. 남의 사연을 받아 인터뷰하는 유튜브 채널을 추천한 이유도 이런 맥락입니다. 제 수강생 중에는 다양한 유튜버분들이 계십니다. 촬영 감독 현장을 올리는 유튜버, 전 군대헬기 조종사가 퇴역 군인들만 찾아다니면서 인터뷰하거나, 식물 키우는걸 너무 좋아해서서 식물을 키우는 사람만 찾아다니며 인터뷰를 하는 영상은 출연자마다 각자의 사연이 다 다르기에 마르지 않는 샘물처럼 콘텐츠를 만들어낼 수 있습니다.

Q50 유튜브 구독자가 몇 명 이상부터 매출에 직접적인 효과가 있는 편인가요?

유튜브를 시작하는 경우는 크게 2가지로 나뉘는데요. 내 상품이 있어서 스마트스토어, 자사 몰, 블로그, SNS가 이미 준비된 상황에서 새로운 마케팅 채널로 유튜브도 시작하거나 내 상품은 없지만 인플루언서가 되고 싶어서 유튜브에서 처음으로 활동을 시작하는 경우가 있습니다.

전자는 구독자가 100명도 안 되었지만, 매출이 오르는 걸 자주 봐왔습니다. 유튜브 시작 전에 이미 온라인 마케팅을 했었기에 기존 팬덤이 이미 있는 상태에서 추가로 유튜브를 보고 더 큰 신뢰도를 느껴서 상품을 구매하기 때문이죠.

후자는 구독자 1,000명 정도를 모으고 나서부터 자기 아이템을 개발하거나, 다른 회사와 협업해서 콘텐츠를 만들거나 공동 구매를 하는 식으로 수익화가 이루어지는 것 같습니다. 마케팅 채널은 여러 개를 조합해야 시너지가 나기 때문에 유튜브로 시작한 분들도 자기 상품이 생기면 스마트 스토어, 자사 몰, 블로그, 카페, 인스타그램 등을 조합하는 것이 좋습니다. 요즘은 구독자의 수보다는 콘텐츠에 얼마나 매력이 있어서 자사 제품의 구매로 유도할 수 있느냐가 더 중요해 보입니다.

Q51 유튜브 구독자를 많이 모으기 위해서는 어떤 영상, 어떤 계정 콘셉트가 유리하나요?

앞에서 말씀드렸다시피 뻔하지 않은 반전미가 있는 콘텐츠, 다른 누구도 아닌 나만이 말할 수 있는 계정 콘셉트가 중요합니다. 남들도 똑같이 말하고 있는 뻔한 영상, 남들도 똑같이 하는 뻔한 리뷰 유튜버 등은 한계가 있습니다.

그래서 나만이 할 수 있는 브이로그 콘셉트를 추천합니다. 앞에서 소개한 치과 원장님도 치아에 관해 말하는 유튜버는 많지만, '서울대학교를 3번 졸업한 치과의사'는 오직 그 사람만이 말할 수 있는 계정 콘셉트였습니다. 제품이나 서비스는 대체될 수 있지만, 사람이 살아온 인생과 생각, 가치관, 성격, 외모 등은 남들과 똑같을 수 없습니다. 이 부분을 파고 들어서 '나만이 할 수 있는 이야기'를 찾아내어 계정 콘셉트와 콘텐츠로 만들기 바랍니다.

Q52 유튜브 촬영에 반드시 필요한 장비에는 무엇이 있나요?

예산이 많다면 처음부터 DSLR, 캠코더, 조명 등을 사서 시작할 수 있습니다. 하지만 예산이 빠듯하다면 스마트폰, 핀 무선 마이크, 삼각대 3개 정도면 충분합니다. 요즘 스마트폰은 카메라가 워낙 잘 되어있어서 딱히 별도의 카메라를 살 필요가 없습니다. 우리가 알고 있는 유명한 유튜버들도 휴대폰으로 촬영을 많이 합니다.

스마트폰 카메라를 고정해야 하니까 삼각대가 필요하고요. 스마트폰으로 바로 동영상 촬영하면 사람의 목소리뿐만 아니라 주변의 잡음도 섞여서 녹음되기 때문에 사람의 목소리를 녹음해 줄 핀 마이크가 필요합니다.

스마트폰은 가지고 계실 테니 새로 구매할 필요가 없고 30,000원 정도면 괜찮은 삼각대를 구할 수 있습니다. 핀 마이크는 10만 원 정도 선에서 시작해서도 좋습니다. 총 구매 금액이 13만 원 정도면 장비를 사서 유튜브를 시작할 수 있습니다. 나머지 카메라나 조명 같은 건 유튜브 규모가 커져서 전문성을 강화할 필요가 느껴지면 그때 구매하세요.

Q53 유튜브에도 저품질이 있나요?

블로그는 저품질에 걸리면 블로그가 아예 무용지물이 되어버리죠. 그렇지만 유튜브는 저품질이 따로 있지는 않습니다. 하지만 유튜브 활동을 활발하게 해서 구독자를 많이 모았는데 갑자기 1주일에 2번 영상을 업로드하던 걸 갑자기 1달에 1번 올리면 조회 수나 구독자 증가율이 전체적으로 침체하는 일은 많이 보았습니다.

그래서 유튜브는 꾸준히 운영하는 것이 중요합니다. 아무리 대단한 유튜버도 영상을 꾸준히 올리지 않으면 결국 사람들에게 잊힙니다. 한 사람당 구독하는 유튜브 채널이 평균 100개라고 하는데요. 이 100개도 전부 다 보는 게 아니고 매일 보는 채널은 10개도 안 된다고 합니다. 즉, 일단 내 유튜브 채널이 수만의 채널 가운데 100개의 구독 안에 들어야 하고, 100개의 구독 안에 들었어도 1주일에 1~2편씩 꼬박꼬박 영상을 올려야 100개 중 10개 안에 들어갈 수 있는 것입니다.

물론 내 팬덤이 아주 탄탄해서 1달에 영상 한 편을 올려도 무조건 챙겨보는 사람이 많다면 큰 조회 수가 가능합니다. 이슈, 논란 때문에 6개월의 자숙 시간을 가지는 유튜버들이 있죠. 팬덤이 탄탄한 유튜버들은 6개월 이후 근황 영상을 올렸을 때 폭발적인 조회 수와 댓글이 달리는 걸 볼 수 있습니다. 이처럼 내가 가지고 있는 팬덤이 이미 있지 않다면 영상 업로드 주기가 늦을수록 저품질까지는 아니지만, 조회 수, 구독자 증가율이 현저하게 떨어지니 꾸준히 활동하는 것이 중요합니다.

Q54 페이스북 페이지, 그룹 운영이 지금도 효과가 있을까요?

지금 카카오스토리 계정을 활성화하는 분이 없듯이 거의 없다고 보시면 됩니다. 계정 육성의 기능은 인스타그램으로 넘어오셨다고 보면 되는데요. 페이스북은 페이지에 아무리 많은 팔로워를 모아도 스폰서 광고를 하지 않는 이상 콘텐츠 도달률이 너무 낮습니다. 이렇게 해둬야 광고주가 스폰서 광고에 광고비를 사용하기 때문에 메타는 몇 년 전부터 꾸준히 자체 계정 육성의 효율을 낮춰왔습니다.

Q55 메타의 여러 광고 캠페인 중 전환 광고의 효과가 가장 좋다고 하던데 사실인가요?

페이스북은 광고 캠페인에 따라 각각 다른 페이스북 유저에게 광고를 보여줍니다. 그중 전환 광고는 광고를 본 사람이 광고를 클릭 후 자사 몰로 들어가 제품을 장바구니에 담거나 결제를 자주 한 사람들에게 주로 광고를 내보냅니다. 당연히 다른 캠페인에 비해 물건을 구매할 확률이 높은 광고입니다.

그러나 전환 광고의 역할은 어디까지나 구매 전환율이 높은 고객을 내 사이트에 데려오는 것까지임을 명심해야 합니다. 기껏 흥미를 느낀 사람이 내 자사 몰에 왔는데 디자인이 부실하고, 리뷰와 후기도 없으며, 상세페이지도 빈약하면 제품을 구매할까요? 광고하기 이전에 미리 홈페이지 UI, 상세 페이지, 리뷰, 후기 등을 잘 만들어놔야 합니다. 구매 전환 광고를 하기 위해서는 반드시 자사 홈페이지의 모든 API Application Promramming

Interface가 정상적으로 작동해야 합니다. 또한 전환 광고를 하기 위해서는 픽셀 설치가 필수이므로, 우리나라의 수많은 자영업자가 이용하는 스마트스토어는 메타 전환 광고가 불가능합니다.

Q56 트래픽 캠페인 광고로 매출을 올리는 데 한계가 있나요?

단순 구매 전환만 따지면 전환 광고가 효율이 좀 더 좋은 건 맞습니다. 그러나 트래픽 캠페인 역시 반드시 해야 하는 광고 캠페인인데요. A/B 테스트 단계에서 CPC^{Click Per Cost}가 낮은 좋은 소재를 찾기 위해 트래픽 캠페인을 사용해야 합니다.

전환 광고를 할 때도 트래픽 캠페인을 같이 사용하게 됩니다. 메타 고객센터를 보면 전환 광고를 효율적으로 활용하기 위해서는 픽셀에 못해도 1만 명의 모수가 쌓인 뒤에 해야 한다고 말합니다. 1만 명 정도의 데이터가 있어야 이 가운데 자사 몰로 들어와 제품 구매를 자주 하는 사람이 누구인지 분석하고 이들에게 광고를 내보낼 수 있기 때문이죠.

이 1만 명 이상의 데이터를 쌓기 위해 사용하는 것이 트래픽 광고입니다. 사실상 구매 전환 효과가 좋은 전환 광고도 트래픽 캠페인과 병행해야만 진정한 효과가 나는 것입니다. 그래서 트래픽 캠페인은 전환 광고처럼 직접적으로 큰 매출을 올리기는 힘들지만, 매우 필요한 광고 캠페인입니다.

Q57 스폰서 광고를 할 때 단일 이미지로 하는 게 좋을까요? 카드뉴스 포맷이 좋을까요?

이미지로만 따지자면 슬라이드 형태의 카드뉴스가 좀 더 좋습니다. 단일 이미지는 쓱 내리는 사람이 많지만, 카드뉴스는 비상업적인 콘텐츠로 보일 수 있는 장점이 있습니다. 첫 장 섬네일을 잘 만들면 사람들이 옆으로 슬라이드 해서 다음 장을 읽어봅니다. 고객의 관심과 행동의 관여가 좀 더 들어가기에 반응도를 더 높일 수 있습니다. 실제 광고를 해봐도 확실히 단일 이미지에 비해 집중도가 더 높아서 효율이 더 잘 나오는 편입니다.

Q58 광고 소재 A/B 테스트는 어떻게 하면 되나요?

A/B 테스트도 여러 종류가 있습니다. 가장 많이 하는 건 소재 테스트입니다. 이는 광고 세트 하나에 여러 소재를 등록하고 일 예산 30,000원을 사용해 3일 정도 광고를 집행하면 가장 소비자 반응이 좋은 소재에 예산이 쏠립니다. 소재 하나하나의 개별 성과를 알고 싶다면 세트를 여러 개 만들고 세트마다 소재를 하나씩 등록하면 됩니다. 쇼핑몰에서 많이 하는 방법입니다. 좋은 소재를 걸러내는 것이죠. 소재 테스트 외에 타깃 테스트도 있습니다. 오프라인 매장 마케팅은 지역 설정을 한 것이 더 효율이 높은지 테스트하기도 합니다. 이 테스트들은 소재 테스트를 통해 괜찮은 소재를 발견하면 해당 소재를 이용해서 타깃팅과 지역 설정을 추가해서 어떤 광고가 더 효율이 높은지 테스트합니다.

Q59 광고 최적화에 성공한 이후 어떻게 관리하면 될까요?

단기적인 광고라면 기존의 광고를 진행하다 종료하면 되지만, 장기적인 광고라면 최적화 소재를 발견한 이후에도 해당 소구점으로 새로운 유형의 광고를 만들어보거나, 아직 실험하지 않은 소구점으로 소재를 만들어서 계속해서 테스트해야 합니다. 최적화 광고의 효율이 영원하지 않기 때문입니다. 광고가 어느 정도 진행되면 같은 고객에게 노출되는 현상이 많아지고, 클릭이 점차 낮아지면서 효율이 떨어집니다. 이때를 대비해서 현재의 최적화 광고를 대체할 만한 새로운 최적화 소재를 끊임없이 발굴해야 합니다. 광고 하나가 성공한 이후에도 소재 테스트는 계속 진행해야 하는 이유입니다.

Q60 CPC, CPM, CTR 등 여러 지표 중 어떤 것을 중점적으로 봐야 할까요?

광고 성과 분석 지표로는 노출, 도달, 클릭, CPC, CPM Cost Per Mille, CTR Click Through Rate, 클릭률 등 많은 지표가 있는데요. 개인적으로 가장 먼저 봐야 할 건 CPC와 CTR입니다. CPC는 클릭당 비용, CTR은 클릭률로 두 지표는 보통 같이 움직입니다. CPC가 낮으면 CTR이 높고, CTR이 낮으면 CPC가 높은 경우가 많습니다. 효율 좋은 광고라는 것은 결국 저렴한 비용으로 많은 사람이 광고를 보고 클릭해서 자사 사이트로 들어오는 걸 말합니다. 따라서 지표만 본다면 광고 클릭률인 CTR이 높으면서 클릭당 비용 CPC가 낮은 광고가 좀 더 효과적인 광고라고 볼 수 있습니다. 물론 꼭 CPC가 낮아야 무조건 좋다고 볼 수는 없지만, 가급적 CPC를 낮게 하는 광고 소재를 연구하는 것이 좋습니다.

Q61 광고 소재 카피라이팅이 너무 힘든데 반응 좋은 카피를 쉽게 쓰려면 어떻게 해야 할까요?

고객이 집중하는 카피라이팅, 광고 소재 제작은 마케터에게 참 힘든 일입니다. 오랜 기간 광고를 기획한 저 역시 하루 이틀 만에 갑자기 좋은 카피를 쓰기란 쉽지 않습니다. 사람은 평소에 알고 있는 단어, 자주 쓰는 단어를 사용하는 습관이 있습니다. 그러니 갑자기 신선한 문구를 생각해 내기가 어려울 수밖에 없죠. 그래서 꾸준한 훈련을 통해 습관을 만들어야 합니다.

저는 개인적으로 카피라이팅 실력을 늘리기 위해서 신문을 구독하는 것을 추천합니다. 신문 전체를 다 보는 건 아니고 기사의 헤드라인만 보면서 괜찮은 표현을 수집합니다. 메모장에 모아놓으면 나중에 카피라이팅을 써야 할 일이 생길 때 그 메모장을 보면 수집한 헤드라인을 변형해서 괜찮은 카피를 만들 수 있습니다. 혼자서 좋은 카피라이팅을 만들기보다는 전문기자분들이 매일매일 고민해서 송출하는 좋은 헤드라인을 꾸준히 모아두셨다가 필요할 때 적용해 보시길 바랍니다.

두 번째로 저는 서점을 자주 가는데요. 꼭 경영, 마케팅 서적뿐만 아니라 다양한 주제의 책 제목을 보면서 괜찮은 제목은 사진을 찍습니다. 책은 끌리는 제목으로 사람들 눈길을 사로잡아야 하기에 저자나 출판 관계자들은 제목 짓는데 많이 고민합니다. 그러므로 책 제목을 중점적으로 보면 괜찮은 카피라이팅 소재를 얻을 수 있습니다.

《온라인 마케팅의 함정》은 책 제목에 이끌려 구매했다는 평이 많습니다. 이 제목을 짓게 된 계기는 서점에서 약 2시간 많은 분야의 책 제목을 보던 중 '함정'이라는 단어가 제 흥미를 끌었고, 이 단어를 넣어서 제목을 만들자고 결심한 것이 계기였습니다.

기존의 많은 책이 잘하는 방법에 대한 단어를 제목에 넣었다면, 저는 잘못하고 있는 방법에 대한 단어를 사용하여 고객에게 뭔가 새롭고 다르게 보이고 싶었습니다. 다행히 이 기획이 적중하여 6년이 지난 지금도 저의 첫 책을 보고 연락을 드리는 분들이 있어 감사할 따름입니다. 다시 정리하자면 딱 1달 동안 종이 신문에서 카피를 모으고 서점을 1주일에 1번씩만 가서 제목을 수집해도 정말 많은 카피라이팅을 수집할 수 있게 됩니다. 요리도 재료가 있어야 맛있는 걸 만들 수 있는 것처럼, 카피라이팅에서도 일단 내가 기존에 사용하는 단어가 아닌 신선한 단어, 표현을 많이 알고 있어야 좋은 결과가 나옵니다. 또한 시중에 카피라이팅 관련 서적도 많이 출간되어 있으니 읽어보시면 좋겠습니다.

Q62 구글 크롬이 쿠키를 차단한다는데 앞으로 리타깃팅 광고를 어떻게 해야 할까요?

구글의 쿠키 차단은 마케팅 업계에서 몇 년 전부터 큰 이슈였습니다. 2024년부터 본격적으로 시행하기 시작했는데요. 다행인 점은 메타에서도 마냥 손 놓고만 있지는 않다는 것입니다. 현재 메타 고객센터에서 대대적으로 광고관리자를 꾸준히 이용하는 광고주들에게 이메일 또는 전화 통화로 홈페이지 자체에 API를 연동하는 솔루션을 준비하고 있다고 알리고 있습니다. 인스타그램의 유료화 움직임도 보이는데요. 유튜브가 유튜브 프리미엄을 출시해 월 정액을 내면 광고 없이 시청할 수 있도록 한 것처럼, 인스타그램도 월 정액을 결제하면 광고 없이 이용할 수 있는 유료 멤버십 도입을 준비하고 있습니다. 국외에서는 이미 시작 단계이고 우리나라도 머지않아 유료 구독 서비스를 시행할 것으로 전망합니다.

즉, 구글 크롬 쿠키 차단에 대한 대책으로 API를 준비하는 한편, API를 지원하더라도 광고 효율이 예전보다 떨어져 광고주들이 비용을 적게 사용할 것까지 대비해 줄어든 수익을 유료 멤버십을 통해 보완하겠다는 의도로 파악됩니다. 현재 광고 채널로 가장 성과가 좋은 메타의 효율이 떨어진다는 건 퍼포먼스 마케팅이 더욱 힘들어진다는 걸 의미합니다. 인스타그램 유료화가 본격적으로 도입되기 전까지 우리의 브랜드를 좀 더 진정성 있게 알릴 수 있는 마케팅을 필수적으로 준비해야 합니다.

Q63 인스타그램은 맛집, 여행, 펜션, 애견, 육아 등 10~30대 여성들이 좋아하는 업종에 집중되어 있는 것 같습니다. 방금 말씀드린 타깃이 아니면 인스타그램 마케팅 성과가 미흡한가요?

인스타그램은 남성보다는 여성들이 좀 더 많이 이용하는 플랫폼이기는 합니다. 하지만 비중이 55:45 정도로 여성이 압도적으로 많은 것도 아닙니다. 물론 남성보다는 여성들의 게시물 업로드가 더 활발한 건 많습니다. 그래서 여성들이 좋아하고, 비주얼이 예뻐서 사진을 찍어 인스타그램에 올리고 싶은 업종이 상대적으로 유리합니다. 그렇다고 비주얼이 잘 안 나오고, 남성이 주로 이용하는 상품이 무조건 불리한 것도 절대 아닙니다. 남성보다는 여성이 활발하게 게시물 업로드, 댓글 소통의 비중이 좀 더 많을 뿐이지 인스타그램에 남성 유저가 없다는 말은 아니니까요.

내 상품의 타깃이 40대 중반까지의 구매력이 있다면 인스타그램 마케팅은 꼭 하라고 권장하는 편입니다. 50대 이상의 상품은 페이스북과 유튜브를 추천합니다. 인스타그램에서 잘나가는 상품은 10만 원 이하의 저관여 상품입니다. 객단가가 높은 상품을 판매한다면 구매의 장벽을 낮춰줄 수 있는 미끼상품의 기획이 필요합니다.

Q64 인스타그램 해시태그 상위 노출은 블로그 키워드 상위 노출만큼 효과가 있나요?

모든 아이템이 해시태그를 공략한다고 효과가 있는 건 아닙니다. 앞서 언급했다시피 사진 한 장을 보고 구매를 결심할 수 있는 사업 아이템은 해시태그 상위 노출이 효과가 좋습니다. 그런데 사진이 아니라 상세한 정보를 살펴보고 구매를 결정하는 아이템은 아직도 많은 사람이 인스타그램보다는 네이버를 이용합니다.

해시태그 콘텐츠를 읽고 바로 제품을 구매하는 아이템은 대표적으로 맛집, 카페, 펜션, 여행, 미용실, 네일아트, 타투 등인데요. 예를 들어, 네일아트는 ○○역 네일, ○○역 네일아트 해시태그로 검색하면 '이 달의 네일아트' 같은 콘텐츠가 노출됩니다. 이때 정말 신기하면서도 예쁜 네일아트 사진이 있으면 해당 업체로 네일을 받으러 가는 분들이 많습니다. 나머지

지역/공간 정보 탐색 시 이용률은 네이버가 압도적으로 높고, 유튜브·인스타그램과 같은 소셜미디어 채널이 뒤를 잇습니다

남성은 유튜브·구글·다음을, 여성은 네이버·인스타그램·트위터를 이용하는 비중이 상대적으로 높습니다.

네이버는 20~30대에서, 유튜브는 10~20대에서, 인스타그램은 10대~30대에서 이용하는 비중이 높게 나타나는 등 연령별 플랫폼 이용에 차이를 보입니다.

맛집/카페/핫플레이스 등 새로운 지역 및 공간 관련 정보 탐색 시 이용 플랫폼

	전체		성별		연령				
			남성	여성	10대	20대	30대	40대	50대
Base	(4956)		(2539)	(2417)	(362)	(984)	(1025)	(1252)	(1333)
네이버	88.2	86.1	82.6	89.7	76.8	88.2	89.9	87.1	83.0
유튜브	5.2	38.8	41.6	35.7	43.9	44.8	34.4	35.5	39.3
인스타그램	7.6	35.0	26.3	44.2	53.9	53.6	49.3	26.8	12.9
구글	9.8	23.5	33.2	13.4	32.6	24.0	23.3	23.7	20.7
다음	14.6		16.3	12.7	1.4	2.7	6.4	19.7	28.3
카카오톡	12.8		12.2	13.4	7.2	11.5	10.3	12.0	17.9
페이스북	0.3 3.5		4.2	2.8	3.0	5.4	3.8	2.8	2.8
트위터	0.4 2.6		0.9	4.4	10.2	5.6	1.7	1.0	0.6
네이버 밴드	0.6 2.1		2.2	1.9	0.8	0.8	1.5	3.2	2.8
네이트	0.4 1.5		1.6	1.3	0.6	1.2	0.8	1.8	2.0
카카오스토리	0.1 0.9		0.9	1.0	0.0	0.0	0.2	1.1	2.3
틱톡	0.0 0.7		0.7	0.6	3.0	0.2	0.6	1.0	0.2

사진 101	오픈서베이 소셜미디어·검색포털 트렌드 리포트 2023

역시 사진을 보고 여행을 가거나, 타투를 받거나, 맛집에 가거나, 미용실에 갈 수 있습니다. 반면 비주얼이 크게 상관없는 사업 분야는 해시태그 노출이 큰 성과가 없습니다. 그런 아이템은 해시태그 노출보다 인스타그램 인플루언서와 협업 이벤트를 하거나 스폰서 광고 등 다른 마케팅을 시도해 보는 것이 좋습니다.

위의 이미지에서 알 수 있는 것처럼 인스타그램에서 정보를 검색하는 비중은 약 7% 밖에 되지 않습니다. 아직까지는 압도적으로 네이버가 큰 비중을 차지하고 있습니다.

Q65 개인 계정과 브랜드 계정을 운영할 때 어떤 사진을 찍어서 올려야 할까요?

인스타그램 운영을 하면서 많이 고민하시는 부분입니다. 보통 개인 계정은 일상 사진을 올리고, 브랜드 계정은 수준 높은 사진이나 카드뉴스 등

을 올리시는데요. SNS의 본질은 사람을 보러 오는 곳이라서 브랜드 계정에도 저는 '사람이 주축이 되어야 한다'고 여깁니다. 브랜드 계정에도 세련된 제품 사진만 올릴 것이 아니라 인간미가 느껴지는 사진을 올리는 것이 좋은데요. 대표가 일하는 사진, 외부 활동하는 사진, 직원들과 회의하는 사진, 거래처나 협력업체 사장님을 만나는 사진, 고객 혹은 서포터즈 분들과 소통하는 사진 등을 올리면서 사업이 어떻게 진척되고 있는지 보여주는 것이 좋습니다.

반면 사람은 전혀 나오지 않고 스튜디오에서 예쁘게 찍은 제품 사진만 올리는 콘텐츠는 소비자에게 큰 감흥을 줄 수 없습니다. 사진을 통해 소통이 일어나지 않는 것이죠. 저는 개인적으로 차라리 내 사업 아이템 관련해서 고객들이 알고 싶어 하는 정보나 할인 이벤트 프로모션을 피드로 올리는 것이 더 도움이 된다고 봅니다.

Q66 브랜드 계정에 할인 이벤트 프로모션을 하려는데 매번 어떤 프로모션을 해야 하나 생각하는 것이 힘듭니다. 어떻게 아이디어를 떠올릴 수 있을까요?

보통 1주일 중 특정 요일을 정해서 소비자에게 '매주 특정 요일에는 프로모션, 이벤트가 있다'라는 인상을 심어주기 위해 지속적인 프로모션을 하는데요. 매번 같은 프로모션을 할 수는 없어서 고민이 될 것입니다. 일단 보편적으로 많이 하는 '데이 마케팅'을 활용하는 것이 좋습니다. 발렌타인데이 기념, 어린이날 기념, 추석, 여름방학, 겨울방학, 수능, 크리스마스 등 시즌마다 이벤트를 만들 수 있으니까요. 다른 회사들은 어떤 식으로 프로모션을 하는지 찾아보면서 힌트를 얻을 수도 있습니다.

마지막으로 소비자와 소통하면서 프로모션을 결정할 수도 있습니다. 사실 프로모션은 내가 주고 싶은 혜택을 주는 것이 아니라, 소비자들이 받고 싶은 혜택을 주는 것이 가장 중요합니다. 그래서 인스타그램 스토리, 댓글, DM을 통해 솔직하게 어떤 것을 원하는지 물어보는 것도 한 가지 방법입니다.

제 경험상 프로모션 혜택으로 가장 비효율적인 것은 자사 몰 포인트를 주는 것이었습니다. 많은 브랜드가 자사 몰 포인트를 지급하면 우리 쇼핑몰에 와서 포인트를 쓰기 위해 물건을 살 거라고 생각하는데요. 우리 제품을 계속해서 재구매하는 충성 고객들은 자사 몰 포인트를 좋아하지만, 아직 우리 회사 제품을 한 번도 구매하지 않은 신규 고객들은 자사 몰 포인트 5,000원을 받을 바에는 현금 1,000원을 받는 걸 더 선호합니다.

Q67 팔로워가 몇 명 정도 되어야 인플루언서라고 칭할 수 있을까요?

코트라 자료에 따르면 인플루언서는 팔로워 수와 사회적 영향력에 따라 '메가 인플루언서, 매크로 인플루언서, 마이크로 인플루언서, 나노 인플루언서' 4단계로 구분된다고 합니다. 이 가운데 나노 인플루언서는 솔직히 인플루언서라고 말하기에는 영향력이 너무 미미합니다.

가장 높은 등급인 메가 인플루언서는 대한민국에서 이름을 들었을 때 모르는 사람이 거의 없는 연예인, 정상급 크리에이터로 보면 되겠습니다.

사진 102 인플루언서 계급도

그 뒤를 매크로 인플루언서와 마이크로 인플루언서가 뒤따릅니다. 팔로

워가 최소 수천 명 정도 되는 마이크로 인플루언서부터는 당당하게 인플

루언서라고 말할 수 있을 것입니다.

Q68 인플루언서와 공동구매 이벤트 효과 괜찮나요?

예전에는 팔로워 많은 인플루언서와 공동구매를 진행하면 제품 판매가

잘 되었습니다. 하지만 최근 효과가 이전만 못하다는 말들을 심심치 않게

들어봅니다. 효과가 떨어지고 있는 거죠. 그렇다고 '공동구매를 해선 안

된다'는 의미는 아닙니다. 팔로워와 실제로 소통을 자주 하고, 팔로워들

에게 영향력이 있으며, 팔로워와 관계 구축이 잘 된 인플루언서와 협력하

여 광고를 진행한다면 여전히 효과는 있습니다.

다만 최근에 효과를 볼 수 있는 인플루언서가 생각보다 많지 않아서 정말 꼼꼼하게 찾아야 하는데요. 팔로워 숫자만 보지 마시고 그 팔로워가 외국인 계정이 아닌 진짜 활동하는 한국인들인지, 팔로워 수에 비해 하트와 댓글은 자주 달리는지, 얼마나 자주 라이브를 켜서 팔로워들과 소통하는지, 팔로워를 떠나서 현재 그 업계에서 영향력을 보여주고 있는지 등을 정말 다양하게 점검하셔야 합니다.

Q69 인스타그램에서 콘텐츠가 공유, 친구 소환 등으로 대박이 터질 수 있나요?

SNS가 처음 등장했을 때 사장님들은 블로그와 달리 특정 게시글에 친구를 소환해서 같이 읽고, 공유에 공유를 거쳐서 수많은 사람에게 전파될 수 있다는 점에 매력을 느꼈습니다. 물론 인스타그램 역시 친구 소환과 공유로 대박 조회 수가 터질 수 있습니다. 그게 쉽지 않을 뿐이지요.

친구 소환과 공유를 받으려면 관심을 끄는 글을 써야 하는데 재미있고 독특한 콘셉트 계정을 가졌거나 현재 유행하는 민감한 이슈와 관련이 된다면 쉽게 전파가 될 것입니다. 당연히 엄청난 아이디어 싸움을 해야겠죠. 그래서 광고비가 많으면 내 노력을 줄이는 대신 광고비로 전파를 시키고, 광고비가 적으면 그만큼 기획하는 데 시간을 투자해서 전파가 잘 될 콘텐츠를 뽑아내는 것 같습니다. 기획도 잘하면서 광고 예산까지 투자할 수 있다면 금상첨화겠지요.

Q70 인스타그램이 쇼핑 태그부터 시작해서 점점 쇼핑몰화가 되어간다는 데 어떻게 대비해야 할까요?

이 문제는 아직 걱정할 정도까지는 아닙니다. 확실히 국외는 SNS의 쇼핑 몰화가 상당 부분 진행되고 있는데요. 우리나라는 다른 나라에 비해 IT 강국이라 그런지 네이버 스마트스토어, 카페24, 고도몰 등 쇼핑몰 솔루션이 워낙 잘 되어있어서 인스타그램에서 정보를 얻은 다음 스마트스토어나 자사 몰에 가서 물건을 구매하는 것이 일상화되어 있습니다. 반대로 국외는 쇼핑몰 솔루션이 크게 발달하지 않았고 SNS에 쇼핑 기능이 생기자 SNS를 통해서 물건을 사는 문화가 정착하는 것 같은데요. 아직은 좀 더 지켜봐야 할 것입니다. SNS 쇼핑 기능이 강화되어도 우리나라는 여전히 자사 몰과 스마트스토어 구매 비중이 더 높을 것으로 보입니다.

Q71 인스타그램에도 저품질이 있나요?

저품질 대신 계정 락Lock이 있습니다. 프로그램을 통해 하트, 댓글, 팔로워를 조작하면 계정이 잠겨버리는데요. 프로그램을 쓰지 않고 정공법으로 계정은 운영하면 락을 당할 일은 없으니 걱정하지 않으셔도 됩니다. 물로 간혹 주변 분들이 해킹으로 인스타그램 계정이나 광고 계정이 막히는 일이 가끔 일어납니다. 이런 부분을 위해서 항상 2차 인증과 보안에 신경 쓰시길 바랍니다.

Q72 인스타그램 팔로워를 구매하고 프로그램을 써도 될까요?

초창기에 많은 분이 인스타그램의 알고리즘에 대한 학습 없이 팔로우가 많으면 좋아 보일 것 같아 프로그램을 많이 돌리셨는데요. 현재는 안 하는 것이 정답입니다. 프로그램은 계정 락이 걸린다고 말씀드렸죠. 팔로워 구매도 안 하는 것이 좋은데요. 계정이 망가지기 때문입니다. 계정이 망가진다는 것은 계정이 잠기거나, 노출이 아예 안 되는 것과는 다릅니다.

예를 들어, 애견용품을 파는 브랜드라고 해봅시다. 그럼 내 피드가 강아지를 기르는 사람들에게 많이 노출되어야 좋겠지요. 그러기 위해서는 내 팔로워들은 실제 강아지를 기르는 이들이 많아야 합니다. 그런데 인스타그램을 시작하면서 유령 계정 1,000명을 팔로워로 구매했다면, 내 피드가 견주에게 노출되어야 하는데 알고리즘 상 견주보다 기존 팔로워인 유령 계정과 비슷한 팔로워에게 노출되기 시작합니다.

나는 강아지라는 관심사를 가진 사람들과 소통해야 하는데 내 관심사랑 전혀 엉뚱한 사람들에게 피드가 뜨면서 견주들과 소통하기 힘들어 지는 것이죠. 인스타그램은 프로그램을 쓰거나 팔로워를 구매하지 마시고 시간이 다소 걸리더라도 정말 나의 고객을 정석대로 팔로워를 모으시길 바랍니다.

Q73 선팔과 맞팔 무조건 해야 하나요?

블로그 서로 이웃과 마찬가지로 하루에 시간이 되는 한 무조건 하는 것이 좋습니다. 다만 무의미한 선팔, 맞팔이 아니라 앞서 이야기한 견주 사례처럼 내가 소통해야만 하는 사람들과 팔로우, 팔로워 관계를 맺고 소통해야 합니다. 제가 알고 지내는 인스타그램 인플루언서들은 항상 휴대폰으로 수시로 인스타그램을 하고 있습니다. 같이 밥 먹고 커피를 마시는 도중에도 계속 앱에 인스타그램 알람이 울리는데요. 고등학교 3학년 수험생이 틈새 시간을 활용해서 영어 단어를 외우듯이 시간이 날 때마다 댓글에 답글 달아주고, 하트 달아준 사람에게 답방 가고 맞팔하는 모습을 봐왔습니다.

많은 사람이 인플루언서를 부러워하지만, 인플루언서도 고충이 있습니다. 공감, 댓글, DM 등의 소통을 안 하고 콘텐츠도 올리지 않고 가만히 있으면 당연히 계정이 성장할 수 없겠죠. 그래서 사장님들이 자기 사업에 시간과 노력을 쏟듯이 인플루언서들도 자기 계정을 관리하고 성장시키는데 엄청난 시간과 노력을 쏟고 있습니다.

Q74 카카오 비즈보드 광고는 효과가 있나요?

여러 마케팅 채널 가운데 카카오 광고가 가장 인기가 없는 편입니다. 카카오톡에서 보이는 광고 구좌가 UI적으로 매력적이지 않기 때문이죠. 다른 마케팅 채널에 비해 유독 카카오톡 광고가 지면이 작아 소비자의 눈에 잘 들어오지 않습니다. 아마 여러분도 카카오톡을 이용하면서 광고에 눈이 가서 클릭해 본 경험이 그렇게 많지는 않으실 거예요.

카카오도 이 점을 의식하고 있는지 여러 변화를 도모하고 있는데요. 카카오 광고가 눈에 잘 안 띄는 이유 중 하나는 바로 광고창이 상단에 있어서인데, 최근 분리된 오픈채팅방 탭에서는 광고가 대화창 중간에 뜨는 걸 볼 수 있습니다. 앞으로의 변화를 짐작해 보면 현재 우리가 채팅하는 중간에도 광고가 뜨고, 광고창의 사이즈도 커질 것 같습니다. 그렇게 되면 카카오가 지금의 메타처럼 광고 플랫폼으로 주목을 받을 날도 오지 않을까 예상합니다.

물론 광고 피로도가 높아져 싫어하는 사람도 생기겠지만, 그때가 되면 카카오도 '카카오 프리미엄' 같은 상품을 만들어 월 구독료를 내면 카카오에 광고가 뜨지 않게끔 하는 정책을 도입할 것입니다. 지금 유튜브 프리미엄을 이용하는 분들이 많은 것처럼 카카오 프리미엄도 많은 사람들이 이용하지 않을까요?

Q75 구글 이미지 배너 광고는 효과가 있나요?

구글 이미지 배너 광고의 최대 장점은 노출 범위가 넓다는 것입니다. 구글이 제휴한 네트워크 채널이 많아서 정말 여러 웹사이트에 광고를 내보낼 수 있는데요. 아마도 여러분이 주로 구글 이미지 배너 광고를 접한 경로는 티스토리 블로그, 인터넷 뉴스 기사, DC인사이드 같은 커뮤니티 사이트가 많을 겁니다.

타깃팅 기능도 지원하는데요. 예를 들어, 내가 재테크 상품을 판매한다면 티스토리의 주식 관련 포스팅, 인터넷 신문 경제 뉴스에 내 광고가 뜨는 식입니다. 그러나 여전히 메타 광고보다는 집중도가 낮다는 단점은 있습니다. 구글 이미지 배너 광고는 사람들이 정보성 포스팅을 읽거나, 뉴스 기사를 읽거나, 커뮤니티 글을 읽는데 사이드 지면에 주로 노출되기에 메타 광고보다는 상대적으로 소비자의 눈길이 분산된다는 단점이 있습니다. 이에 따라 광고 클릭률이 낮은 편입니다.

클릭률이 낮다는 단점은 있지만 다른 디스플레이 광고에 비해 광고비가 저렴하다는 장점이 있고요. 노출 범위는 디스플레이 광고 가운데 가장 높으므로 딱 봤을 때 충동구매를 부추길 수 있는 이슈가 될 상품을 자극적인 소재를 이용해 광고하면 효과가 좋습니다.

오프라인에서 눈이 가는 옥외 광고에 관심이 딱 꽂히는 걸 생각하면 됩니다. 길거리에 간판, 자동차, 건물, 가로수, 신호등 등이 있는데 예를 들어, 이것을 먹으면 아이의 키가 커진다거나, 매력적인 선남선녀를 모델로 데이팅 애플리케이션 등을 홍보한다면 눈길이 확 갈 것입니다. 이처럼 아이템과 소재가 좋다면 구글 이미지 배너 광고가 큰 효과를 낼 수 있습니다.

더 유용한 방법은 리타깃팅 광고하는 것입니다. 아시다시피 구글 광고 역시 자사 몰에 미리 스크립트를 설치해 두면 리타깃팅을 할 수 있는데요. 리타깃팅 광고를 유튜브와 이미지 배너에 동시 송출을 하면 내 자사 몰에 접속한 유저의 유튜브와 인터넷 웹사이트에서 동시에 광고가 따라다니기 때문에 바로 구매하지 않은 고객도 구매하게 할 수 있습니다.

Q76 채널톡에 사람을 많이 모으기 위해서는 어떻게 해야 할까요?

최근 CRM 마케팅을 하려는 사장님이 많아지면서 카카오 채널, 채널톡에 대한 관심도 증가하고 있는데요. 카카오 채널 팔로워를 늘리려면 소비자에게 혜택을 주는 것이 가장 좋은 방법입니다. 그것이 꼭 돈이나 사은품일 필요는 없습니다. 내 사업의 타깃 고객이 진심으로 원하는 정보라도 상관없는데요. 예를 들어, '매일 9시 여러분이 원하는 좋은 정보를 보내드립니다'라는 명분을 만들어주면 채널톡을 추가하는 사람이 많아질 것입니다. 이를 위해 내 소비자가 누구고, 이들이 무엇을 원하는지 제대로 분석해야 합니다.

Q77 채널톡으로 전체 메시지를 보낼 때마다 채널톡을 해지하는 사람이 늘어나는데 어떻게 해야 할까요?

많은 쇼핑몰이 채널톡을 사용하는 이유가 채널톡을 통해 채팅 문의, 채팅 상담을 받고 그렇게 채널톡에 이들에게 할인 정보를 발송하여 재구매를 유도하기 위해서이겠지요. 이렇게 운영하면 고객들은 어느 순간부터는 알람 울리는 것이 귀찮아서 해지하겠죠.

그래서 앞에서 말씀드린 것처럼 유용한 정보를 같이 보내주는 것이 좋은데요. 우리가 할인 프로모션 1번을 보내기 전에 3번 정도는 광고가 아닌 정말 유용한 정보를 보내주어야 합니다. 이때 간혹 광고를 하더라도 3번 정도는 유익한 정보를 보내주니 바로 해지하는 이들이 줄어듭니다.

이 방법은 내 아이템의 타깃이 B2C 소비자, B2B 사업자 모두 적용할 수 있습니다. 애견용품을 B2C 판매한다면 강아지 건강, 강아지와 놀아주는 방법 등을 정보로 보내주면 되고요. 사업자를 대상으로 한 B2B 아이템이라면 정부 지원 사업 정보, 세금 혜택 정보, 대출 금리 정보, 직원 채용 관련 지원 정보 등을 보내주면 될 것입니다.

Q78 인스타그램, 유튜브 다음으로 어떤 플랫폼이 나올까요?

인스타그램과 유튜브가 대세가 될 수 있었던 이유는 다음과 같습니다. 지금 사람들이 가장 많이 사용하는 단말기가 스마트폰인데요. 스마트폰으로 만들 수 있는 콘텐츠는 텍스트, 이미지, 동영상이 한계이기 때문입니다. 그래서 우리가 사용하는 제품의 성질이 근본적으로 바뀌기 전까지는 인스타그램과 유튜브 다음의 플랫폼이 나오기는 힘들 거라 예상됩니다.

많은 분이 메타버스, VR, 생성 AI를 활용한 새로운 채널이 나올 것 같다고 하십니다. 메타버스와 VR은 아직 기술 개발이 좀 더 진행되어야 할 것 같고, 생성 AI는 조만간 구글처럼 사람들이 검색 대신 질문할 때 광고주를 추천해 주는 식으로 마케팅에 활용되지 않을까 예상합니다. 물론 앞으로 VR, AI는 많은 산업을 바꿀 것입니다. 또한 VR, AI 업계에서 현재 우리가 인스타그램, 유튜브처럼 많이 사용하는 다음 차세대 플랫폼이 나올 거라 기대합니다. 그러나 당장의 일은 아니기에 당분간은 지켜봐야 합니다.

만약 VR, 메타버스 기술이 더 발달하여서 사람들이 스마트폰 대신 VR 기기만 사용하게 된다면 모든 광고 시장이 VR, 메타버스를 중심으로 재구축될 것입니다. 그래서 어떻게 보자면 인스타그램, 유튜브도 마냥 영원할 수는 없어서 여기서 쌓은 구독자와 팔로워들을 미리 내 자사 몰에 회원으로 확보해야 합니다.

Q79 카드뉴스를 잘 만들기 위해서는 어떻게 해야 할까요?

신문을 보면서 연습하는 걸 추천합니다. 저는 온라인 신문보다는 종이 신문이 눈에 더 잘 들어옵니다. 뉴스 기사는 기자들이 기승전결을 의식해서 쓴 글입니다. 카드뉴스도 이 기사와 비슷한데요. 이미지 10장 범위에서 기승전결을 구축해 메시지를 전해야 하므로 글을 조리 있게 쓸 수 있다면 카드뉴스도 잘 만들 수 있습니다.

'내가 이미지 10장 중 1~3장은 서론, 3~6장은 본론, 6~9장은 결론, 마지막 10번째 장은 상품 홍보를 하겠다'고 가정한다고 해봅시다. 그러면 글로 서론, 본론, 결론을 만들고 여기에 맞는 이미지를 제작해 봅니다. 글 한 편을 쉽게 기획할 수 있으면 카드뉴스도 쉽게 만들 수 있습니다. 글 한 편을 쉽게 기획하고 쓰기 위해서는 신문 기사를 읽으면서 서론, 본론, 결론과 기승전결의 짜임새를 공부하는 것이 좋습니다.

최근에는 이런 카드뉴스의 만들 수 있는 제작 템플릿을 제공해 주는 디자인 플랫폼들이 많이 있습니다. 포털사이트에서 '카드뉴스 제작툴'이라고 검색만 해도 정말 많은 솔루션을 추천받을 수 있습니다.

Q80 대표님이 마케팅을 해오면서 가장 어렵다고 생각한 업종은 무엇인가요? 그 어려움을 극복하기 위해 어떻게 하셨나요?

저는 차별화가 안 되는 제품군이 가장 어렵다고 생각하는데요. 의류 쇼핑몰이 대표적입니다. 특히 여성 의류는 다른 아이템에 비해 트렌드가 정말 빠르고 특히 제가 남자라서 약한 부분도 있습니다. 그리고 대부분의 대표님들은 다른 쇼핑몰에서도 판매하는 옷을 사입해서 파는 경우가 많아서 특히 어려움을 느낍니다. 옷은 디자인이 큰 역할을 하는데 디자인의 차별화가 안 되면 가격 경쟁을 할 수밖에 없습니다. 그래서인지 신규 개업하는 브랜드보다 폐업하는 의류 쇼핑몰이 더 많다는 이야기가 있습니다.

가격 경쟁에서 탈출하기 위해서는 사입을 넘어서 내 브랜드만의 디자인, 내 브랜드만의 제품을 만들거나 서비스로 차별화해야 합니다. 현재 광고를 해드리고 있는 여성 쇼핑몰이 하나 있는데요. 여기 사장님은 사입하지 않고 다양한 옷을 디자인하고 소량 생산하는 방식으로 어려움을 극복하셨습니다. 타깃은 30대, 40대 여성 중 강남 일대의 명품 럭셔리 브랜드, 고가 의류를 선호하는 일명 '강남 사모님'입니다. 이 타깃에 맞춰 명품 브랜드에서 느낄 수 있는 우아하고 고급스러운 디자인을 채택하고 가격도 중고가로 설정했습니다.

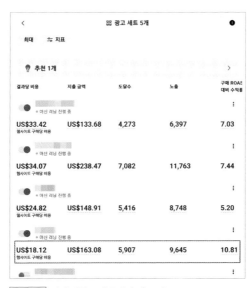

사진 103 여성 의류 쇼핑몰 메타 광고 지표

중고가 가격은 광고에도 도움이 되었는데요. 제품 가격이 너무 낮으면 광고비를 조금만 많이 써도 이윤이 남지 않아 광고를 진행하는 것이 조심스럽습니다. 다소 높은 금액 대라서 마케팅 비용을 조금 더 투자해도 제품이 팔리면 이익을 남길 수 있어서 여성 의류 쇼핑몰임에도 불구하고 우수한 광고 효율을 만들 수 있었습니다.

전 페이지의 이미지는 현재 저희가 광고를 진행하고 있는 여성 의류 쇼핑몰 메타 광고 지표입니다. 보시면 제품 구매당 비용이 평균 13.6 달러(한화 약 17,000원)가 나옵니다. 다행인 점은 이 브랜드의 평균 제품 판매가는 20만 원 이상입니다.

만약 다른 쇼핑몰처럼 다른 곳에서도 흔하게 볼 수 있는 저가 의류 중심으로 상품을 구성했다면 이런 성과를 낼 수 없었을 것입니다. 차별화가 없으니 판매도 잘 안되고, 제품 가격대가 저렴하니 평균 구매 당 비용을 17,000원에 맞춰도 적자를 볼 수 있었습니다.

의류 쇼핑몰을 운영 중이시라면 내 브랜드에서만 구매할 수 있는 오리지널 디자인과 저가를 피하는 것이 온라인 광고에 더 유리할 수 있습니다. 여기 사장님은 패션 관련 일을 오랫동안 해오셔서 직접 디자인이 가능하셨으며, 브랜드를 알리기 위해서 신제품이 출시될 때마다 유명 인플루언서에게 제품을 협찬하여 이슈를 만들었습니다.

이런 조건이 겹쳐진 덕분에 제가 가장 힘들어하는 업종인 여성 의류 쇼핑몰에서도 성과를 낼 수 있었던 것 같습니다. 광고는 좋은 성과를 만들기 위해 A/B 테스트를 많이 거쳤습니다. 1차 테스트를 통해 반응이 좋은 소재를 추려냈고, 2차 테스트로 어떤 타깃에게 광고를 해야 가장 적은 비용으로 가장 큰 광고 효과를 볼 수 있는지 실험했습니다. 이렇게 테스트를 하면 어떤 광고를 누구에게 보여줄 때 효과가 가장 드라마틱한 지 알수 있습니다. 여러분도 테스트를 통해 상위 1~2개 정도의 타깃에게 광고비를 집중 투자하시길 바랍니다.

Q81 충성 고객을 만들기 위해서는 어떻게 해야 할까요?

가장 중요한 건 시장조사입니다. 시장조사라고 하면 내 아이템을 구매해 줄 소비자는 누구인지, 경쟁사는 누구인지 조사하는 것인데요. 만약 내 상품이 소비자의 니즈를 충족시키지 못한다면 소비자는 나에게 돈을 낼 이유가 없습니다. 마찬가지로 내 아이템이 경쟁사보다 나은 점이 하나도 없으면 내 상품을 선택할 이유가 없겠죠. 내 상품이 비슷한 가격을 내고서도 경쟁사 상품보다 더 큰 만족도를 줬을 때 소비자들은 우리 회사의 충성 고객이 됩니다. 여기서 한 단계 더 나아가 고객들과 계속 소통하면서 브랜딩이 되면 될수록 고객들은 더욱 충성하게 되겠지요.

그래서 상품 개발 단계에서부터 고객과 포커스 그룹 인터뷰, 설문조사, 간담회, 서포터즈 등을 통해서 어떤 상품을 원하는지 물어봅니다. 시제품을 사용하게 해본 다음 소감을 듣고, 어떤 점을 더 보완했으면 좋겠는지 피드백을 받습니다. 제품 하나로 끝나는 것이 아니라 이들이 더 필요로 하는 정보와 서비스가 무엇인지 알아내서 이를 반영하는 상품을 만들어야 합니다. 이러한 니즈 파악에 관해 자사 직원들과만 소통하면 나오는 아이디어에 한계가 있습니다. 그러므로 가능하면 소비자에게 직접 이야기를 들어야 합니다.

상품만 팔고 끝이 아니라 이제는 소비자가 제품 이상의 가치를 느낄 수 있는 브랜딩이 되어야 충성 고객이 늘어나는데요. 브랜딩에 관해서는 앞에서 많이 말씀드렸죠. 바이블, 메신저, 이벤트, 심벌 4가지 요소를 잘 활용해서 자꾸 고객에게 새로운 가치를 선물하고, 브랜드가 고객과 함께 특별한 경험을 공유해야 관계가 깊어지고 충성 고객이 늘어납니다.

Q82 CRM 마케팅이 많이 중요해졌다고 하는데 왜 그런가요?

퍼포먼스 마케팅의 경우 즉각적인 매출만을 고려하다 보니 CRM에 대해 체계적으로 고려를 하지 못했습니다. 계속해서 성과 좋은 광고 소재를 발굴해서 광고를 돌리면 신규 고객이 생겼으니까요. 그런데 지금은 제품의 상향 평준화, 온라인 경쟁 과다, 마케팅 채널의 고착화 등의 문제로 광고 효율이 나날이 떨어지고 있습니다.

내 제품을 한 번도 안 사본 사람을 신규 고객으로 만드는 것은 어렵지만, 한 번이라도 내 제품을 사서 써본 사람에게 재구매를 하게 하거나 새롭게 나온 제품을 판매하는 것은 상대적으로 쉽기에 기존 구매 고객을 대상으로 한 CRM 마케팅이 점점 주목받고 있습니다.

Q83 CRM 마케팅을 시작하기 위해 무엇부터 하면 좋을까요?

CRM 마케팅으로 가장 많이 쓰이는 것이 카카오톡 채널과 인스타그램입니다. 인스타그램은 팔로워들과 관계를 맺고 콘텐츠와 DM으로 소통합니다. 카카오톡 채널톡은 내 브랜드 채널톡을 구독한 이들에게 할인 프로모션 메시지를 보내서 재구매를 하게 합니다. 브랜드 론칭 초기에는 기존 구매 고객이 없기에 예산 100퍼센트를 신규 고객 확보에 사용하게 되지만, 브랜드가 어느 정도 자리를 잡고 나서부터는 예산의 20~30퍼센트를 기존 구매 고객을 위한 마케팅 비용이 할당하면 됩니다.

충성 고객과 함께 팬층을 좀 더 확보할 수 있는 이벤트, 캠페인을 하거나, 사은품을 준비하는 CRM을 해나가면 됩니다. 마케팅 활동에 너무 온라인만 고려하지 마시고, 오프라인으로도 고객과 만나고 소통할 접점을 만들어간다고 여기세요.

Q84 충성 고객을 만들기 위해 서포터즈를 어떤 식으로 운영하면 될까요?

지금부터 몇 가지 사례를 통해 설명하겠습니다.

다음 페이지의 사진을 보시면 산 정상에서 많은 분이 빨간색 수건을 들고 인증샷을 찍고 있습니다. 이들은 등산용품 브랜드인 블랙야크의 서포터즈들입니다. 블랙야크는 대한민국 100대 명산 리스트를 만들었습니다. 이 명산에 도전할 서포터즈 분들에게 빨간색 수건을 나눠주는데요.

자사 애플리케이션을 휴대폰에 설치하고 100대 명산에 등산해서 좌표를 찍고 사진을 찍어 인증하면 블랙야크 포인트가 적립됩니다. 이 포인트를 갖고 블랙야크 제품을 구매할 수 있습니다. 등산용품을 구매하는 분들

사진 104 | 블랙야크 100대 명산 인증샷

은 당연히 등산을 자주 다니는 분들일 것입니다. 이분들은 대한민국 100대 명산을 하나 둘 정복해 나가면서 기꺼이 인증샷을 남겨줄 분들이죠. 등산하는 사람들이 산 정상에서 기념사진을 찍는다는 점을 마케팅적으로 활용하였습니다.

블로그, 인스타그램, 유튜브 등에서 블랙야크 수건이 같이 찍힌 인증샷을 본 사람들은 블랙야크라는 브랜드를 접하면서 이 회사가 100대 명산 리스트를 만들었고 사진을 찍어 애플리케이션으로 인증하면 혜택이 있다는 사실을 알게 됩니다. 등산을 좋아하는 사람이라면 나도 블랙야크 서포터즈를 해야겠다고 생각할 수 있겠죠?

박카스로 유명한 동아제약도 1998년부터 꾸준히 대학생 서포터즈를 모집해 국토대장정 캠페인을 하고 있는데요. 150명 정도 뽑는데, 1만 8,000명이 지원할 정도로 경쟁률이 치열합니다. 한두 번으로 끝내지 않고 주기적으로 동아제약 서포터즈와 함께 이벤트를 했기에 명성을 얻은 것이죠. 이 캠페인은 피로 회복제인 박카스에 '청춘의 도전과 열정'이라는 이미지를 각인시키는 데 큰 공헌을 했습니다.

크게 2가지 방향으로 서포터즈를 활용하셨으면 좋겠습니다. 첫 번째는 앞서 소개한 널핏의 사례처럼 서포터즈와 함께 제품을 개발에 참여시키는 것이고, 두 번째는 블랙야크와 박카스의 사례처럼 내 타깃 고객과 행사나 이벤트를 열어서 특별한 경험을 함께하는 것이죠. 이 2가지를 해나가면서 그 과정을 SNS에 공유한다면 소비자들은 이 브랜드가 다른 브랜드하고는 다르다는 걸 느끼고 충성 고객이 생길 것입니다.

사실 이런 서포터즈는 소비자와 소통하는 작은 씨앗 같은 밑거름이 됩니다. 그리고 이런 부분을 하고 있는 회사와 안 하고 있는 회사가 2024년부터는 점점 차이가 커질 것입니다.

이번 책에서는 제가 크게 이슈화하여 다루고 있지 않지만, 대표님들 중에서 ESG 마케팅을 조금이라도 공부하고 있는 분들은 알고 계실 겁니다. 전 세계적으로 모든 기업과 회사가 ESG를 맞춰나가야 하고 그 주측이 결국 소비자와 함께 소통을 해나가야 하는 과정이라는 것을 말입니다. 하지만 많은 대표님들이 이 부분을 어렵게 여기십니다. 어렵게 여기지 마시고 '소비자와 소통할 수 있는 문을 조금씩 조금씩 열어가자'라고 생각하시면서 사례로 제시한 서포터즈 등을 운영해 보시길 추천합니다.

Q85 상세 페이지에 반드시 포함되어야 할 요소는 무엇이 있을까요?

소비자 관점, 먼저 내 상품을 사용해 본 고객들의 리뷰와 후기, 오직 내 브랜드에서만 맛볼 수 있는 차별화, 다른 경쟁사와의 구체적인 비교 자료, 신뢰성을 보여줄 수 있는 생산 과정, 스튜디오에서 촬영한 상품 사진이 대표적입니다. 이 6가지 요소가 필수적으로 들어가야 합니다. 물론 업종에 따라 좀 더 추가되거나 몇 가지가 생략될 수 있으며, 어떤 요소를 먼저 보여줄 것인지도 순서는 달라질 수 있습니다. 몇몇 예외적인 상황이 아니라면 가능하면 위의 6가지는 필수로 넣어주세요.

Q86 소비자의 관점은 무엇이고 왜 넣어야 하나요?

어떤 상품이든 소비자가 그 상품을 구매하는 이유, 그 상품을 구매하고 사용하면서 느꼈던 불편한 점이 있기 때문입니다. 예를 들어, 건강 기능 식품을 판매한다면 '여태까지 사드신 건강 기능 식품, 이런 점 때문에 불편하지 않으셨어요?' 하면서 소비자의 관점에서 그들의 페인 포인트Pain Point를 언급해야 소비자들이 '맞아. 그동안 건강 기능 식품을 사 먹으면서 이런 점이 불편했었어' 하고 공감하게 됩니다. 공감되어야 이것이 나를 위한 이야기, 나에게 해당이 되는 이야기라고 소비자들이 인지하게 되고 상세 페이지를 더 꼼꼼하게 정독하게 됩니다.

특히 기존 업계의 불편한 점, 단점, 안 좋은 관행을 내 제품과 서비스가 완벽하게 보완했다면 상세 페이지 서두를 소비자의 관점으로 시작해서 자연스럽게 그 불편함을 우리가 해결했다는 식으로 자사의 차별화를 강조할 수 있습니다.

Q87 후기, 리뷰는 어떻게 만들어서 넣어야 할까요?

상품을 팔면 자연스럽게 후기, 리뷰가 생기는데 별 5개 가운데에서도 가장 칭찬을 잘하는 베스트 후기를 캡처해서 상세 페이지에 넣어주면 됩니다. 후기와 리뷰를 넣는 이유는 신뢰도를 높이기 위해서인데요. 후기와 리뷰 외에도 신뢰도를 높일 수 있는 요소가 있다면 연달아 보여주는 것이 좋습니다.

예를 들어, 우리 상품이 1만 개 넘게 팔렸다는 판매 실적을 보여주는 것도 좋고, 우리 브랜드나 회사 대표님이 방송에 출연했다면 해당 화면을 캡처해서 보여주는 것도 좋은 방법입니다. 신뢰 요소는 리뷰, 후기부터 보여줘야 하는데 맨 처음 상품을 등록하면 리뷰, 후기가 없습니다. 상세 페이지를 위해서라도 리뷰, 후기를 만들 수 있는 체험단 마케팅을 꼭 진행해야 합니다.

Q88 내 상품의 차별화를 상세 페이지에서 어떻게 보여주는 것이 좋을까요?

차별화는 제품의 차별화, 서비스의 차별화, 사람의 차별화 3가지를 보여줄 수 있는데요. 만약 회사 대표가 권위가 있거나, 특정 분야의 전문가거나, 유명한 인플루언서라면 사람의 차별화를 비중 있게 말해줄 수 있겠지만 그게 아니라면 제품의 차별화와 서비스의 차별화를 중점적으로 이야기하게 될 것입니다.

내 제품이 다른 제품에 비해 어떤 점이 더 나은지, 다른 회사는 안 하는 특별한 서비스를 제공한다는 내용을 전하면 되는데요. 이때 되도록 GIF 움짤 파일을 이용해서 생생함을 더해주면 효과적입니다.

Q89 경쟁사 비교 자료는 어떻게 만들어서 넣으면 좋을까요?

차별화를 이야기하는 단계에서 나름 경쟁사보다 어떤 점이 좋다는 대략적인 언급이 됩니다. 그러나 여기에서 멈추면 뭔가 좋다는 건 알겠는데 구체적으로 어떤 부분이 얼마나 더 좋은지에 대해서는 감이 잘 오지 않습니다.

그래서 표, 그래프, 통계, 비포 앤 애프터Before & After 형식으로 우리 회사 상품과 경쟁사 상품이 어떤지 비교 자료를 만들어야 합니다. 이때 경쟁사 제품명을 그대로 쓰면 문제가 될 수 있으니 A사, B사, C사 등으로 이름을 바꿔서 표기해 주거나 대중 제품, 일반 제품, 마트 제품, 온라인 제품 등으로 표현을 바꿔서 자료를 만들어야 합니다.

Q90 생산 과정은 어떻게 보여주면 좋을까요?

말 그대로 상품 제조 공정을 보여주면 됩니다. 농수산물이라면 밭에서 벼농사하는 장면, 과일나무에서 수확하는 장면이 들어가면 되고 이 농수산물을 가공하거나 공산품이라면 공장에서 어떻게 가공하거나 제조하는지를 찍어서 보여주면 됩니다. 공장이라면 위생복을 입은 생산 직원이 같이 나와서 청결함을 강조하면 더욱 좋습니다.

Q91 고객들이 상세 페이지를 읽다가 뒤로 가기를 눌러서 이탈하는데, 이를 막으려면 어떻게 해야 할까요?

이탈을 막기 위해서는 상세 페이지에 공을 들이는 수밖에 없는데요. 사실 과거에는 상세 페이지에 크게 공을 들이지 않더라도 광고를 보고 넘어온 사람들이 곧잘 결제했습니다. 광고에서 어느 정도 내용을 알고 클릭을 하였고, 광고 내용과 상품이 일치하면 구매를 한 것이죠. 그런데 코로나19 이후로 모든 회사가 다 온라인에 뛰어들자 경쟁이 붙어서 기업들이 상세 페이지 수준을 높이기 시작했습니다.

자연스레 소비자들도 잘 만든 상세 페이지에 익숙해져서 이제는 상세 페이지가 일정 수준 이상 나오지 않으면 왠지 모르게 미덥지 못하다는 생각이 들어서 뒤로 가기를 눌러버립니다. 수준 높은 상세 페이지를 만들기 위해서는 앞서 말씀드린 '소비자의 관점, 리뷰와 후기, 차별화 포인트, 경쟁사와의 비교 자료, 생산 과정, 상품 사진'이라는 6가지 요소가 전부 들어가면 됩니다.

이때 반드시 디자인에도 신경 써야 합니다. 최근에 제품의 차별성과 상세 페이지의 내용은 좋은데 디자인 품질이 뒷받침이 안 되는 경우가 많습니다. 디자인이 빈약하면 소비자들은 뭔가 촌스럽다고 느끼고, 좋은 제품이 아닌 것 같다는 인상을 받습니다. 따라서 상세 페이지 디자인에는 비용을 과감하게 투자하시길 바랍니다.

비용이 다소 들더라도 실력이 확실한 전문가에게 맡기는 것이 좋습니다. 간혹 보면 디자인 실력이 뛰어나지 않은데 상세 페이지 제작 전문 업체라고 하면서 대행해주는 곳이 있는데요. 저렴한 금액에 현혹되지 마시고 포트폴리오를 체크하시고 오프라인으로 미팅도 하셔서 업체를 결정하시길 바랍니다.

Q92 요즘 망고보드, 미리캔버스 같은 상세 페이지를 제작할 수 있는 디자인 플랫폼이 잘 발달되어 있는데요. 이걸로 상세 페이지를 디자인해도 좋을까요? 아니면 크몽 등을 통해 디자이너에게 외주를 주는 것이 더 좋을까요?

회사 내부에 자체적인 디자이너가 없다면 상세 페이지 제작은 디자이너에게 외주를 맡기는 걸 더 추천합니다. 물론 망고보드, 미리캔버스 같은 디자인 플랫폼으로도 상세 페이지를 만들 수는 있습니다. 그런데 디자인을 잘 모르는 일반인이 아무리 디자인 플랫폼의 템플릿을 잘 활용하더라도 전문 디자이너의 색 감각, 폰트 감각을 따라갈 수 없습니다. 디자인 외주를 맡길 때는 디자인 플랫폼이 아니라 제대로 포토샵과 일러스트레이터를 이용해서 작업하는 경력직 디자이너를 찾아야 합니다. 크몽 서비스 설명에 나온 경력과 포트폴리오를 보고 우리의 아이템 카테고리의 포트폴리오를 보고 반드시 오프라인 미팅 후 작업을 시작하시길 바랍니다.

　디자인 외주를 맡길 때는 디자이너에게 무조건 의존하지 마시고 디자이너에게 상세한 내용 가이드를 알려주어야 합니다. 제가 앞서 말씀드린 상세 페이지에 들어가야 할 6가지 요소를 토대로 어떤 순서대로 말할 것인지 스토리보드를 짜야 합니다. 각각의 위치에 어떤 사진이 들어가야 하고, 이 위치에 어떤 카피라이팅이 들어가야 하는지 전부 정해서 디자인만 디자이너분이 예쁘게 만들 수 있도록 하는 것이죠.

보통 디자이너분들은 컬러에 대한 감각이 발달하고, 세련된 디자인은 잘합니다. 그런데 잘 팔리는 상세 페이지의 기획력이 부족한 경우를 많이 봤습니다. 개인적인 생각인데 디자인도 탁월하면서 구매 설득력까지 뛰어난 상세 페이지를 만드는 회사는 업계에서 10퍼센트도 안 되는 것 같습니다. 기획력과 디자인 둘 다 잘하는 회사는 당연히 비싼 요금을 지불해야 합니다.

차라리 제가 방금 알려드린 상세 페이지에 반드시 들어가야 할 요소를 참고해서 직접 기획해 보세요. 상품에 관해 가장 잘 아는 사람은 생산자인 회사 대표니까요. 그렇게 기획안이 나오면 기획력은 다소 부족하더라도 디자인을 잘하는 디자이너에게 도움을 받는 편이 가장 경제적입니다. 디자이너와 협업할 때는 디자이너가 요청하는 사진 자료를 제때 잘 제공해야 합니다. 아무리 요리를 잘하는 요리사도 냉장고에 재료가 없으면 만들 수 있는 요리가 없는 것처럼, 유능한 디자이너도 제품 관련 사진과 회사 로고 등의 이미지 파일이 있어야 상세 페이지를 잘 만들 수 있습니다.

Q93 상세 페이지에서 고객에게 신뢰성을 주고 싶은데 어떻게 하면 좋을까요?

앞서 말씀드렸다시피 디자인 수준도 중요하고, 상세 페이지에 들어갈 내용도 중요합니다. 디자인은 꼭 전문 디자이너에게 외주를 맡기시고요. 상세 페이지 기획안에는 신뢰도를 높이는 요소인 '생산 과정, 리뷰, 후기, 권위자의 인증, 소비자의 관점'을 전부 넣어주세요. 특히 소비자의 관점이 중요합니다. 내가 아닌 이 물건을 살 사람의 이야기를 하기 때문인데요.

내 회사, 내 브랜드, 내 상품에 관해 어필하는 것도 물론 중요하지만, 상세 페이지의 내용 모두 나의 이야기만 있으면 자기 자랑처럼 보일 수 있습니다. 신뢰를 주려면 상세 페이지에 고객의 이야기도 담아서 뭔가 소통이 되는 느낌을 주어야 합니다.

와디즈의 상세 페이지들이 대표적인데 소비자들이 겪어온 불편한 점(페인 포인트), 이를 해결하기 위한 기업의 노력, 그 결과에 대한 이야기가 많이 들어가 있습니다. 그걸 본 사람들은 '이 회사가 정말 나 같은 사람을 위해 이 제품을 만들었구나' 하고 신뢰를 느끼게 합니다.

Q94 **저는 사업 시작한 지 얼마 되지 않았는데 상세 페이지에 넣을 고객 후기를 어떻게 확보하면 좋을까요?**

상세 페이지 제작과 동시에 인스타그램, 유튜버 체험단 마케팅을 시작해야 합니다. 상세 페이지 제작 외주를 주면 빠르면 한 달, 대개 한 달 반 정도가 걸립니다. 그 사이 블로그, 카페, 인스타그램, 유튜브 전 마케팅 채널로 체험단을 진행하는 것이 좋습니다. 고객들이 어디에서 내 상품, 브랜드명, 상호를 검색해도 리뷰가 뜨도록 말이죠.

상품이 훌륭하다면 체험단 마케팅으로 충분히 좋은 후기가 나옵니다. 이 후기들 가운데 가장 내 상품을 잘 칭찬한 베스트 후기를 상세 페이지에 넣어주면 됩니다.

Q95 상세 페이지 벤치마킹을 하고 싶은데 상세 페이지 참고하기 좋은 사이트는 어디가 있을까요?

와디즈와 컨비니를 추천합니다. 일단 와디즈는 워낙 유명하죠. 하지만 와디즈라고 해서 모든 제품 상세 페이지가 뛰어난 건 아닙니다. 최소 1억 이상 펀딩에 성공한 상품의 상세 페이지를 참고하는 것이 좋습니다. 내 사업 분야 카테고리만 보시지 마시고, 1억 원 펀딩을 했다면 모든 아이템의 카테고리에서 보시기 바랍니다. 대부분 상세 페이지 벤치마킹을 고려할 때 경쟁사를 많이 참고하시는데, 경쟁사들이 생각보다 상세 페이지를 잘 만들지 않은 카테고리도 있습니다. 이렇게 되면 좋은 상세 페이지를 보는 안목이 생길 수가 없습니다.

컨비니는 상세 페이지 필수 요소 중 생산 과정을 참고하기 정말 좋은 사이트입니다. 와디즈와 다르게 농수산물, 요리 등 식음료만 전문으로 취급합니다. 아시다시피 농수산물은 차별화하기가 가장 어렵습니다. 사과, 당근, 돼지고기, 배추 등은 모양도 맛도 비슷비슷합니다. 사과라고 하면 이미 소비자가 알고 있는 사과라는 맛, 향, 색깔, 금액에 대해 기존에 형성된 인식이 있어서 내 사과가 다른 사과보다 다르다는 걸 설득하기가 힘들죠.

마케팅의 핵심은 결국 차별성을 만들어야 하는데 농수산물은 제품 자체의 차별화가 어렵다 보니 많은 소비자가 비교할 수 있는 요소는 결국 가격밖에 없습니다. 그래서 농수산물 사장님들이 가격을 내리는 방향으로 계속 판매해야 한다는 안타까움이 있습니다.

그래서 컨비니는 차별성을 제품을 생산하는 생산자로 초점을 둡니다. 상세 페이지를 보면 사과를 기른 농부의 이야기, 생선을 잡는 어부의 이야기, 떡을 만드는 떡집 사장님의 이야기 등 생산자의 얼굴과 제조 공정을 콘텐츠로 보여주면서 차별화를 만들고 있습니다. 씨앗을 뿌려서 재배하는 것부터 가공해서 밀키트로 만들기까지의 전 과정을 보여주면서 사장님이 어떤 마인드, 어떤 철학을 갖고 생산하고 가공해서 유통하는지를 말해줍니다.

와디즈에서는 1억 펀딩 이상의 제품을 참고했듯이 컨비니에서도 잘 팔린 상품 상세 페이지를 참고해야 합니다. 컨비니 메인 화면에서 아래로 좀 내리면 베스트 상품만 모아서 볼 수 있는데요. 베스트 상품 위주로 상세 페이지를 참고하면 내가 스토리텔링을 어떻게 해야 할지, 내 상품의 생산 과정을 어떻게 보여주면 되는지 많은 힌트를 얻을 수 있을 것입니다. 컨비니의 상세 페이지는 항상 영상이 들어가 있습니다. 나의 상품이 꼭 농수산물이 아니라 하더라도 동영상을 잘 활용해야 하는 카테고리라면, 컨비니에서 잘 팔린 상품들이 상세 페이지에 어떤 동영상을 사용하는지 참고하셔서 내 아이템에 맞게 영상을 제작해 보시길 바랍니다.

Q96 코로나19 이후 무자본 창업, 디지털 노마드가 큰 이슈인데 대표님은 어떻게 생각하나요?

사실 제가 오랫동안 종사하는 광고 대행 업종도 어떻게 보면 디지털 노마드, 무자본 창업에 해당합니다. 저도 맨 처음에는 사무실 없이 노트북 한 대로 시작했으니까요. 그런데 일부 무자본 창업, 디지털 노마드를 가르치는 강사들을 보면 노트북 한 대로 하루에 2~4시간만 일하고 월 1,000만 원을 벌 수 있다는 식으로 소비자를 과도하게 현혹하는 것 같습니다.

제 경험상 약 7~8년 전만 하더라도 정말 하루 2~4시간의 투자로 월 1,000만 원의 매출이 가능했습니다. 네이버를 비롯한 모든 마케팅 플랫폼의 로직이 똑똑하지 않아서 프로그램만 잘 활용하면 프로그램이 24시간 일을 하면서 상위 노출을 시켜줬거든요. 지금은 모든 마케팅 채널의 AI가 똑똑해져서 옛날 같은 편법은 통하지 않는 일이 많습니다.

물론 강사 본인은 적게 일하고도 월 1,000만 원을 벌 수도 있기에 거짓말이 아닐 수는 있습니다. 하지만 그 강사는 과연 처음부터 그랬을까요? 모든 분야에서 전문가인 분들도 처음에는 모르는 것이 많아 시행착오가 많습니다. 잠을 줄여가며 배우고 부딪친 결과, 점점 경력이 쌓이고 아는 것이 많아지고 일 처리가 빨라져서 효율이 증가하고 버는 돈이 늘어나며 직원을 쓰기 시작하면서 2~4시간의 노력으로 월 1,000만 원 매출을 내는 사람이 되었을 것입니다.

아무리 강사가 자기가 시행착오를 통해 배운 황금 같은 노하우를 수강생에게 알려준다 하더라도, 수강생도 강사 못지않게 실전에서 부딪치고 경력을 쌓아야 강사와 비슷한 수준의 성과를 낼 수 있습니다. 단순히 강의로 지식만 알아서 무자본 창업, 디지털 노마드로 단박에 돈을 많이 벌 수 있다는 건 현실적이지 못하다는 말씀을 드리고 싶습니다. 개인적으로 저는 '노력 없이 돈을 버는 수익구조'를 썩 좋아하는 편은 아닙니다. 요즘 광고시장이 어떻게든 자극적인 워딩으로 어그로를 끌지 않으면 상품을 팔 기회를 얻을 수 없다보니 과장 광고 허위 광고를 많이 합니다. 예를 들어, 노트북 한 대만 있으면 구글 애드센스로 월 1,000만 원을 벌 수 있다거나, 비트코인 투자만 제대로 배우면 내가 자고 있는 사이에도 코인이 쭉쭉 올라 몇 억을 벌어서 강남 아파트 한 채를 살 수 있다던가 하는 말들을 하는데 과연 그게 가능할까요? 큰돈을 벌려면 많은 시간과 노력은 필수로 동반되어야 합니다.

Q97 대표님이 생각하기에 믿을 수 있는 좋은 강사는 어떤 강사일까요?

특정 주제, 사업 아이템, 마케팅 채널에 대해 원론적인 설명만 해주는 강사보다는 자기가 직접 실무를 하면서 연구하고 실천한 결과물을 이야기할 수 있고, 실무에서 낸 성과를 투명하게 공개할 수 있는 강사가 좋고요.

또 해당 주제에 대해 경력과 경험이 풍부해 자기가 아는 것만 전해주는 것에서 끝나는 것이 아니라 수강생 개개인의 상황에 맞게 상담을 도와줄 수 있는 강사가 좋지 않을까요? 모든 대표님마다 각자 처한 상황이 전부 다르기에 큰 틀에서의 솔루션은 비슷해도 세부적인 부분에서 해결책이 달라져야 하며, 어떤 일부터 급선무로 해야 하는지가 다릅니다.

마지막으로 강사의 논리에 모순이 없어야 합니다. 예를 들어, 이 아이템을 가지고 사업을 하면 월 1,000만 원을 벌 수 있다고 한다면, 당연히 강사도 월 1,000만 원을 벌고 있어야 할 것입니다. 근데 강사 본인이 해당 아이템으로 월 1,000만 원을 버는 게 아니라 교육으로 월 1,000만 원을 벌고 있으면 모순이 있죠?

온라인 마케팅 분야에 10년 정도 현업을 하다 보니 나름 돈을 번다는 강사분에 대해 좋은 이야기와 안 좋은 이야기를 듣는 일도 많습니다. 제가 제시한 기준을 참고로 많은 강사 분을 만나보시면서 안목을 키우시길 바랍니다.

Q98 나만이 할 수 있는 사업 아이템을 어떻게 찾아야 할까요?

많은 사장님이 내가 하고 싶은 아이템과 돈이 되는 아이템 사이에서 갈등합니다. 저는 시장성이 있는 이상 돈보다는 내 적성에 맞는 일을 선택하는 것이 맞다고 봅니다. 예를 들어, 시장조사를 통해 운동 분야와 관련해서 나의 획기적인 아이디어로 서비스를 론칭하면 대박이 터지겠다 싶어서 사업을 시작했습니다. 그런데 막상 나는 운동에 대해 전문가 수준으로 알지 못하고, 운동을 그렇게 좋아하는 사람이 아닙니다. 그렇다면 향후 사업이 어떻게 될까요?

사업은 시장에 안착해서 안정적으로 높은 매출을 내기까지 투자해야 하는 시간이 있습니다. 항상 일이 잘 풀리는 것도 아니고 예상 밖의 변수로 사업이 힘들어지는 순간도 꽤 찾아옵니다. 이때 내가 운동을 평상시에 정말 좋아하지 않는다면 중간에 포기하지 않고 끝까지 갈 수 있을까요?

사업은 하루 이틀하고 그만둘 것이 아니라 내 평생의 업이 됩니다. 힘든 상황에서 포기하지 않고 이겨낼 수 있으려면 적성 문제를 반드시 고려

해야 합니다. 시장은 내가 개척하기에 따라서 얼마든지 새로운 니즈를 창출해 돈을 벌 수 있습니다. 제가 앞서 보여드린 케이스스터디를 예로 들자면 옛날에는 '책 쓰기 강의'라는 아이템이 없었습니다. 누군가 그 시장을 개척하자 후속 주자들이 뛰어들면서 지금은 책 쓰기 강사, 책 쓰기 코치가 당연해졌죠.

코로나19로 언택트 문화가 가속된 것처럼 세상은 계속해서 변하고, 그에 맞게 내 사업 아이템도 점차 변해갑니다. 물론 그 가운데에서도 중심축이 되어주는 변하지 않는 본질은 있는 것 같습니다. 이 본질이 내 적성과 맞아야 힘든 순간에 포기하지 않고, 변해가는 세상에 맞춰 아이템을 변형하고 새로운 시장을 개척하는 나만의 사업 아이템으로 돈을 벌 수 있습니다.

저는 마케팅 대행, 마케팅 컨설팅이 제 천직이라고 생각합니다. 세상이 바뀌면서 옛날과는 다른 방식으로 강의, 컨설팅, 대행을 하고는 있지만 준비된 사장님들이 테이크 오프할 수 있도록 차별화된 엔진을 달아주고, 마케팅 채널이라는 날개를 달아준다는 업의 본질은 변하지 않았습니다. 새로운 마케팅 전략, 방법, 기술을 발굴할 때마다 신나고 새로움을 느끼며, 저의 예상이 적중해 사장님들의 매출이 수직 상승할 때 큰 짜릿함을 느낍니다.

저와 오랫동안 알고 지낸 다른 마케팅 대표님들도 각자의 적성에 맞게 마케팅을 활용해서 유통업 마케팅을 하거나, 제조업 마케팅을 하고 계십니다. 저는 마케팅의 여러 갈래 가운데 교육 마케팅이 가장 적성에 맞았습니다. 제조 마케팅과 유통 마케팅에는 큰 관심이 없습니다. 제가 가장 잘할 수 있는 교육 수준을 높여서 회사를 성장시키기 위해 노력하고 있습니다.

여러분도 저와 같이 적성이 있을 것이고, 이 세상에서 하고 싶은 일이 있을 것입니다. 그렇다면 그것과 관련된 시장을 찾고 세분화해서 '내가 어느 포지션에 들어가면 질리지 않고 오랫동안 이 일을 할 수 있겠다' 싶은 아이템이 보이실 것입니다. 그것을 사업 아이템으로 시작하셨으면 좋겠습니다.

Q99 대표님이 10년 동안 마케팅을 해오면서 느낀 마케팅의 본질은 무엇인 것 같나요?

제가 마케팅을 맨 처음 시작했을 때만 하더라도 마케팅은 상위노출이라고 생각했습니다. 그때는 지금처럼 페이스북, 인스타그램, 유튜브도 없었고 네이버 블로그, 네이버 카페가 온라인 마케팅 생태계의 전부였습니다. 최적화 블로그를 대량으로 만들어서 키워드 상위 노출을 시키면 대부분 광고주는 매출이 올랐고, 자연스레 저는 상위 노출만 잘하면 돈을 벌 수 있다고 생각했던 것입니다.

그런데 상위 노출을 해도 손님이 안 오는 광고주가 있었습니다. 심지어 같은 업종인데 똑같이 상위 노출을 했을 때 다른 대표님은 효과가 있는데, 효과가 없는 대표님도 있었죠. 이때부터 '저는 어쩌면 제가 당연하다고 생각했던 신념이 틀린 게 아닐까?'라고 의구심을 품기 시작하고 마케팅의 가장 기초가 되는 이론부터 공부하기 시작했습니다. 보통 공부를 먼저 한 다음 현장에 뛰어드는데, 반대로 현장에 먼저 뛰어들어서 알게 된 모순을 해결하기 위해 공부를 시작한 케이스입니다.

지금은 마케팅의 본질은 노출이 아니라 '소비자가 우리의 브랜드를 어떻게 차별성 있게 인식하느냐'라고 생각합니다. 왜 그럴까요? 내가 마케팅을 통해 내 비즈니스를 소비자에게 알렸을 때 매출이 오르려면 결국 소비자가 내 상품을 사야 합니다. 이때 소비자는 나뿐만 아니라 다양한 경쟁자 또한 고려하기 때문에 마케팅으로 매출을 내려면 수많은 경쟁자를 제치고 내가 소비자의 최종적인 선택을 받아야 합니다.

소비자의 최종적인 선택을 받으려면 소비자가 내 상품을 사는 근본적인 니즈를 충족시켜주면서 동시에 경쟁사 상품보다 무엇 하나 더 나은 점이 있는 차별화가 되어야 합니다. 내 상품이 소비자의 니즈를 충족시키지도 못하고, 경쟁사보다 나은 점이 하나도 없으면 아무리 상위 노출을 하더라도 효과가 저조할 수밖에 없는 것입니다.

그 차별화에는 다양한 요소가 있을 것입니다. 이것을 현장에서 계속해서 다양한 광고주와 연구하다가 제가 발견한 것은 '모든 사업에는 제품, 서비스, 사람이라는 3가지 요소가 필수적으로 들어가기 때문에 차별화를 만들 때도 이 핵심 요인 3가지를 수정하면 된다'는 것이었습니다.

먼저 시장조사를 통해 해당 상품을 구매하는 소비자들의 니즈와 그에 따라 경쟁사들이 자기 상품을 어떻게 포지셔닝 하는지 분석하고, 내 상품이 들어갈 포지션을 정한 다음 해당 포지션에서 제품, 서비스, 사람 3가지를 차별화해서 소비자가 조금이라도 내 상품을 더 매력적으로 느끼게 만드는 데 성공한다면 그 사업은 성립합니다. 생존이 보장된다는 말이죠. 이후에 마케팅을 통해 많이 판매하고 구매한 소비자들과 계속 소통하고 의견을 피드백해 계속해서 사업을 업데이트하고 브랜딩을 진행하면 사업이 더 높은 단계로 성장하게 됩니다. 진짜 마케팅은 단순히 채널을 잘 운영하고, 많은 사람에게 콘텐츠나 광고를 보이는 것이 아니라 이런 최초의 기획부터 최후의 브랜딩까지 모든 영역을 다 포괄한다고 생각합니다.

Q100 **대표님이 생각하는 사업의 본질은 결국 무엇인 것 같나요?**

미리 말씀드리고 싶은 점은 저는 광고의 전문가이지 사업의 전문가는 아닙니다. 많은 대표님의 광고 자문과 컨설팅 등을 해드리다 보면 사업의 방향성까지 논의하곤 합니다. 마케팅의 본질이 고객이라면, 사업의 본질은 꼼수와 편법에 의존하지 않고 '마땅히 해야 할 일을 꾸준히 해나가는 것'입니다. 그 마땅히 해야 할 일이 바로 고객으로부터 시작하는 마케팅이고요.

사업을 하는 사람들은 다들 욕심이 있습니다. 상품을 만들고 이걸 많이 팔아서 빨리 돈을 벌고, 빨리 회사를 성장하게 하고 싶다는 갈망이 있는데요. 그러다 보니 겉으로 화려하게 보이는 것, 적은 돈과 시간의 투입으로 최대의 매출을 얻는 것, 빠르고 쉽게 갈 수 있는 편법을 많이 찾으시는거 같습니다.

그런데 아시다시피 제가 마케팅의 본질이라고 말씀드린 고객으로부터 시작하는 차별화 기획, 마케팅, 상품 업데이트, 브랜딩의 과정은 참으로 지루하고 끝이 보이지 않는 멀고도 머나먼 길처럼 보입니다. 열심히 시장 조사하고 고객과 소통하며 시제품을 만들고, 피드백을 받아 고치고 또 고치는 시간에 잘나가는 상품을 카피하여 광고를 돌려서 빠르게 결과를 만들고 싶은 욕망이 생길 수밖에 없는 것입니다.

이런 꼼수와 편법이 최근까지는 통했을 수 있으나, 코로나19 이후에 MOQ가 풀리고, 경쟁이 치열해지고, 제품이 상향 평준화되며, 채널의 고착화가 진행된 요즘은 편법이 잘 통하지 않습니다.

소비자들은 날이 갈수록 똑똑해져서 우리들의 속셈을 훤히 꿰고 있죠. 사실은 계속해서 소비자와 소통하면서 차별화된 상품을 개발하고, 다른 경쟁사보다 조금이라도 더 나은 가치를 제공하는 것이 맞는데 비즈니스를 하는 입장에서 수익은 나게 해야 하니까 소비자의 입장은 생각하지 않고 자꾸 자극적인 광고 소재로 강매하게 되고, 제품 한 번 팔고 끝나버리는 회사가 되고 맙니다.

회사가 지속되기 위해서는 탄탄한 매출이 지속해서 발생해야 하고, 지속적인 매출은 계속해서 내 회사의 상품을 사주는 충성 고객이 확보되어야 합니다. 제가 케이스스터디에서 보여드렸듯이 마케팅을 정말 잘하는 회사들은 지금도 서포터즈를 통해 상품에 대한 피드백을 받고, 새로운 상품을 연구 개발하고 있으며, 카카오 채널톡으로 사은품과 혜택을 주고, 주기적으로 설문조사를 받으면서 브랜딩하고 있습니다.

사실은 모든 사장님이 이렇게 해야 한다는 사실을 잘 알고 있습니다. 그런데 지금 당장의 욕심 때문에 멀리 빙 돌아가는 길 대신 지름길을 고

르며, 나중에야 사실은 멀리 빙 돌아가는 것처럼 보였던 길이 진짜 지름 길이었다는 것을 알게 되는 것이죠.

사업 하나가 시장에 안정적으로 자리 잡고, 매출의 규모를 키워 탄탄한 브랜드로 성장하기까지는 필연적으로 걸리는 시간이 있습니다. 마땅히 해야 하는 일을 성실하게 수행해 쌓아나가는 기간이 필요합니다. 그 과정을 전부 건너뛴 채 결과만을 얻으려고 하면 성공하기가 쉽지 않습니다. 당장 귀찮고 힘든 가시밭길을 걷더라도 마땅히 해야 할 일을 하면서 그 과정을 하나둘 천천히 쌓아 올리면 점점 내 브랜드 철학에 공감하는 충성 고객이 늘어나고, 나를 돕는 임직원들과 협력업체가 생기면서 영광을 얻으실 날이 분명히 올 것입니다.

3가지 물음에 관한 답을 끊임없이 찾을 때 경쟁력도 생깁니다

이번 책은 코로나19로 인한 온라인 마케팅 환경의 변화, 이에 대한 유효한 전략을 찾는 것으로 시작했습니다. 아시다시피 코로나19로 인해 원래는 온라인 마케팅을 안 했던 회사마저 온라인 마케팅에 뛰어들면서 경쟁이 과열되었습니다. 공장이 MOQ를 풀면서 제품의 상향 평준화가 일어나고, 채널의 고착화로 퍼포먼스 마케팅 효율이 점차 떨어지고 있습니다.

하지만 언제나 그래왔듯이 힘든 상황에서도 눈부신 성장을 보이는 회사도 많았습니다. 제품 소싱이 쉬워진 점을 활용해 결합 상품으로 차별화를 만들거나, 제조사만이 할 수 있는 마케팅을 하거나, 바이블·메신저·이벤트·심벌을 적극적으로 활용해 브랜드 마케팅으로 차별화를 만드는 회사도 있었습니다.

코로나19 이전보다 경쟁자가 많아지면서 사업이 힘들어진 것은 사실입니다. 하지만 '이 치열한 경쟁을 과연 내가 헤쳐 나갈 수 있을까?' 하고 막연한 불안과 공포만 가질 필요도 없습니다. 앞서 소개해 드린 브랜드처럼 우리 회사만이 할 수 있는 차별화 포인트를 개발하고, 고객과의 접점을 늘려 브랜딩을 강화하는 회사는 생각보다 많지 않습니다. 무엇을 해야 할지 알게 되셨다면, 해야만 하는 일을 하나씩 시작하기만 하시면 됩니다.

일전에 농수산물 관련 국가 창업 기관에 강의, 컨설팅을 다녀왔습니다. 농수산물을 재배하는 농가 분들에게 온라인 마케팅의 방향을 알려드렸습니다. 어떤 사장님은 저녁, 주말 시간을 활용해 발 빠르게 온라인 마케팅을 시작해 스마트스토어로 성과를 내고 자사 몰을 만들 준비를 하고 계셨습니다. 반면 어떤 사장님은 시간이 부족하다고 하시며, 안 그래도 농사로 몸이 피곤한데 익숙하지도 않은 온라인을 처음부터 공부하는 것이 부담스러워 기존의 방식을 고수하고 계셨습니다.

사실 어느 업계나 시작 지점은 모두 동일합니다. 그러나 시간이 지나면 누구는 저 멀리 나가 회사를 큰 브랜드로 성장시키는데, 누구는 아주 조금 나아가거나 계속 제자리에 있습니다. 그 차이는 사장님의 마인드와 행동력에 달려있습니다.

'내 상품을 가장 필요로 하는 고객은 누구일까? 내가 지금 무엇을 해야 고객이 더 만족할까? 어떻게 해야 고객이 경쟁사 대신 나를 선택할까?'

이 세 가지 물음에 대한 답변을 포기하지 않고 계속해서 사업을 고도화하면 내가 지금 무엇을 해야만 하는지가 보일 것입니다. 우리는 분명 '무엇을 하면 고객이 좀 더 좋아할까?'를 알고 있습니다. 다만 지금 당장 매출이 일어나지 않는 부분에 시간, 비용, 노력을 투자하지 않을 뿐입니다. 반드시 해야 하는 그 의무를 성실하게 쌓아 올린다면 여러분의 사업도 하늘 위로 비상할 수 있습니다. 사회가 변하는 속도가 점점 빨라지고 있습니다. 이번 책에서는 코로나19로 인한 변화와 변화된 세계에서 사장님들의 마케팅이 나아가야 할 방향을 말씀드렸습니다. 앞으로도 계속해서 신기술이 개발되고 그러면 필연적으로 마케팅도 변화할 것입니다.

그러나 본질을 잊지 않고, 내 회사만이 할 수 있는 고유한 영역을 계속 만들어가면서 날마다 해야 하는 의무를 쌓아 올리는 회사는 큰 변화가 닥쳐도 함께 발맞춰가면서 큰 성과를 만들 수 있다고 믿습니다. 저는 오늘도 현장에서 사장님들이 시장에 안착해 경쟁에서 살아남을 수 있는 마케팅을 연구하고 있습니다. 다시 변화된 세상에서 여러분이 마케팅 길잡이가 필요할 때 또 다른 저서로 만나 뵙겠습니다. 감사합니다.